问题驱动的
中学数学课堂教学

函数与微积分卷

曹广福　张蜀青　欧慧谋　著

清华大学出版社
北京

内 容 简 介

本书基于数学内容的思想性针对高中函数与导数内容为中学数学教师和大学师范生以及数学教育研究生提供了建设性意见。对函数与微积分的历史做了一番梳理，本着尊重历史与突出数学思想的原则设计了大量案例，其设计源于教材又不拘泥于教材。

本书有别于传统的数学教育理论书籍，作者融数十年数学研究经验与教学经验于数学教育研究中，提出了一些新颖的见解，面向一线教学提出具体的教学建议，不失为一本具有重要指导意义的一线教师教学参考书。

本书适合大学师范生作为教法教材或参考书，也可以作为中学一线教师的培训用书或教学指导用书及中学生的参考读物，还可以作为数学教育研究工作者的参考书。

图书在版编目(CIP)数据

问题驱动的中学数学课堂教学.函数与微积分卷/曹广福,张蜀青,欧慧谋著.—北京：清华大学出版社,2022.7

ISBN 978-7-302-61089-2

Ⅰ.①问… Ⅱ.①曹… ②张… ③欧… Ⅲ.①中学数学课－课堂教学－教学研究 Ⅳ.①G633.602

中国版本图书馆 CIP 数据核字(2022)第 101002 号

责任编辑：刘　颖
封面设计：傅瑞学
责任校对：王淑云
责任印制：杨　艳

出版发行：清华大学出版社
　　　　　网　　　址：http://www.tup.com.cn，http://www.wqbook.com
　　　　　地　　　址：北京清华大学学研大厦 A 座　　　邮　　编：100084
　　　　　社 总 机：010-83470000　　　　　　　　　　邮　　购：010-62786544
　　　　　投稿与读者服务：010-62776969，c-service@tup.tsinghua.edu.cn
　　　　　质量反馈：010-62772015，zhiliang@tup.tsinghua.edu.cn
印 装 者：三河市东方印刷有限公司
经　　销：全国新华书店
开　　本：170mm×240mm　　印　张：13.5　　字　数：187 千字
版　　次：2022 年 8 月第 1 版　　　　　印　次：2022 年 8 月第 1 次印刷
定　　价：52.00 元

产品编号：097006-01

理查德·费曼

我不能创造的，我也无法理解

——费曼

　　许多人认为，理查德·费曼（Richard Feynman，1918 年 5 月 11 日——1988 年 2 月 15 日）是 20 世纪诞生于美国的最伟大的物理学家，一个独辟蹊径的思考者、超乎寻常的教师、尽善尽美的演员，1965 年，他因在量子电动力学方面作出的卓越贡献，获得诺贝尔物理学奖。费曼认为他对物理学最重要的贡献不是量子电动力学或超流理论，而是根据他 20 世纪 60 年代在加州理工学院授课录音整理而成的三卷教材《费曼物理学讲义》。费曼有一种特殊能力，他能把复杂的观点用简单的语言表述出来，这使得他成为一位硕果累累的教育家。在获得的诸多奖项中，他自豪的是 1972 年获得的奥尔斯特教育奖章。

汉斯·弗赖登塔尔

数学教育是数学的再创造

——弗赖登塔尔

汉斯·弗赖登塔尔（H. Freudenthal, 1905—1990）是国际上极负盛名的荷兰数学家和数学教育家。他是著名数学家布劳威尔的学生，早年从事纯粹数学研究，以代数拓扑学和李群研究方面的杰出工作进入国际著名数学家的行列。作为著名的数学家，弗赖登塔尔非常关注教育问题，他很早就把数学教育作为自己思考和研究的对象，在这一点上弗赖登塔尔与其他科学家有所不同，其他高水平的科学家开始关注和投入研究教育问题时往往是在他们年老之后，而弗赖登塔尔被教育问题所吸引从很早就开始了。他本人对此有一个解释：我一生都是做教师，之所以从很早就开始思考教育方面的问题，是为了把教师这一行做好。弗赖登塔尔指导、推动和亲身参与了荷兰的数学教育改革实践，并对 20 世纪国际数学课程的改革与发展作出了重大贡献。弗赖登塔尔一生发表关于数学教育的著述达几百篇（部），其中三本著作《作为教育任务的数学》《除草与播种》《数学结构的教学现象》用多种文字出版，在国际上产生了很大的影响。

总 / 序

　　介入中学数学教育已有若干年，我时常在思考一个问题："数学教育的本质到底是什么？我们该教给学生什么？"其实很多人都在思考这个问题，也都有自己的认识，有一种"高大上"的说法："教学生如何思考，如何学习。"可我们真的知道怎么教学生思考吗？我们真的知道怎么指导学生学习吗？我们把很多问题都归咎于应试教育，问题是，我们能进行什么样的教育？

　　诺贝尔物理学奖获得者、著名物理学家、加州理工学院教授理查德·费曼（Richard Feynman）最后一次住院治疗前，在其办公室的黑板上写下："我不能创造的，我也无法理解"（What I cannot Create，I do not understand）。从教育的角度说，这句话是很有道理的。很多人都读过弗赖登塔尔的《作为教育任务的数学》，我以为，概括起来，《作为教育任务的数学》表述了两个基本观点：①数学教育应该结合学生的生活体验与数学现实；②数学教育是数学的"再创造"。虽然我对于弗赖登塔尔在《数学教育再探》《除草与播种》等论著中的一些观点持保留意见，但我相信，无论是数学教育工作者还是数学教育研究者乃至教材编写者，大概都会认同弗赖登塔尔的这两个观点。然而，如何结合学生的生活体验与数学现实？实际操作时往往会出现问题。中学数学教材无论是引入一个概念还是建立一个定理，通常都会创设一些问题情境，其目的也正是为了体现与学生的生活体验相结合。问题是，我们为什么要创设这样的问题情境？它真的能反映出我们所建立的概念或定理的科学本质吗？以复数的引入为例，几乎所有的教材都是以 $x^2+1=0$ 在实数范围内无解所以需要扩充数域作为复数导入的问题情境。有些人认为，从代数的角度看，无非是定义一些抽象的运算使之成为一个代数或域,对抽象代数耳熟能详的人来说,这的确是一件自然的事情。可如果一个中学生问你:"老师,为什么要研究 $x^2+1=0$ 这样的方程? 它有意义吗?"教师该如何回答? 如果你无法回答学生的问题,你又如何让学生相信这个概念是重要的? 学生又如何知道该怎样使用这套理论? 结合学生的生活体验与数学现实的具体体现是创设合适的问题情境,但这个问题情境应该是有价值的真实情境,而不是虚无缥缈、不着边际的虚假或毫无意义的情境,与其这样,还不如直截了当地引入数学概念。

　　说到真实的问题情境,必然涉及另一个本质问题,什么叫数学的"再创造"? 如果教师自己都不知道数学是怎么被创造出来的,他(她)又如何引导学生去"再创造"? 教师或数学教育研究工作者固然有别于数学研究工作者,教师与数学教育研究工作者可以不必做具体的数学研究,但至少应该懂数学,具备数学的鉴赏能力,否则他(她)的教育或研究必然是空中楼阁,甚至不知所云,缺少实际的可操作性。

　　小学数学教育属于启蒙教育,需要教育学、心理学的指导,一个小学数学教师如果对教育学、心理学一无所知,那他一定是个不合格的教师。但从中学开始,数学内容的思想性上升为数学教育的核心,应该将数学的"再创造"作为数学教育的灵魂。这就给数学教师与数学教育研究工作者提出了一个严肃的问题:"我们真的懂数学吗? 我们具备数学鉴赏能力吗? 我们到底该从事或研究什么样的数学教育?"如果我们不懂数学,不具备数学的鉴赏能力,我们又如何引领学生进行数学的"再创造"? 除了依样画葫芦,还能干什么?

　　任何数学概念与定理都不是数学家或物理学家头脑中的臆想物,都有其产生的背景,有些概念甚至经过了数百年的考验才最终登堂入室得到广泛的认同,还有些理论曾让数学家与物理学家们争论不休,甚至引起了极度的恐慌。如果数学只是数学家的游戏,那么它就不会被科学家们深究不放,不弄清楚其真面目誓不罢休。可以说,直至微积分,一切的数学都离不开现实与自然科学,即使是现代数学,追根溯源起来,也与自然科学有着千丝万缕、述说不清的渊源。数学课堂怎么引导学生"再创造"? 有一种观点认为越简单越好,不要把简单问题复杂化,果真如此,最简单的做法是单刀直入、开门见山地告诉学生一个数学概念或定理,就如前面提到的复数那样。如果是这样,我们从事的还是数学教育吗?恐怕充其量不过是数学知识的传授,而且其中夹杂着很多虚假的成分使学生难辨真伪。

要做好数学教育研究,首先需要了解数学,懂得鉴赏数学。这就好比音乐教师给学生分析一首歌,如果教师不清楚音乐表达的是一种什么样的情感,不知道词曲作者创作该曲的背景,甚至连乐曲是什么调、什么节拍都不甚了解,他(她)又怎么向学生剖析?从这个意义上说,无论是搞数学教育还是做数学教育研究,有必要先学好数学,学会鉴赏数学。

数学教育该以什么样的方式进行?这本无一定之规,课堂是教学的最基本形式,少数有天赋的学生也可能自学成才或者因为特定的环境脱颖而出,就大众而言,通常都需要经过课堂教学这样的特定形式。数学教育是否需要改革?答案是肯定的。问题是改什么?为什么要改?

数学对于数学教师与数学教育研究者而言应该是个"白箱",换言之,数学教师与数学教育研究者应该对数学有透彻的了解,这种了解并非指你是否懂得某个概念与定理,知道怎么用它们,更重要的是,你要清楚概念与定理产生的背景以及它们的科学价值。我们常常把数学文化放在嘴上,可我们真的了解什么是数学文化吗?数学文化不等于介绍一些数学史,或者开展一些课外数学兴趣活动,更重要的是,数学文化体现在每一节数学课的教学过程中。打个比方,一幅画摆在你的面前,如果你是个普通的观赏者,你可能朦胧地觉得这幅画好不好看,至于怎么个好看法,你就说不出所以然来了,如果你面对的是一幅抽象派的画作,你可能压根就无法判定它是好还是不好。但如果你是个专业的鉴赏家(不一定是画家),那么你可能不仅了解作者是谁,是在什么背景下画的这幅画(历史),可能还知道这幅画表达了作者什么样的情感,并能解读出画中的每一个细节(文化)。当然,光线、构图、色彩等则是画家与鉴赏家的基本功(内容)。任何一个高水平解说员对你解说一幅画作的时候一定不会仅仅停留在作者是怎么用光的,构图如何,用了什么色彩,而是向你解释,如此用光是为了表达什么样的意境,构图为什么精巧,色彩表达了什么样的感情,包括远近高低、清晰模糊等都传递了什么信息,这就是文化。数学也是如此,只不过与绘画相比,它更为抽象,需要具备与众不同的鉴赏能力才能读懂,我们有多少数学课堂传递了数学文化? 如果教师做不到,还奢谈什么数学文化?

数学对于学生而言好比"黑箱",数学教师与数学教育研究工作者不仅应该了解数学知识,更应该了解数学文化,知道数学在表达什么,它缘何产生,对数学乃至自然科学产生了什么影响,它的重要性体现在哪里? 我们如何判断一个数学结果的好坏? 好在哪里? 不好在哪里? 只有这样才能引导学生一步一步地揭开"黑箱"的秘密。

课堂教学的最高境界是什么? 是自由王国,还是无招胜有招。

很多人认为教师讲课应该好好写备课笔记,讲什么、重点难点是什么应该做到心中有数。这些自然有一定的道理,但知道重点难点就算备好课了吗? 假如让你在不同的时间里给两个班上同样内容的课,你第一次上课与第二次上课有没有差别? 差别在哪里? 对于新教师来说,也许两次课基本没有什么差别,因为他或者照着讲义(PPT)读,或者把讲义熟记了下来,可以一字不漏地把讲义内容背出来。这样的课成功与否取决于你讲义的水平如何,但不管如何成功,这样的课都算不上高水平的授课。那什么是高水平的授课? 无论你重复讲多少次同样内容的课,你使用的语言都可能各不相同,但意思却是一样的,也就是说,你抓住的是课程的精髓与思想,至于用什么样的语言来表达则是次要的。尤其是有了多媒体之后,很多东西完全可以通过屏幕展示,无须教师费事书写。说到底,语言与文字只是知识的载体,知识又是思想的载体,教师的任务是通过语言将知识所承载的思想传递给学生,而要达到这种境界,绝不是站在与所传授的知识同一水平线上能够做到的,教师需要站在更高的层面上才能真正看清楚知识所承载的思想,否则他(她)只能是照本宣科、依样画葫芦。

教师的教学有层次上的差别。如果教师的课堂教学仅仅停留在就知识论知识上,没有对知识的独立见解,也没有对知识的主客观评判,那么,他的教学就仅仅停留在传授知识的层面上。如果教师的课堂教学具有对概念、原理的深入剖析,而且这种剖析蕴含着自己对知识的独到见解,这种见解也许基于对历史的了解,也许基于自身的研究积累,那么他的教学就有了文化内涵。这就是课堂教学中知识与文化的差别。

很多人认为教学水平取决于教学经验的积累,此言大谬。教学经验的积累的确可以让教师的教学变得更加成熟,但未必能决定他教学的高度,换句话说,经验的积累可以在同一层面上使他的教学更完善,例如教态、语言、板书等都可以通过经验的积累逐步规范与提高。然而,决定教师教育高度的根本因素则是教师的眼界与素养。如果一个教师能够抓住问题的本质,有对问题的独到见解,哪怕他的语言不够规范,仪表不够端庄,板书不够工整,他的教学也是高水平的。反之,如果教师缺少把握本质问题的能力,教学只是停留在细枝末节上,无论他的举止多么高雅,语言多么幽默,板书多么工整,他的教学也是低水平的。

有人说:"教育的关键是教会学生如何学习。"问题是如何教会学生学习?这是个值得探讨的问题。学会学习的根本在于掌握基本的思维方法,能否掌握思维方法与思想取决于你对相关学科的鉴赏力。教师传授思想的过程就是教会学生如何学习、如何鉴赏的过程。

本书着眼于高中数学内容的思想性,为教师们的教学和大学师范生以及数学教育研究生的教育实习提供了建设性意见,书中针对教材内容与课堂教学给出了大量案例分析,同时设计了部分高中数学内容的教案供一线教师参考。

本人非数学教育专业出身,无非是凭借多年从事数学研究与数学教学的经验发表一些粗浅的认识,行文素喜信马由缰,不专业之处在所难免,也算是为中国数学教育研究添一块另类的砖头。谬误之处,恭请专家批评指正。

曹广福

2018 年 4 月

本 / 卷 / 序

直到这套丛书最后一卷杀青甫就，才如释重负。在此需要感谢我的几位数学教育方向的博士，他们为这套丛书的撰写付出了不少劳动。如果没有他们博士阶段的工作积累，要在短短几年内完成这项工程不小的任务是不可想象的。

经历了过去 20 多年的改革，中学数学内容已然发生了翻天覆地的变化。记得 2000 年在英国访问时，兰卡斯特大学（Lancaster University）的斯蒂芬·鲍尔（Stephone Power）教授问我："中国的中学是不是教授微积分？"那时我并没有深度介入中学数学，但我知道中学阶段虽然教授微积分，其时并未列入高考必考内容（似乎只有上海卷涉及微积分）。如今时过境迁，前不久，当我梳理高考内容时，发现"集合、数列、函数、导数"已然占了高考 1/3 左右的分量，如果将向量、概率与数理统计算上，已经占了高考数学绝大部分内容。这让我不由自主地思考起一个问题：中学教师们准备好了吗？

这套丛书的撰写多少有些偶然，几年前，我把此丛书的理论与实践卷交给了清华大学出版社的刘颖博士，其时并未打算继续写下去。刘博士读了书稿后，建议我最好出一套丛书。犹豫再三，最终还是决定继续写。由于有师范专业的缘故，浸淫中学数学十多年，慢慢发现，随着课程内容的推陈出新，中学数学课堂大有可改进之处，借此机会出一套参考书供有缘人参考未尝不是一件好事。

虽然本书不是官方指定的培训参考书，但仅凭零售便印刷了若干次，这已经证明了该书的价值。说明中学教师们需要这样的书，学生们也需要这样的书。

在拟定写作计划时,函数与微积分卷是包含了积分内容的,但新版教材删除了定积分内容,计划自然需要跟上变化,好在此卷在最后完成,可以作出适当调整。但微积分作为完整的理论体系,残缺不全终究是个遗憾,所以在对历史的梳理过程中,我们并没有回避积分理论,只是案例设计中没有涉及积分内容。

读者在阅读本卷时可能会明显感觉到与教材的差异,这种差异并非体现在内容的广度,而在于内容体系与呈现方式。关于这一点,从案例的设计足可以看出来。例如我们在介绍数列时使用了数学归纳法,它作为一种不可或缺的论证工具被踢出了中学教材显得有些奇怪,或许是我们对课程标准理念的理解不到位。教师可以按照自己的理解决定是否需要在课堂上介绍数学归纳法。在介绍三角函数时不仅限于正弦函数、余弦函数以及正切函数,而是把三角函数与反三角函数都提了一下,指出它们都属于基本初等函数类,但详细介绍则仅限于正弦函数、余弦函数及正切函数以便与教材一致。在介绍幂函数时也不仅仅限于有理指数的幂函数,还包括了一般实数指数幂函数,因为教材对于无理指数是有过介绍的(否则无法引入指数函数)。我们也特别强调一个函数在一点可导并不意味着可以通过其导函数来求值,这是有前提的,即导函数在某一点的极限存在时方可按此方法求该点的导数。学生在初学阶段固然不必理会这个结论,但教师不可不明白。

本书对概念的界定也力求严格,例如在处理函数的单调区间时,强调单调区间是使得函数单调的最大区间。按照这个定义,仅仅求出导函数的零点还不够,还需要进一步检验导数在零点的左右符号是否发生了变化。如果变化了,单调性自然变了,零点就构成单调区间的一个端点,否则就不是。例如考察 $y = x^3$ 的单调性时,按照标准程序,可以对函数求导得 $f'(x) = 3x^2$,令 $f'(x) = 0$,解得 $x_0 = 0$。$x_0 = 0$ 将函数的定义域分成了两个区间:$(-\infty, 0)$ 与 $(0, +\infty)$,我们是不是可以说这个函数的单调区间为 $(-\infty, 0)$ 与 $(0, +\infty)$? 显然不行,因为函数在整个实数域上都是单调递增的。还有一种情况也需要注意,那就是函数在某个点可能没有定义或者不

可导,此时也需要将这些特殊点拿出来考察其左右两边导数符号是否发生了变化。例如 $y = \dfrac{1}{x}$ 在 $x = 0$ 点没有定义,这时就需要分别考察导函数在 $(-\infty, 0)$ 与 $(0, +\infty)$ 上的符号,从而确定其单调性。又如 $y = |x|$ 在原点不可导,但函数在零点左右的导数符号发生了变化,所以其单调区间也有两个: $(-\infty, 0)$ 与 $(0, +\infty)$。

讨论函数的导数不可能绕开极限,本书没有回避极限,甚至没有回避函数的连续性。与导数概念相比,无论是函数的极限还是连续性都不是晦涩难懂的概念,只要不涉及极限的严格语言,在不失严谨性的前提下通过通俗直观的解释完全可以让学生理解。对于这个问题,一线师生最有发言权,因为他们是真正的践行者,还是留待他们实践检验吧! 当然,我们不主张中学阶段过度地拓展,例如有些教师将中值定理、洛必达法则都一股脑教给了学生,因为有了这些定理与法则,很多问题的解决变得方便了许多。

最后一章收录了最近若干年与数列、函数、导数内容有关的部分试题供读者参考。囿于篇幅以及丛书风格的统一,本书不提供解答。

在本套丛书告罄之际,向所有支持我们的读者表示衷心的感谢! 曾有不少读者多次询问后续各卷的出版问题,正是读者们的敦促、鼓励与支持,才使得这套丛书得以顺利完成。如果这套丛书的出版能为中学数学教育事业产生哪怕是微弱的影响,我们的心血就没有白白付出。

曹广福

2022 年 1 月

目 / 录

第 3 章　一元函数的导数及应用　/ 72

附录　高考与命题　/ 160

第 1 章　数列

1.1　数列简史

1.1.1　古巴比伦与古埃及关于数列的研究

数列与级数(数列的和)是密不可分的,其历史可以追溯到古巴比伦时代,其中等差数列和等比数列是数学史上最早出现的两类数列。等比数列比等差数列出现得更早。大约公元前 3000 年,巴比伦人就已经总结出等比数列 $1,2,2^2,\cdots,2^9$ 的求和公式:

$$1+2+2^2+\cdots+2^9=2^9+2^9-1。$$

据说古埃及国王拉阿乌斯有位能干的文书阿默斯,他用象形文字写了一部《算书》,记录了公元前 2000—前 1700 年间数学研究的一些成果。书中记录了这样一道题,题中画了一个阶梯,其各级阶梯上的数依次为 7,49,343,2401,16807,在数字的旁边依次画了房屋、猫、老鼠、麦穗和量器(见图 1.1)。原书并未作出任何注解,这道题成了数学史上的难解之谜,2000 多年过去了,竟无一人能解释。

1	2801	房屋	7
2	5602	猫	49
4	11204	老鼠	343
	19607	麦穗	2401
		量器	16807
		总数	19607

图　1.1

意大利数学家斐波那契于 1202 年发表了《算盘全书》,书中有这样一道题:

今有七老妇人同往罗马,每人有七骡,每骡负七袋,每袋盛有七个面包,每个面包有七小刀随之,每小刀配有七鞘,问列举之物全数共有几何?

与阿斯默的问题相比,这道题要容易理解得多,很容易看出这是一个等比数列求和问题,这道题似乎解开了阿默斯之谜,其意思是:今有 7 间房屋,每间房屋有 7 只猫,每只猫食 7 只老鼠,每只老鼠食 7 稞麦穗,每稞麦穗可长成大麦 7 量器,由此所得各物全数之和如何?

约公元前 1650 年的纸草上,记载有这样两个等差数列问题:

1. 五人按等差数列分 100 片面包,最少的两份之和是另外 3 份的 1/7。

这道题的意思是:已知等差数列的项数 n,和 S_n 以及 $a_1+a_2=\frac{1}{7}(a_3+a_4+a_5)$,求各项。纸草上所给答案是 $1\frac{2}{3}$,$10\left(\frac{1}{2}+\frac{1}{3}\right)$,$20$,$29\frac{1}{6}$,$38\frac{1}{3}$。

2. 10 人分 10 斗玉米,从第二人开始,各人所得依次比前一人少 1/8。

显然这也是个等差数列问题,纸草上给出的解法是:取 10 人所得的平均值 1,从 10 中减去 1,得 9。取差数的一半 $\frac{1}{16}$,再乘以 9,得 $\frac{1}{2}+\frac{1}{16}$。加平均值 1,然后依次从各份中减去差数 $\frac{1}{8}$,直到最后一份。于是得到 10 份依次为:$1+\frac{1}{2}+\frac{1}{16}$,$1+\frac{1}{4}+\frac{1}{8}+\frac{1}{16}$,$1+\frac{1}{4}+\frac{1}{16}$,$1+\frac{1}{8}+\frac{1}{16}$,$1+\frac{1}{16}$,$\frac{1}{2}+\frac{1}{4}+\frac{1}{16}$,$\frac{1}{2}+\frac{1}{8}+\frac{1}{16}$,$\frac{1}{2}+\frac{1}{16}$,$\frac{1}{4}+\frac{1}{8}+\frac{1}{16}$。

读者或许觉得有些奇怪,缘何如此麻烦地弄成若干个分数之和?这里需要说明,古埃及人习惯于使用分子为 1 的分数(称为单分数),只有一个分数除外,这就是 $\frac{2}{3}$。上面的问题相当于已知等差数列的项数 $n=10$,和 S_n,公差 $d=-\frac{1}{8}$,求通项。纸草书的解法具有一般性,用现在的记号表

示即

$$a_n = \frac{S_n}{n} + (n-1)\frac{d}{2}。$$

据说高斯在 5 岁的时候便已经懂得如何计算 1~100 的连续自然数之和。高斯将这 100 个数分为 50 组，第一个数与最后一个数分到一组，第二个数与倒数第二个数分到一组，第三个数与倒数第三个数分到一组，以此类推，每组数的和都等于 101，恰好有 50 个 101，故总和等于 5050。高斯的算法将加法问题转化为乘法运算，迅速、准确地得到了结果。

1.1.2　中国古代关于数列的研究

我国古代也有数学家研究过等比数列与等差数列，例如《庄子·天下篇》中说："一尺之棰，日取其半，万世不竭。"按照这个方法可以得到一个等比数列。晋初（公元 4 世纪）《孙子算经》中有一道题，谓之"出门望九堤"："今有出门重九堤，堤有九木，木有九枝，枝有九巢，巢有九禽，禽有九雏，雏有九毛，毛有九色，问各几何？"显然，这也是个等比数列。

古代有关等差数列和等比数列的内容十分丰富，见诸各种文物或文献中。《周髀算经》将日行轨道按季节不同分成七个同心圆，称为"七衡图"。已知内衡直径 $a_1 = 238\,000$ 里[①]，两衡间距为 $\frac{d}{2} = 19\,833\frac{1}{3}$ 万里，则其余各衡的直径依次为

$$a_2 = a_1 + d，$$
$$a_3 = a_1 + 2d，$$
$$\vdots$$
$$a_7 = a_1 + 6d。$$

从中可归纳出一般等差数列的通项公式。

利用梯形面积公式便于记忆等差数列前 n 项的求和公式，通过图形的

---

① 　1 里=500 米。

割与补两种方法对应着等差数列前 n 项和的两个公式(见图 1.2)。

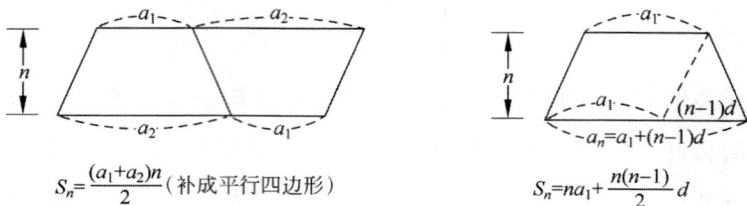

$$S_n = \frac{(a_1 + a_2)n}{2} \text{(补成平行四边形)} \qquad S_n = na_1 + \frac{n(n-1)}{2}d$$

图 1.2

东汉时期的《九章算术》中也有不少涉及等差数列与等比数列的问题,该书第 4 题说道:"今有女子善织,日增五尺,五日织五丈,问日织几何?"用现代数学的语言叙述便是:已知等差数列的公差为 $d = 0.5$,项数为 $n = 5$,前 n 项和为 $S_n = 5$,通项是什么?

《孙子算经》对数列也有涉及,其中有一道题说:"今有方物一束,外周一匝三十二枚,问积几何?"这是一道等差数列求和问题。南北朝(公元 5 世纪)时期的《张邱建算经》中有三道等差数列题,分别关于求公差、总和及项数:"今有女子善织,日益功疾,初日织五尺,今一月织九丈三尺,问日益几何?""今有女子不善织,日益功迟,初日织五尺,末日织一尺,今三十日织讫,问织几何?""今有与人钱,初一人与三钱,次一人与四钱,次一人与五钱,以次与之转多一钱,与讫还敛聚与均分之人得一百钱,问人几何?"《张邱建算经》中还给出了等差数列求和公式:

$$S_n = \frac{1}{2}(a + l)n$$

和求公差公式:

$$d = \frac{1}{n-1}\left(\frac{2S_n}{n} - 2a\right)。$$

公元 8 世纪,唐代数学家僧一行又给出了另一种形式的求和公式:

$$S_n = n\left(a + \frac{n-1}{2}d\right)。$$

宋代很多数学家运用等差数列研究"堆垛"问题,沈括在其著作《梦溪笔谈》中提出酒店里将酒瓶层层堆积,底层排成长方阵,往上依次逐层长、宽各减少一个,共堆 n 层,堆成长方台的形状。这个问题无法运用长方台体积公式计算,沈括给出了一个正确的计算方法,称为"隙积术"。他的工作激发了此后两三百年中人们对堆垛问题的研究热情。南宋数学家杨辉在其著作《详解九章算术》及《算法通变本末》中丰富并发展了沈括的"隙积术",得到了诸如

$$1^2 + 2^2 + \cdots + n^2 = \frac{1}{3} n (n + 1) \left(n + \frac{1}{2} \right),$$

$$1 + 3 + 6 + 10 + \cdots + \frac{n (n + 1)}{2} = \frac{1}{6} n (n + 1) (n + 2)$$

及方垛等求和公式。

13 世纪末,元代数学家朱世杰所著《四元玉鉴》被美国科学家萨顿(G. Sarton)誉为"中国数学著作中最重要的一部,同时也是中世纪最杰出的数学著作之一。"这本书对堆垛问题使用了更复杂的称为"招差术"的解法,给出了一系列重要公式,比欧洲同类工作早数百年。19 世纪的清代数学家李善兰继承并推广了朱世杰的三角垛求和方法与公式,研究了更复杂的垛积形状,得到了一系列重要公式。李善兰的《垛积比类》是关于级数与组合问题的重要著作,这本著作中有一个著名的"三角自乘垛"求和公式,国际上称为"李善兰恒等式"。由此可见,我国古人在数列与级数方面的研究堪与当时的欧洲数学家比肩。

1.1.3 数列的部分和与无穷级数

从前面关于数列的研究可以看出,研究数列的目的通常是为了求数列的和,尤其是有无穷多项的数列的和,即无穷级数。换个角度看,数列与级数是等价的,数列的和称为级数。反之,如果记 $S_n = \sum\limits_{i=1}^{n} a_i$(称之为数列 $\{a_n\}$ 的前 n 项和),则 $a_n = S_n - S_{n-1}$,即数列前 n 项和与前 $n-1$ 项和的差即为数列的通项(也叫级数的通项)。早期出现的无穷级数是公比小于 1 的几何级数,也就是公比小于 1 的等比数列的和。古希腊时期的亚里士多

德(Aristoteles,前384—前322)便已意识到这种级数是可求和的。中世纪后期,无穷级数常被数学家们用来计算变速运动的物体所走过的路程。那时甚至研究过更复杂的级数,例如奥雷姆(Nicole Oresmo)在其《欧几里得几何问题》(1360年)中研究了调和级数

$$1 + \frac{1}{2} + \frac{1}{3} + \frac{1}{4} + \cdots + \frac{1}{n} + \cdots,$$

并证明这个级数是发散的。他所使用的方法正是现在所用的,即采用级数比较的方法。他用下面的级数从下方控制调和级数

$$\frac{1}{2} + \frac{1}{2} + \left(\frac{1}{4} + \frac{1}{4}\right) + \left(\frac{1}{8} + \frac{1}{8} + \frac{1}{8} + \frac{1}{8}\right) + \cdots。$$

可以看出,上面的级数中括号内每一项的和都是$\frac{1}{2}$,可见它是发散的,进而比它大的调和级数也发散。对于学习过简单级数理论的人来说,对这个问题并不陌生。但那时候的数学家们对于级数的认识并不透彻,他们还没有识别级数收敛与发散的一般方法。

韦达也研究过无穷级数,他在《各种各样的解答》(1593年)中给出了一个无穷几何级数的求和公式。记 $S_n = a_1 + a_2 + \cdots + a_n$,韦达利用《几何原本》中的公式

$$\frac{S_n - a_n}{S_n - a_1} = \frac{a_1}{a_2}$$

得到

$$S_n = \frac{\dfrac{a_1^{\,2}}{a_2} - a_n}{\dfrac{a_1}{a_2} - 1}。$$

如果$\frac{a_1}{a_2} > 1$,则通项 a_n 随着 n 增大趋于 0,于是

$$\sum_{n=1}^{\infty} a_n = \frac{a_1^{\,2}}{a_1 - a_2}。$$

古希腊有一个名叫阿吉里斯的英雄,它很善跑,芝诺悖论之一说的就

是这个英雄与乌龟赛跑的故事:"在与乌龟的竞赛中,阿吉里斯的速度是乌龟的 10 倍,乌龟在前面 100 米处起跑,阿吉里斯在后面追,但他不可能追上乌龟。因为在竞赛中,追者首先必须到达被追者的出发点,当阿吉里斯追到 100 米时,乌龟已经又向前爬了 10 米,于是,一个新的起点产生了。阿吉里斯必须继续追,而当他追到乌龟爬的这 10 米时,乌龟又已经向前爬了 1 米,阿吉里斯只能再追向那个 1 米。就这样,乌龟会制造出无穷个起点,它总能在起点与自己之间制造出一个距离,不管这个距离有多小,但只要乌龟不停地奋力向前爬,阿吉里斯就永远也追不上乌龟。"

阿吉里斯当然不可能追不上乌龟,但如何解释这一悖论? 17 世纪中叶,格雷戈里在他的《几何著作》中利用无穷级数的求和问题解决了阿吉里斯的追龟问题。级数收敛(和是有限的)说明阿吉里斯可以在一个确定的时间与地点追上乌龟。格雷戈里第一次明确了收敛的无穷级数表示一个数,即级数的和,他称这个数为级数的极限。他说:"过程的结束就是级数的终点,即使延伸到无穷,过程也永远达不到这个终点,但是它能够趋向于它并接近到任何给定的程度"(见文献[1] p57)。

1.1.4　正项级数的收敛问题

伯努利兄弟在级数方面做了不少工作,詹姆斯·伯努利(James Bernoulli)关于级数求和的方法在当时是很重要的。为了证明调和级数是发散的,他考虑这样的项:

$$\frac{1}{n+1} + \frac{1}{n+2} + \cdots + \frac{1}{n^2},$$

这个和有 $n^2 - n$ 项,故

$$\frac{1}{n+1} + \frac{1}{n+2} + \cdots + \frac{1}{n^2} > (n^2 - n)\frac{1}{n^2} = 1 - \frac{1}{n},$$

可见

$$\frac{1}{n} + \frac{1}{n+1} + \frac{1}{n+2} + \cdots + \frac{1}{n^2} > 1。$$

将级数按照这种方式分成若干组,使得每一组的和大于 1,所以级数是发散的。他的弟弟约翰·伯努利(Johann Bernoulli)给出了调和级数发散的另一种证明方法。首先将调和级数变形为

$$\frac{1}{2} + \frac{1}{3} + \frac{1}{4} + \cdots = \frac{1}{1 \times 2} + \frac{2}{2 \times 3} + \frac{3}{3 \times 4} + \cdots$$

$$= \left(\frac{1}{1 \times 2} + \frac{1}{2 \times 3} + \frac{1}{3 \times 4} + \cdots \right) + \left(\frac{1}{2 \times 3} + \frac{1}{3 \times 4} + \frac{1}{4 \times 5} + \cdots \right) +$$

$$\left(\frac{1}{3 \times 4} + \frac{1}{4 \times 5} + \cdots \right) + \left(\frac{1}{4 \times 5} + \frac{1}{5 \times 6} + \cdots \right) + \cdots。$$

括号中的和依次为 $1, \frac{1}{2}, \frac{1}{3}, \cdots$,于是

$$\frac{1}{2} + \frac{1}{3} + \frac{1}{4} + \cdots = 1 + \frac{1}{2} + \frac{1}{3} + \cdots。$$

如果级数 $\frac{1}{2} + \frac{1}{3} + \frac{1}{4} + \cdots$ 收敛到一个有限的数,不妨记极限为 S,则有 $S = 1 + S$,这是不可能的,所以级数发散。

18 世纪关于级数的研究多少有些随意,例如拉格朗日在早期的研究中并没有注意到级数的收敛与发散的区别,即使到了 18 世纪末,他在研究泰勒级数时也没有考虑收敛性问题。一些数学家并没有意识到如今看来并不收敛的级数(例如 $\sum_{n=1}^{\infty} (-1)^n$)的存在性,事实上,那个时候大家并未对级数的收敛与发散给予足够的关注。直到 19 世纪,人们才开始注意到这个问题。对收敛性的第一个严格证明是高斯在 1812 年的论文《无穷级数的一般研究》中给出的。柯西给出了正项级数一些特殊的收敛性判别法,他指出,收敛级数的通项必须趋于零。他也给出了比值判别法与根值判别法,不过那时还没有上下极限的概念,柯西证明了如果根值极限中的最大值小于 1,则级数收敛,如果大于 1,则级数发散。这两个判别法的基础是比较判别法,即如果正项级数 $\sum_{n=1}^{\infty} a_n$ 与正项级数 $\sum_{n=1}^{\infty} b_n$ 的通项满足

$$a_n \leqslant b_n,$$

则当级数 $\sum\limits_{n=1}^{\infty} a_n$ 发散时，级数 $\sum\limits_{n=1}^{\infty} b_n$ 也发散；当级数 $\sum\limits_{n=1}^{\infty} b_n$ 收敛时，级数 $\sum\limits_{n=1}^{\infty} a_n$ 也收敛。比较判别法的证明几乎是平凡的。根值判别法与比值判别法用今天的语言表述即为下面的结论。

定理1（根值判别法） 如果 $a_n \geqslant 0$，则称 $\sum\limits_{n=1}^{\infty} a_n$ 为正项级数。记

$$\rho = \varlimsup_{n \to \infty} \sqrt[n]{a_n}。$$

则：

（1）若 $\rho < 1$，则级数收敛；

（2）若 $\rho > 1$，则级数发散。

定理2（比值判别法） 设 $\sum\limits_{n=1}^{\infty} a_n$ 是正项级数，记

$$\rho = \varlimsup_{n \to \infty} \frac{a_{n+1}}{a_n}。$$

则：

（1）若 $\rho < 1$，则级数收敛；

（2）若 $\rho > 1$，则级数发散。

上述两个定理的证明并不困难，将级数分别用那两个极限值为公比的等比级数控制就可以了。

1.1.5 一般数项级数的收敛问题

所谓一般数项级数指的是级数的通项不一定为正，最典型的级数便是交错项级数 $\sum\limits_{n=1}^{\infty} (-1)^n$。这些级数通常是在研究函数项级数时出现的，例如函数 $\dfrac{1}{1-x}$ 有展开式

$$\frac{1}{1-x} = 1 + x + x^2 + \cdots + x^n + \cdots,$$

当 $x = -1$ 时便有

$$\frac{1}{2} = 1 - 1 + 1 - 1 + \cdots + (-1)^n + \cdots。$$

正是这个展式愚弄了傅里叶,他以为这个交错级数的和就是 $\frac{1}{2}$。

柯西给出了一般数项级数收敛性的判别原理,即今天大家熟知的柯西原理。如前所述,数列与级数是可以相互转换的,所以柯西原理既适用于数列也适用于级数。

定理 3（柯西原理） 数列 $\{a_n\}$ 收敛当且仅当

$$|a_n - a_m| \to 0 \quad (n, m \to \infty)。$$

如果记 $S_n = \sum\limits_{i=1}^{n} a_i$,则级数形式的柯西原理可以叙述为如下形式。

定理 4（柯西原理） 级数 $\sum\limits_{i=1}^{\infty} a_i$ 收敛当且仅当

$$|S_n - S_m| \to 0 \quad (n, m \to \infty)。$$

数列只是函数序列的特例,同样,数项级数也是函数项级数的特例。很多数项级数均来自对函数项级数的研究,通过对函数项级数取特殊值得到数项级数。所以,要系统了解数项级数,就有必要了解函数项级数,但这个问题已经远远超出了中学数学所涵盖的范围,此处不作详论。

一般数项级数收敛性的判别是个很复杂的问题,如果对级数 $\sum\limits_{n=1}^{\infty} a_n$ 的通项取绝对值,则得到正项级数 $\sum\limits_{n=1}^{\infty} |a_n|$,所以一般数项级数的收敛性有两个概念:条件收敛与绝对收敛。如果级数 $\sum\limits_{n=1}^{\infty} |a_n|$ 收敛,则称级数 $\sum\limits_{n=1}^{\infty} a_n$ 是绝对收敛的。如果级数 $\sum\limits_{n=1}^{\infty} |a_n|$ 发散,但 $\sum\limits_{n=1}^{\infty} a_n$ 收敛(即部分和数列 $\{S_n\}$ 收敛到某个确定的数 S),则称级数 $\sum\limits_{n=1}^{\infty} a_n$ 是条件收敛的。

试图给出一般数项级数收敛性的判别法是徒劳的,通常只能对一些具有特殊结构的级数给出收敛性的判定。例如对乘积项级数 $\sum\limits_{n=1}^{\infty} a_n \cdot b_n$ 的收

敛性可以通过级数 $\sum\limits_{n=1}^{\infty} a_n$ 与 $\sum\limits_{n=1}^{\infty} b_n$ 的某些性质进行判断。尤其关于交错项

级数,可以给出收敛性的一种判别方法。所谓交错项级数指的是一类特殊

的乘积项级数 $\sum\limits_{n=1}^{\infty} (-1)^n a_n$,其中 $\sum\limits_{n=1}^{\infty} a_n$ 是正项级数。

定理 5　设 $\{a_n\}$ 是非负数列,如果 $\{a_n\}$ 单调递减且趋于 0,则交错项

级数 $\sum\limits_{n=1}^{\infty} (-1)^n a_n$ 条件收敛。

这是乘积项级数收敛性判别法的特例,定理 5 也称为莱布尼茨

(Leibnitz)判别法。

人们之所以对级数如此重视,主要出于两个方面的原因,第一个原因

是逼近,哪怕是一个发散级数也可以用来给函数作数值逼近,这也是 18 世

纪大家不怎么关心级数收敛与发散的重要原因,那时人们甚至对考虑收敛

与发散问题有点反感,直到 19 世纪末,大家才对收敛性问题有了系统的研

究。第二个原因是级数可以在运算中代表一个函数,例如在解微分方程时

人们便经常使用级数。

级数理论尤其是函数项级数理论是一个庞大的数学分支,其中以三角

级数(傅里叶级数)为代表,直到今天,它仍然是人们十分关心的领域。

1.2　数列教学策略

数列在生活中随处可见,股市每天的交易量,某种产品每天或每月、每

年的销售量,社会人口的增长,经济数据的变化,连续变量的数值模拟,等

等,都与数列有关,数列反映了离散变量的变化规律。学生通过若干生活

中常见的例子便可以了解数列概念,理解上并无任何实质性困难。需要说

明的是,数列可能有无穷多项,也可能有有限项。

与数列有关的问题有两类,第一类是数列的变化规律,通常根据数列

的通项表示或通项的递推关系来分析,分析这类问题的一个重要目的是进

行预测,例如经济学理论中的时间序列分析便是这类典型问题之一。人们预测股市除了依据各种宏观、微观经济数据,股市的走势也是一个重要依据,而股市的 K 线图便是由每日的交易量组成的数列。与数列有关的第二类问题是数列的求和,也就是级数问题。数列与级数是一对孪生概念,介绍数列自然离不开数列的求和问题。求和问题的重要性不言而喻,例如生物种群的增长模型虽然通常是一个微分方程,但实际的数据是离散的,只不过借助连续的模型进行分析,种群的数量就是个累积过程。级数的另一个重要意义在于逼近,无论是函数的幂级数展开还是傅里叶级数展开,其本质是用简单的函数组合逼近一般函数。众所周知,这些理论无论是对于数学还是通信工程、信号处理等领域都是十分重要的工具。欧拉所建立的著名的欧拉公式便是通过将指数函数与三角函数表示成幂级数,然后进行比较建立起来的。可见无论是数列还是级数都是处理离散问题时不可避免的两个概念。从数列的发展史可以看出,数列求和(级数)是核心,但中学阶段并不介绍极限概念,所以不适宜深入介绍级数理论,但级数是数列部分和的极限,数列前 n 项求和问题是中学必学内容。尤其是与等差数列、等比数列有关的一些特殊数列的求和问题是中学阶段涉及的重要问题。

数列有限项的求和是中学数学数列的教学重点。通常有三类数列求和问题:(1)等差数列求和;(2)等比数列求和;(3)特殊项数列求和。

与数列通项有关的教学难点是通过递推关系求通项公式,这也是学生解题中遇到的难点。这类问题可以很难,掌握到何种程度需要教师根据学情决定。

数列部分需要解决三个基本问题:数列的概念及其重要性;特殊数列;运用数列解决实际问题。建立数列概念的有效方法是通过对通项公式和递推公式的认识与学习,从函数与数列内在的关系认识数列。从特殊数列(等差数列、等比数列)入手,将非特殊数列转化为特殊数列从而使问题得到解决。引入合适的生活与数学情境分析数列通常与哪类问题有关,如何利用数列解决这些问题。

在进入具体内容之前,首先需要通过问题情境引导学生从宏观上了解数列概念、数列的重要性以及与之相关的实际问题,具体地说,学生需要清楚运用数列可以解决什么问题以及这些问题的重要性。

在让学生了解了数列与级数的重要性基础上,围绕着数列章节,需要帮助学生深入具体地了解下列基本问题:

(1)了解数列的概念,初步掌握数列的递推关系式。

(2)了解等差数列,掌握等差数列的通项公式及其性质。

(3)掌握等差数列前 n 项的求和方法。

(4)掌握等比数列与等比数列的通项公式及其性质。

(5)掌握等比数列前 n 项的求和方法。

(6)了解数列的初步应用。

(7)数列学科拓展——分形几何初探。

过去的教学设计往往是数列概念一带而过,紧接着让学生陷入通过观察数列的前几项写出通项的大量练习里,教学掉进了传统应试教育的俗套。众所周知,知识建构过程应该是新旧知识或经验发生冲突而引发的知识结构的重组,在反复的同化——顺应、平衡——不平衡的交替过程中螺旋上升进行重新认识和重组建构。在学生的认知基础中,相关部分为数集和函数,他们和数列有相同之处,也有不同之处(数集的无序性、互异性与数列的有序性和可重复性,初等函数的连续性与数列的离散性),这就是知识发生冲突的地方。就方法的多样性与知识容量来说,数列所涉及的知识点并不多,但对学生而言,由于在其他内容的学习中与之关联的部分不多,所以很容易遗忘。

递归原理是非常重要的数学思想,递归策略存在的历史可以追溯到两千多年前,最早的例子是西奥多罗斯(Theodorus,前 465—前 398)给出的,他是第一个利用递归的人,把无理数 $\sqrt{2},\sqrt{3},\sqrt{5},\sqrt{7},\cdots$ 用线段长的几何形式表现出来。

数列递推公式是教学难点,也是考试重点。教学中教师会花费大量时间讨论根据递推关系得到通项公式的问题,比较容易陷入细节与技巧的纠缠,复杂的技巧让学生对数列产生了恐惧心理。数列本具有很好的生活化情境认知基础,不妨多给点时间让学生去认识递推公式,通过这个过程培养从生活问题提炼出数学问题的能力,融入数学模型的思想。

等比数列作为一类特殊的数列在数学中的应用是司空见惯的,它也是历史上被研究得最早与最多的数列,级数收敛性的判定与它有着密切关系。阿基米德为了计算抛物线与直线所围图形的面积,构造了一个特殊的等比数列,成功地计算出了这个图形的面积,这也是积分理论早期的萌芽,大学教师在讲授定积分理论时完全可以通过阿基米德的算法切入到定积分的定义。等比数列的应用远不止于此,在现代数学中也是经常使用的。例如,著名的康托尔三分集就需要等比数列来计算其量值。康托尔集是现代分形几何中出现的第一个分形集,很多分形集的构造都是基于和康托尔集类似的构造。作为等比数列的拓展,康托尔集完全可以在课堂上作为一个重要的例子让学生了解这个集合构造的过程。从而初步感受现代数学思想的智慧之光,将来一旦学习到相关理论,重温这种思想时可以更深刻地理解晦涩的数学内容,从而做到基础教育与大学教育之间的无缝衔接。

1.3 数列教学案例设计

案例 1 数列的概念

教学目的:掌握数列概念与通项公式。

教学重点:数列概念与通项公式。

教学难点:数列通项公式。

教学过程:

一、问题引入

问题 1 老师改完试卷后,通常要做两件事,一是统计全班每位同学的成绩,二是根据分数做试卷分析。统计成绩时每个同学对应到一个分数,不能搞错,但做试卷分析时通常只需要分数的分布情况,不需要分辨哪个分数是哪个同学的。同样一组分数,老师做分数统计与做试卷分析对分数的处理有什么不同?

统计分数时一个学生对应到一个分数,也就是说,分数是有顺序的。但做试卷分析时只需要知道分数的分布,不需要知道哪个同学得了多少分,换言之,这时的分数是没有顺序的。不过需要注意的是,作为统计数据与集合也不相同,因为统计中同样的数据是可以重复出现的,两个同学完全可能考了一样的分数。通过这个分析,初步了解数列是按顺序排列的一组数(一般有无穷多个)。

二、新课教学

问题 2　刘辉的割圆术是指用圆的内接正多边形面积近似替代圆的面积(从正六边形开始,正多边形的边数依次加倍)。半径为 r 的圆内接正 $n(=6k)$ 边形的面积是多少?

正 n 边形的每条边对应的圆心角为 $\dfrac{2\pi}{n}$,边长为 $2r\sin\dfrac{\pi}{n}$。于是每个边与过边的两个端点的半径构成三角形的高为 $r\cos\dfrac{\pi}{n}$,故该三角形面积为

$$\frac{1}{2}r\cos\frac{\pi}{n}2r\sin\frac{\pi}{n}=\frac{1}{2}r^2\sin\frac{2\pi}{n},$$

于是正 n 边形的面积为 $\dfrac{n}{2}r^2\sin\dfrac{2\pi}{n}$。显然正 n 边形面积是与 n 有关的。

定义 1　按照确定顺序排成一列的数称为数列,数列中的每个数称为数列的项。排在第一个位置上的数称为数列的第 1 项,表示为 a_1(或 b_1 等),第二个位置上的数称为数列的第 2 项,表示为 a_2(或 b_2 等),以此类推,第 n 个位置上的数称为数列的第 n 项,表示为 a_n(或 b_n 等),a_n(或 b_n 等)也称为通项,其中第 1 项称为首项。

数列的一般形式为

$$a_1,a_2,\cdots,a_n,\cdots,$$

简记为 $\{a_n\}$。

数列可以看成从正整数集 $\mathbf{N}^*$(或其有限子集)到实数域 $\mathbf{R}$ 的一个对

应关系,所以它也是个函数关系,定义域为正整数集 $\mathbf{N}^*$,对任意 $n\in\mathbf{N}^*$,函数值为数列的第 n 项 a_n,记为 $f(n)=a_n$。反之,如果 $y=f(x)$ 的定义域包含正整数集 $\mathbf{N}^*$,那么 $a_n=f(n)$ 构成数列 $\{a_n\}$。离散数列利用一般的函数做模型,然后借助微积分的思想进行处理是很多实际问题中常用的手段。例如经济领域所涉及的数据大多是离散的,但为了分析其变化规律及趋势,通常借助实数域上的函数来处理,将这些数据看成某个定义在实数域上的函数在正整数集 $\mathbf{N}^*$ 上的取值即可。

定义 2 假设 $\{a_n\}$ 是数列,如果对任意 $n\in\mathbf{N}^*$,有

$$a_n < a_{n+1}\ (a_n \leqslant a_{n+1}),$$

则称 $\{a_n\}$ 是严格单调递增(单调递增)数列。如果对任意 $n\in\mathbf{N}^*$,有

$$a_n > a_{n+1}\ (a_n \geqslant a_{n+1}),$$

则称 $\{a_n\}$ 是严格单调递减(单调递减)数列。

数列的一般项——通项可能遵循一定的规律变化,正如很多函数具有表达式,数列的通项也可能可以用某个式子表示,通常将通项的表达式称为通项公式。例如 $a_n=(-1)^n$ 便是数列

$$-1,1,-1,\cdots,(-1)^n,\cdots$$

的通项公式。

如果将圆内接正 n 边形的面积记为 S_n,则

$$S_n = \frac{n}{2}r^2\sin\frac{2\pi}{n}$$

便是数列

$$S_3,S_4,\cdots,S_n,\cdots$$

的通项公式。

>>> 例 1 观察下面的数列,能不能写出它们的通项公式?

(1) $1,-\dfrac{1}{2},\dfrac{1}{3},-\dfrac{1}{4},\dfrac{1}{5},\cdots$;

(2) $2,0,2,0,2,0,\cdots$。

解 (1) 记 a_n 为其通项,则 $a_n=(-1)^{n+1}\dfrac{1}{n}$ 便是通项公式;

（2）记 b_n 为其通项，则 $b_n=1+(-1)^{n+1}$ 便是通项公式。

>>> 例2　设数列 $\{a_n\}$ 的通项公式为 $a_n=n^2+2n$，120 是不是该数列中的某一项？如果是，是第几项？

解　令 $a_n=120$，得 $n^2+2n=120$，解之得 $n=-12$ 或 $n=10$，显然 n 不能为负数，故 120 为数列的第 10 项。

问题3　观察数列

$$1,\frac{\sqrt{2}}{2},\frac{1}{2},\frac{\sqrt{2}}{4},\frac{1}{4},\frac{\sqrt{2}}{8},\frac{1}{8},\cdots,$$

这个数列是否有通项公式？

令 a_n 为数列的通项，则

$$a_n=\frac{\frac{1}{2}(1+(-1)^{n+1})+\frac{1}{2}(\sqrt{2}+(-1)^n\sqrt{2})}{2^{\left[\frac{n}{2}\right]}},$$

其中 $\left[\frac{n}{2}\right]$ 表示 $\frac{n}{2}$ 的整数部分，称之为取整函数。

三、课外作业

略

◀ **案例2**　**数列的递推公式与求和**

教学目的：熟悉数列的递推公式，会用递推公式讨论数列的性质，并利用递推公式求通项，理解数列前 n 项和的概念。

教学重点：数列的递推公式。

教学难点：利用递推公式求通项。

教学过程：

一、问题引入

问题1　假设阶梯形的剧场内第一排有 20 个座椅，后面每排比前排多 1 个座椅，剧场共有 20 排座椅，该剧场一共有多少个座椅？

不难看出每一排的座椅数形成一个数列，该数列的首项为 20，共有 20 项，第 n 项即第 n 排的座椅数。记通项为 a_n，则 $a_1=20,a_2=21,\cdots,a_n=$

$a_{n-1}+1,n\leqslant20$。该数列的典型特征是数列的通项满足某种递推关系,即后项可以用与之相邻的前项(或若干项)表示,通项满足的这种等式通常称为递推公式。

需要计算的是

$$S=a_1+a_2+\cdots+a_{20}。$$

虽然还没学等差数列,但这个和以及通项并不难计算,只要首尾两项两两相加便可以得到 10 个相同的数:

$$a_1+a_{20}=a_2+a_{19}=\cdots=a_{10}+a_{11},$$

因此 $S=10(a_1+a_{20})$。不难得知 $a_{20}=20+19=39$,于是 $S=590$。

二、新课教学

定义 1 如果数列 $\{a_n\}$ 的通项 a_n 满足某种递推关系,即后项可以用前项(或前若干项)表示,则称通项满足的等式为数列的递推公式。

问题 2 数列 $\{a_n\}$ 的通项与前 n 项和之间是什么关系?

由 $S_n=a_1+a_2+\cdots+a_n$ 很容易看出 $a_n=S_n-S_{n-1}$。

❯❯❯ 例 1 设 $a_1=1, a_{n+1}=\begin{cases} a_n+1, n \text{ 为奇数}, \\ a_n+2, n \text{ 为偶数}。 \end{cases}$ 令 $b_n=a_{2n}$,能不能写出 b_n 的递推公式?

解 由 a_n 的定义可知 $a_{2n+1}=a_{2n}+2, a_{2n}=a_{2n-1}+1$,故 $a_{2n+2}=a_{2n+1}+1=a_{2n}+2+1=a_{2n}+3$,即 $b_{n+1}=b_n+3$。

问题 3 数列的通项如果有递推关系,能不能写出通项公式?例如数列 $a_1=1, a_n=1+\dfrac{1}{a_{n-1}}(n\geqslant2)$,能不能写出它的通项公式?如果 $a_1=2$,$a_n=2-\dfrac{1}{a_{n-1}}(n\geqslant2)$ 呢?

判断由递推关系能不能找出通项公式的常用方法是计算开始的几项,看能否从中找出规律,再进行证明。由

$$a_1=1, a_n=1+\frac{1}{a_{n-1}}(n\geqslant2)$$

可以计算出前几项:

$$a_2 = 2,$$

$$a_3 = 1 + \frac{1}{2} = \frac{3}{2},$$

$$a_4 = 1 + \frac{2}{3} = \frac{5}{3},$$

$$a_5 = 1 + \frac{3}{5} = \frac{8}{5},$$

$$a_6 = 1 + \frac{5}{8} = \frac{13}{8},$$

从数列的前几项看不出通项的规律,理论上可以通过递推关系寻找通项公式,但可能寻找的过程比问题本身更复杂。所以,如果通过有限项不能看出规律来,一般就不必再试图求通项公式了。

由 $a_1 = 2, a_n = 2 - \dfrac{1}{a_{n-1}} (n \geq 2)$ 可以计算出前几项:

$$a_2 = \frac{3}{2},$$

$$a_3 = 2 - \frac{2}{3} = \frac{4}{3},$$

$$a_4 = 2 - \frac{3}{4} = \frac{5}{4},$$

$$a_5 = 2 - \frac{4}{5} = \frac{6}{5},$$

从前 5 项可以看出来应该有

$$a_n = \frac{n+1}{n}。$$

但需要检验这个猜想是否正确,不妨设 $n = k$ 时有

$$a_k = \frac{k+1}{k},$$

当 $n = k + 1$ 时,

$$a_{k+1} = 2 - \frac{1}{a_k} = 2 - \frac{k}{k+1} = \frac{2k+2-k}{k+1} = \frac{k+1+1}{k+1}。$$

由归纳法知确有 $a_n = \dfrac{n+1}{n}$。由此可见,由递推公式有可能可以推出通项公式,也有可能很困难。

>>> 例 2 已知数列 $\{a_n\}$ 满足 $a_n = 2a_{n-1} - a_{n-2}$ $(n>2)$,$a_1 = a$,$a_2 = b$,能否写出该数列的通项公式?

解 由 $a_n = 2a_{n-1} - a_{n-2}$ 可得

$$a_n - a_{n-1} = a_{n-1} - a_{n-2} = a_{n-2} - a_{n-3} = \cdots = a_2 - a_1 = b - a,$$

递推可得

$$a_n = a_1 + (n-1)(b-a) = a + (n-1)(b-a)。$$

定义 2 数列 $\{a_n\}$ 从第 1 项到第 n 项的和称为该数列的前 n 项和,记作 S_n,即

$$S_n = a_1 + a_2 + \cdots + a_n。$$

数列求和主要限于后面将介绍的等差数列与等比数列,一般数列的求和没有通用的方法,只能针对一些特殊数列采用特殊的方法求和。本节课仅限于介绍数列求和概念与简单数列的求和。鉴于递推公式是教学与考试重点,如果本节课的时间紧张,也可以在讲授等差数列的求和公式时介绍一般数列的求和概念。

>>> 例 3 试计算不超过 100 的所有正偶数之和。

解 记 $a_n = 2n$,则不超过 100 的所有正偶数之和为

$$S_{50} = a_1 + a_2 + \cdots + a_{50} = (a_1 + a_{50}) + (a_2 + a_{49}) + \cdots + (a_{25} + a_{26})$$
$$= 25(a_1 + a_{50}) = 25 \times 102 = 2550。$$

>>> 例 4 设 $a_n = \dfrac{1}{n(n+1)}$,试求 $S_n = a_1 + a_2 + \cdots + a_n$。

解 可以将通项分拆为

$$a_n = \dfrac{1}{n} - \dfrac{1}{n+1},$$

则

$$S_n = a_1 + a_2 + \cdots + a_n$$

$$= \left(1 - \frac{1}{2}\right) + \left(\frac{1}{2} - \frac{1}{3}\right) + \cdots + \left(\frac{1}{n} - \frac{1}{n+1}\right)$$

$$= 1 - \frac{1}{n+1} = \frac{n}{n+1} \, .$$

>>> **例 5**　设 $a_n = \ln\left(1 + \dfrac{1}{n}\right)$，试求 $S_n = a_1 + a_2 + \cdots + a_n$。

解　a_n 可以写成 $a_n = \ln\dfrac{n+1}{n}$，于是

$$S_n = a_1 + a_2 + \cdots + a_n$$

$$= \ln 2 + \ln\frac{3}{2} + \cdots + \ln\frac{n+1}{n}$$

$$= \ln\left(2 \cdot \frac{3}{2} \cdot \cdots \cdot \frac{n+1}{n}\right)$$

$$= \ln(n+1) \, .$$

三、课外作业

略

■ **案例 3**　**等差数列的概念及其通项公式**

教学目的：熟悉等差数列的概念，掌握等差数列的通项公式。

教学重点：等差数列的概念及通项公式。

教学难点：等差数列通项公式的推导。

教学过程：

一、问题引入

问题 1　假设 d 是常数，数列 $\{a_n\}$ 满足递推关系

$$a_{n+1} = a_n + d,$$

这个数列的任意相邻两项是什么关系？

　　在前面的讨论中已经见过类似的例子，例如剧场里各排座椅数的关系便满足任意一排与它相邻的前排之差为 1。学生很容易归纳出："任意项与它相邻的前项之差为常数 d"，这样的数列称为等差数列。

二、新课教学

定义 1 设 d 是常数,数列 $\{a_n\}$ 满足

$$a_n = a_{n-1} + d, \quad n \geqslant 2,$$

则称数列 $\{a_n\}$ 为等差数列,其中 d 称为该数列的公差。

问题 2 由等差数列的递推公式能不能求出通项公式?

直接反复使用递推关系:

$$a_n = a_{n-1} + d$$
$$= a_{n-2} + 2d$$
$$\vdots$$
$$= a_1 + (n-1)d,$$

便可得

$$a_n = a_1 + (n-1)d。$$

也可以利用数学归纳法证明,让学生逐步熟悉这一重要的论证方法。

$$a_2 = a_1 + d,$$
$$a_3 = a_2 + d = a_1 + 2d,$$

假设 $n = k$ 时有

$$a_k = a_1 + (k-1)d,$$

当 $n = k+1$ 时,有

$$a_{k+1} = a_k + d$$
$$= a_1 + (k-1)d + d$$
$$= a_1 + kd,$$

故对任意 n 有

$$a_n = a_1 + (n-1)d。$$

定义 2 如果 a, b, c 成等差数列,即 $b - a = c - b$,则

$$b = \frac{a+c}{2},$$

它称为 a 与 c 的等差中项。

等差中项也是 a 与 c 的算术平均数。

问题 3 假设数列 $\{a_n\}$ 是以 d 为公差的等差数列,即

$$a_n = a_1 + (n-1)d,$$

如果将 n 看成 x 轴上的点,a_n 看成以 n 为自变量的函数,数列 $\{a_n\}$ 在坐标平面内对应的点是如何分布的?

不难看出 $\{a_n\}$ 分布在直线 $y = a_1 - d + dx$ 上。反之,给定直线 $f(x) = b + kx$,$\{a_n\} = \{f(n)\}$ 是一个等差数列,其公差为 k,首项为 $b+k$。

>>> **例 1** 已知 $\{a_n\}$ 是等差数列,$a_1 = 1$,$a_{10} - a_2 = 16$,试写出该数列的通项公式。

解 设数列的公差为 d,则 $a_2 = 1 + d$,$a_{10} = 1 + 9d$,由 $a_{10} - a_2 = 16$ 得

$$1 + 9d - (1+d) = 16,$$

解得 $d = 2$。故数列的通项公式为 $a_n = 1 + 2(n-1)$。

>>> **例 2** 已知数列的首项 $a_1 = 2$,公差 $d = 8$,在 $\{a_n\}$ 的每相邻两项之间插入三个数,使之构成新的等差数列 $\{b_n\}$。

(1) 求 $\{b_n\}$ 的通项公式。

(2) b_{29} 是不是 $\{a_n\}$ 的项? 如果是,是第几项?

解 (1) 设 $\{b_n\}$ 的公差为 d',依题意,$b_1 = a_1$,$b_5 = a_2$,于是

$$b_5 - b_1 = a_1 + 4d' - a_1 = 4d' = 8,$$

故 $d' = 2$,$b_n = a_1 + 2(n-1) = 2n$。

(2) $\{a_n\}$ 的各项分别是 $\{b_n\}$ 的第 $1, 5, 9, 13, \cdots$ 项,此项数是一个公差为 4 的等差数列,通项公式为 $c_n = 1 + 4(n-1) = 4n - 3$。如果 b_{29} 是 $\{a_n\}$ 的项,则存在 n 使得 $4n - 3 = 29$,解得 $n = 8$,故 b_{29} 是 $\{a_n\}$ 的第 8 项。

三、课外练习

略

◀ **案例 4** **等差数列的求和公式**

教学目的:熟练掌握等差数列的求和公式。

教学重点:等差数列的求和公式。

教学难点:等差数列求和公式的推导。

教学过程：

一、问题引入

问题 1 假设 $\{a_n\}$ 是正奇数数列，即 $a_n = 2n - 1, n \in \mathbf{N}^*$，如何简便地计算出 $a_{101} + a_{102} + \cdots + a_{200}$？

$\{a_n\}$ 是公差为 2 的等差数列，可以像计算剧场座位数一样中心对称的两项相加，即 $a_{101+k} + a_{200-k}$，得到 50 组相同的数

$$a_{101} + a_{200} = (2 \times 101 - 1) + (2 \times 200 - 1) = 600 。$$

于是

$$a_{101} + a_{102} + \cdots + a_{200} = 50 \times 600 = 30\,000 。$$

二、新课教学

问题 2 假设 $\{a_n\}$ 是公差为 d 的等差数列，如何求它的前 n 项和？

设 $a_n = a_1 + (n-1)d$，记 $S_n = a_1 + a_2 + \cdots + a_n$，则

$$S_n = a_1 + (a_1 + d) + \cdots + [a_1 + (n-1)d]$$
$$= na_1 + d[1 + 2 + \cdots + (n-1)] 。$$

问题变成了计算 $n-1$ 个连续正整数的和，一种方法是分 n 为偶数和奇数两种情形讨论。如果 n 为奇数，则有 $\dfrac{n-1}{2}$ 项两两组合之和等于首尾两项的和 n，故

$$1 + 2 + \cdots + (n-1) = \frac{n-1}{2}n = \frac{(n-1)n}{2} 。$$

如果 n 为偶数，则有 $\dfrac{n-2}{2}$ 项两两组合之和等于首尾两项的和 n，但还有一个中项 $\dfrac{n}{2}$，故

$$1 + 2 + \cdots + (n-1) = \frac{n-2}{2}n + \frac{n}{2} = \frac{(n-1)n}{2} 。$$

因此无论 n 是奇数还是偶数，都有

$$1 + 2 + \cdots + (n-1) = \frac{(n-1)n}{2} 。$$

还有一种方法，令

$$N_n = 1 + 2 + \cdots + (n-1)$$
$$= (n-1) + (n-2) + \cdots + 1,$$

则

$$2N_n = [1 + (n-1)] + [2 + (n-2)] + \cdots + [(n-1)+1]$$
$$= (n-1)n,$$

于是 $N_n = \dfrac{(n-1)n}{2}$，显然第二种方法更为快捷。将其代入 S_n 的求和式

可得

$$S_n = na_1 + d\,\frac{(n-1)n}{2}。$$

对于一般的等差数列不难看出通项之间有类似的关系：

$$a_1 + a_n = a_2 + a_{n-1} = \cdots = a_n + a_1,$$

所以可以类似连续自然数求和的方法，将 S_n 的求和顺序反过来便得到两

种求和方法：

$$S_n = a_1 + a_2 + \cdots + a_n$$
$$= a_n + a_{n-1} + \cdots + a_1,$$

由此可见

$$2S_n = (a_1 + a_n) + (a_2 + a_{n-1}) + \cdots + (a_n + a_1)$$
$$= n(a_1 + a_n),$$

即

$$S_n = \frac{n}{2}(a_1 + a_n)。$$

将通项公式代入上式得

$$S_n = \frac{n}{2}[a_1 + a_1 + (n-1)d] = na_1 + \frac{(n-1)n}{2}d。$$

当然也可以类似另一种连续自然数的求和方法，根据求和的项数是奇

数还是偶数分情形讨论，两种方法的本质是一样的，但前者显然更简洁。

问题 3 已知等差数列 $\{a_n\}$ 前 10 项之和等于 310，前 20 项之和等于

1220，能确定这个数列的通项公式吗？

要确定通项公式,需要知道首项与公差,不妨设公差为 d,则

$$S_{10} = 10a_1 + \frac{10 \times 9}{2}d = 310,$$

$$S_{20} = 20a_1 + \frac{20 \times 19}{2}d = 1220,$$

于是

$$2S_{10} = 20a_1 + 10 \times 9d = 620,$$

两式相减得

$$S_{20} - 2S_{10} = 100d = 600,$$

故 $d = 6$,代入

$$S_{10} = 10a_1 + \frac{10 \times 9}{2}d = 310$$

得 $a_1 = 4$。所以数列的通项公式为 $a_n = 4 + 6(n-1)$。

>>> 例 1 已知 $\{a_n\}$ 是等差数列,$S_{15} = 5(a_2 + a_6 + a_k)$,求 k 的值。

解 设数列的公差为 d,则

$$S_{15} = 15a_1 + \frac{15 \times 14}{2}d$$

$$= 5[a_1 + d + a_1 + 5d + a_1 + (k-1)d]$$

$$= 5[3a_1 + (k+5)d] = 15a_1 + 5(k+5)d,$$

于是 $k + 5 = 21$,即 $k = 16$。

>>> 例 2 某单位要修建一个容纳 800 人的报告厅,报告厅设 20 排座位,从第 2 排开始,每排比前一排多两个座位,第 1 排应该设多少个座位?

解 显然各排座位数构成一等差数列,公差 $d = 2$,20 排座位数之和为 $S_{20} = 800$,设第 1 排座位数为 a_1,由等差数列求和公式得

$$20a_1 + \frac{20 \times 19}{2} \times 2 = 800。$$

解得 $a_1 = 21$,即第 1 排应设 21 个座位。

>>> 例 3 设等差数列 $\{a_n\}$ 的前 n 项和为 S_n,首项 $a_1 = 10$,公差 $d = -2$,S_n 是否有最大值? 如果有,最大值是多少? 是到数列第几项的和?

解 由等差数列求和公式得

$$S_n = na_1 + \frac{n(n-1)}{2}d$$

$$= 10n - n(n-1)$$

$$= -n^2 + 11n$$

$$= -(n - \frac{11}{2})^2 + \frac{121}{4},$$

注意 n 是正整数，显然当 $n = 5$ 或 6 时，S_n 的值达到最大，其最大值为

$$S_5 = -\left(\frac{1}{2}\right)^2 + \frac{121}{4} = 30。$$

三、课外作业

略

▶ **案例 5** **等比数列及其通项**

教学目的：熟悉等比数列的概念，掌握通项公式。

教学重点：等比数列的概念与通项公式。

教学难点：等比数列的通项公式。

教学过程：

一、问题引入

问题 1 某客户向银行贷款 S 万元，贷款利率为 r，贷款期限为 N 年，如何计算该客户每年需偿还的贷款额 a？

假设 S_n 为第 n 年的期初资金，其产生的本利和为

$$S_1(1+r) = a, \quad 即 S_1 = \frac{a}{1+r},$$

$$S_2(1+r)^2 = a, \quad 即 S_2 = \frac{a}{(1+r)^2},$$

$$\vdots$$

$$S_n(1+r)^n = a, \quad 即 S_n = \frac{a}{(1+r)^n},$$

$$\vdots$$

$$S_N(1+r)^N = a, \quad 即 \quad S_N = \frac{a}{(1+r)^N},$$

显然 $\{S_n\}$ 是一个数列,对任意 $n=1,2,\cdots,N$, $S_{n+1}=\dfrac{S_n}{1+r}$,即 $\dfrac{S_{n+1}}{S_n}=\dfrac{1}{1+r}$。顾名思义,这样的数列称为等比数列。后面将会看到,利用等比数列的求和公式便可以计算还贷额 a。

二、新课教学

定义 1 如果数列 $\{a_n\}$ 从第 2 项开始,每一项与前一项的比等于同一常数,即存在常数 q,使得对任意 $n \in \mathbf{N}^*$,有

$$\frac{a_{n+1}}{a_n} = q,$$

则称 $\{a_n\}$ 为等比数列,q 称为该数列的公比。

如果三个数 a,b,c 构成等比数列,即 $\dfrac{b}{a}=\dfrac{c}{b}$,则有 $b^2=ac$,b 称为 a,c 的等比中项,它也称为 a,c 的几何平均。

问题 2 等比数列 $\{a_n\}$ 的公比为 d,能写出数列的通项公式吗?

由于 $\dfrac{a_{n+1}}{a_n}=d$,故

$$a_2 = a_1 d, \qquad a_3 = a_2 d = a_1 d^2, \qquad a_4 = a_3 d = a_1 d^3,$$

由此可以猜测应有

$$a_n = a_1 d^{n-1}。$$

假设 $n=k$ 时有 $a_k=a_1 d^{k-1}$,当 $n=k+1$ 时,有

$$a_{k+1} = a_k d = a_1 d^k,$$

可见通项公式为

$$a_n = a_1 d^{n-1}。$$

问题 3 设 $\{a_n\}$ 是等比数列,如果将 n 对应到 x 轴上的点,a_n 看成该点处的纵坐标,数列 $\{a_n\}$ 在坐标平面内是如何分布的?

学生回答这个问题并不困难,由等比数列的通项公式

$$a_n = a_1 d^{n-1}$$

可以看出它是指数函数 $f(x)=a_1d^x$ 在 $n-1(n\geqslant 1)$ 处的取值,即

$$a_n=f(n-1) \qquad (n\geqslant 1)。$$

清楚这一点便于通过指数函数的性质了解等比数列的性质。

问题 4 设 $\{a_n\}$ 是首项为 1 的等比数列,如果 $a_1,3a_2,9a_3$ 成等差数列,能不能写出数列的通项公式?

设数列的公比为 q,则 $a_n=a_1q^{n-1}$,由条件知

$$3a_1q-a_1=9a_1q^2-3a_1q,$$

故

$$9q^2-6q+1=0,$$

解得 $q=\dfrac{1}{3}$。所以数列的通项公式为 $a_n=\left(\dfrac{1}{3}\right)^{n-1}$。

>>> 例 1 设 $\{a_n\}$ 是等比数列,且 $a_1+a_2+a_3=1,a_2+a_3+a_4=2$,则 $a_6+a_7+a_8$ 等于多少?

解 设公比为 q,则

$$a_1+a_2+a_3=a_1(1+q+q^2)=1,$$

于是

$$a_2+a_3+a_4=a_1q+a_1q^2+a_1q^3=a_1q(1+q+q^2)=q=2,$$

故而

$$a_6+a_7+a_8=a_1q^5+a_1q^6+a_1q^7=a_1q^5(1+q+q^2)=32。$$

>>> 例 2 设等比数列 $\{a_n\}$ 的第 4 项与第 6 项分别为 48 和 12,试求 $\{a_n\}$ 的第 5 项。

解 设公比为 q,则 $a_4=a_1q^3=48,a_6=a_1q^5=12$,于是

$$\frac{a_6}{a_4}=q^2=\frac{1}{4},$$

因此 $q=\pm\dfrac{1}{2}$。由 $a_1q^3=48$ 可知

$$a_1=\pm 8\times 48=\pm 384,$$

故

$$a_5 = a_1 q^4 = \pm 384 \times \left(\pm \frac{1}{2}\right)^4 = \pm 24。$$

由于 a_5 是 a_4 与 a_6 的等比中项,所以也可以直接由关系

$$a_5{}^2 = a_4 \cdot a_6 = 576$$

得 $a_5 = \pm 24$。

三、课外作业

略

案例6 **等比数列的求和公式**

教学目的:掌握等比数列的求和公式。

教学重点:等比数列的求和公式。

教学难点:等比数列求和公式的推导。

教学过程:

一、问题引入

问题1 一尺之棰,日取其半,到第 n 天一共截取了多少?

每日截取原来的 $\frac{1}{2}$,每天截取的量如下表:

时间/天	1	2	⋯	n
每天截取的长度	$\frac{1}{2}$	$\frac{1}{4}$	⋯	$\frac{1}{2^n}$

则第 n 天一共截取了 $\frac{1}{2} + \frac{1}{4} + \cdots + \frac{1}{2^n}$,这个和是多少?

细心的学生很容易采用反向思维的方法立刻得到截取的总长度,事实上,第 n 天截取后,剩下的长度为 $\frac{1}{2^n}$,所以截取的长度总和为 $1 - \frac{1}{2^n}$。这个例子尚不足以帮助学生看到一般规律,还需要更一般化的例子进一步挖掘背后的原理。可以对"一尺之棰,日取其半"进行改进。

二、新课教学

问题2 一尺之棰,日取其 $q(0 < q < 1)$,第 n 天一共截取了多少?

每日截取原来的 q，每天截取的长度如下表：

时间/天	1	2	3	…	n
每天截取的长度/尺	q	$(1-q)q$	$(1-q)^2q$	…	$(1-q)^{n-1}q$

则第 n 天截取之后截取的总长度为

$$q+(1-q)q+\cdots+(1-q)^{n-1}q。$$

这个和就具有一般性了，比问题 1 复杂了许多，但仍然可以采用逆向思维寻求解决的方法。既然是每日截取原来的 $q(0<q<1)$，截取后剩下的长度便不难清楚，如下表：

时间/天	1	2	…	n
每天截取后剩余的长度/尺	$1-q$	$(1-q)^2$	…	$(1-q)^n$

由此可得

$$q+(1-q)q+\cdots+(1-q)^{n-1}q=1-(1-q)^n$$

显然这个结论适用于任何 $q(0<q<1)$ 值。对上述等式的简化对于所有学生都是一件容易做到的事情，两边同时除以 q 可得

$$1+(1-q)+\cdots+(1-q)^{n-1}=\frac{1-(1-q)^n}{q}。$$

如果将 $1-q$ 换成 q，则 q 也在 0 与 1 之间，上式转换成：

$$1+q+\cdots+q^{n-1}=\frac{1-q^n}{1-q} \quad (0<q<1)。 \qquad (*)$$

有了问题 2 做基础，就不难拓展到公比 q 为一般数的情形了。

问题 3 （$*$）式中的 q 是否对任意正实数都成立？

这里需要启发学生的是，$q>1$ 如何转换为 $0<q<1$ 的结论，从关系式

$$1+q+\cdots+q^{n-1}=q^{n-1}\left(1+\frac{1}{q}+\cdots+\frac{1}{q^{n-1}}\right) \qquad (**)$$

及

$$1 + \frac{1}{q} + \cdots + \frac{1}{q^{n-1}} = \frac{1 - \dfrac{1}{q^n}}{1 - \dfrac{1}{q}},$$

不难得出

$$1 + q + \cdots + q^{n-1} = q^{n-1}\left(1 + \frac{1}{q} + \cdots + \frac{1}{q^{n-1}}\right)$$

$$= q^{n-1}\frac{1 - \dfrac{1}{q^n}}{1 - \dfrac{1}{q}} = \frac{q^n - 1}{q - 1} \quad (q > 1)。$$

而对于 $q=1$ 问题是平凡的,学生很容易搞清楚,只需在对（∗∗）式进行计算时提醒一下分母不能为 0。问题 3 还没有把 q 所有可能的值都考虑到,还需要讨论 $q<0$ 时的情形。

问题 4 假如 $q<0$,等式（∗）仍然成立吗?

既然学生能懂得当 $q>1$ 时,取其倒数取而代之,也自然不难明白当 $q<0$ 时应该用 $-q$ 取而代之。在此基础之上,回到开始的问题可得一般等比数列 $\{a_n\}$ 的求和公式:

$$S_n = a_1 + a_2 + \cdots + a_n = a_1(1 + q + \cdots + q^{n-1}) = \frac{a_1(1 - q^n)}{1 - q}。$$

至此,一般等比数列的求和公式的推导便大功告成了。

上述一系列问题是通过一些学生比较容易理解也方便计算的问题而设计的,通过这些问题逐步引导学生发现规律并最终得出求和公式,这里的问题与公式的推导过程是融为一体的,通过特殊的数列帮助学生捕捉到求和公式的信息并逐步得到一般等比数列的求和方法,形成关于等比数列求和的一个完整认知链,不存在情境与公式推导之间逻辑关系脱节的现象。

>>> **例 1** 试确定案例 5 问题 1 中的还贷额 a。

解 由

$$S = S_1 + S_2 + \cdots + S_N = \sum_{n=1}^{N} \frac{a}{(1+r)^n} = a\left[\sum_{n=1}^{N} \frac{1}{(1+r)^n}\right]$$

得

$$a = \frac{S}{\sum\limits_{n=1}^{N} \dfrac{1}{(1+r)^{n}}} = S\,\frac{r(1+r)^{N}}{(1+r)^{N}-1}\,。$$

>>> 例2 数列 $\{a_n\}$ 中，$a_1=2$，$a_{m+n}=a_m a_n$，若 $a_{k+1}+a_{k+2}+\cdots+a_{k+10}=2^{15}-2^5$，求 k 的值。

解 由 $a_{m+n}=a_m a_n$ 得 $a_{n+1}=a_1 a_n$，由题意知 $a_n\neq 0$，故 $\dfrac{a_{n+1}}{a_n}=a_1=2$，这说明 $\{a_n\}$ 是首项为 2，公比为 2 的等比数列，通项公式为

$$a_n = 2 \cdot 2^{n-1} = 2^n\,。$$

于是

$$a_{k+1}+a_{k+2}+\cdots+a_{k+10} = \frac{a_{k+1}(1-2^{10})}{1-2} = 2^{k+1}(2^{10}-1)\,，$$

由 $a_{k+1}+a_{k+2}+\cdots+a_{k+10}=2^{15}-2^5$ 得

$$2^{k+1}(2^{10}-1) = 2^{15}-2^5 = 2^5(2^{10}-1)\,，$$

所以 $2^{k+1}=2^5$，从而 $k=4$。

>>> 例3 已知等比数列 $\{a_n\}$ 满足 $a_1=3$，$a_1+a_3+a_5=21$，则 $a_3+a_5+a_7$ 等于多少？

解 设等比数列的公比为 q，由通项公式及 $a_1+a_3+a_5=21$ 得

$$a_1 + a_1 q^2 + a_1 q^4 = 21\,，$$

于是 $1+q^2+q^4=7$，从而 $q^2=2$。进而

$$a_3 + a_5 + a_7 = q^2(a_1+a_3+a_5) = 42\,。$$

>>> 例4 等比数列 $\{a_n\}$ 的前 n 项和为 S_n，已知 $S_3=a_2+10a_1$，$a_5=9$，则 a_1 等于多少？

解 由 $S_3=a_2+10a_1$ 得

$$a_1 + a_2 + a_3 = a_2 + 10a_1\,，$$

于是 $a_3=9a_1$。又 $a_3=a_1 q^2$，故 $q^2=9$。因 $a_5=9$，即 $a_1 q^4=9$，所以

$$a_1 = \frac{1}{9}\,。$$

思考题 1　一尺之棰,日取其中段三分之一,每次取出的区间总长度是多少?如果这个过程不断持续下去,最后留下了多少?

这个问题有一定难度,如果单纯看长度,可知当 n 越来越大时,剩下的长度 $\left(\dfrac{2}{3}\right)^n$ 将越来越小,这与问题 1 中剩下的长度 $\left(\dfrac{1}{2}\right)^n$ 越来越小一样。但是,学生对问题 1 很容易理解,如果每次挖去的是半开半闭的区间,也就是把棍子的端点留下来了(这里可以顺便向学生解释一下挖开区间与挖闭区间的不同,这是一种很重要的数学方法,问题 1 中去掉 1/2 长度的区间对应的是二分法),如果取极限(学生对极限的直观解释并不难理解),最后只剩下一个点。如果每次挖去的是中间 1/3 的开区间,也就是把棍子的端点留下,学生很可能会陷入误区,以为留下来的就是那些棍子的端点,这就大错特错了,因为棍子的端点最多只有可数个,可最后留下来的点与实数集一样多,这正是康托尔集的神奇之处。不妨让学生课外思考并查阅资料,看最后到底剩下了多少点?要彻底搞清楚这个问题,需要对二进制、三进制有所了解,并且要理解二进制与三进制的几何意义,这与十进制是类似的。一个康托尔集不仅涉及等比数列求和,更重要的是通过对这个集合的分析,可以对一般的进制、集合等概念有进一步的了解。康托尔集有着丰富的结构,仅仅从集合的角度看,它便蕴藏着欧几里得空间中包括"疏朗集""完备集""零测集""连续统"等众多概念,信息量非常大,实际上,康托尔集的构造是直线上一般完备集构造的特例,同时,它还是历史上第一个分形集。教师以康托尔集作为切入点可以科普式地让学生领会集合、测度论、分形几何等数学理论的重要思想方法。它可以让学生充分体会到数学的奇妙,激发学习的兴趣。然而,课堂教学需要掌握好度,过浅犹如隔靴搔痒,过深不仅偏离主题,严重超出大纲,而且也会让学生感到晦涩难懂。这个问题不宜对所有学生都作要求,只适合那些基础比较好并且有兴趣的同学,而且不宜课堂上纠缠太多,可以作为课外的思考拓展(参见文献[15])。

思考题 2　数列 $a_0=0, a_1=1, a_2=1, a_n=a_{n-1}+a_{n-2}$ 称为斐波那契数列,能由递推公式写出该数列的通项公式吗?

这是一个有难度的问题,有很多种计算方法,适合中学生的初等方法则是利用递推关系构造一个新的等比数列。假设 r,s 是两个待定数,使得

$$a_n - ra_{n-1} = s(a_{n-1} - ra_{n-2}),$$

则 $r+s=1, rs=-1$,由上式可得

$$a_n - ra_{n-1} = s^{n-2}(a_2 - ra_1) = s^{n-2}(1-r),$$

于是

$$a_n = s^{n-1} + ra_{n-1}$$

$$= s^{n-1} + rs^{n-2} + r^2 s^{n-3} + \cdots + r^{n-2}s + r^{n-1}$$

上式最后一项是以 $\dfrac{r}{s}$ 为公比的等比数列的部分和,由公式有

$$a_n = \frac{s^n - r^n}{s - r},$$

由方程组 $r+s=1, rs=-1$ 解得

$$s = \frac{1+\sqrt{5}}{2}, \quad r = \frac{1-\sqrt{5}}{2},$$

从而得通项公式为

$$a_n = \frac{1}{\sqrt{5}} \left[\left(\frac{1+\sqrt{5}}{2} \right)^n - \left(\frac{1-\sqrt{5}}{2} \right)^n \right].$$

三、课外作业

略

第 2 章　函数

函数的历史比较复杂,从 17 世纪开始,历经两百多年的时间。随着研究的深入,人们对函数的认识也在不断发生变化。虽然本书的理论与实践卷(见文献[4])对函数有简单介绍,但对其历史并未做梳理,这里作为补充,做一个稍微详细的介绍。其主要内容散见于《古今数学思想》(见文献[1-3])。

2.1.1　函数概念的萌芽

对于物体运动问题,如何将自然规律数量化是研究的关键,其中最重要的一步是函数概念的引进。运动问题吸引了 17 世纪的科学家与数学家们。伽利略的太阳中心说为开普勒的天文学提供了证据,人们普遍接受了开普勒的学说,但关于椭圆运动定律并没有一个精确的描述方式。事实上,太阳与其他行星之间相互干扰,人们还没有很好的方法去计算行星的位置。

天文与航海是密切相关的,16 世纪,大规模的长距离航海需要测定纬度与经度的准确方法,纬度可以通过观察太阳或恒星测定,但测定经度是一个难题。即使到了牛顿时代,这个问题仍然没有得到很好的解决,人们根据月亮的位置来确定船在海中的位置,常常会导致 100 海里的误差,这给航运带来的损失比较大,英国皇家于 1675 年在格林尼治建立了天文观测台,期望对月球的运动得到较好的观测,并将格林尼治天文台作为测定经度的固定站。18 世纪,英国政府设立了一个"经度测定委员会",以 2 万英镑的奖金征集经度测定方案。

17 世纪的另一个重要科学问题是地球的运动问题,按照伽利略的太阳中心说,地球既自转也绕着太阳运行,地球不再是宇宙的中心,可为什么物体会停留在地球上？抛射体的路线、射程以及高度都是人们关心的基本问题,需要新的原理来解释这些现象。

运动问题自然与时间有关,作图师弗里修斯(Gemma Frisius,1508—1555)曾提出用时钟测定经度,在一个已知经度的地方把时钟对好放在船上,由于船的当地时间比较容易确定,海员只需要记住两个时间的差,便能立刻将时间差翻译成经度差。但那时通用的机械钟计时并不准确,一直到1600 年,都没有准确的适用于航海的钟。适用于航海的钟直到 1761 年才由哈里(John Harrison,1693—1776)设计出来。

正是缘于对运动的研究,一个重要的数学概念慢慢诞生了,这就是函数。从伽利略时代以及此后的两百多年间,函数在一切与运动有关的科学问题中占据着中心位置。伽利略的力学著作《两门新科学》中,函数概念贯穿始终。伽利略的函数是具体的,他用文字和比例的语言表示函数关系,例如在关于运动的问题中,他说:“从静止状态开始以定常加速度下降的物体,其经过的距离与所用时间的平方成正比。”这就是著名的自由落体公式。他还说:“沿着同高度但不同坡度的倾斜平板下滑的物体,其下滑的时间与平板的长度成正比。”这些文字显然说的是变量与函数,就差用专门的符号来表示它们了。

17 世纪的函数大多是当成曲线研究的,主要局限于对数函数、指数函数及三角函数。也有人从运动的观点重新研究一些旧的曲线,并引进了一些新的曲线。虽然在古希腊也曾有人从运动的角度研究过曲线,例如阿基米德螺线,但都不在正统的数学中,直到 17 世纪,随着运动问题的深入研究,人们对运动意义下的曲线刮目相看,并将一些著名曲线重新赋予运动学意义。例如梅森将前人研究过的旋轮线定义为当车轮沿地面滚动时轮上一个定点的轨迹,这就是今天所说的摆线。伽利略证明物体斜抛向空中时,它的路径是一个抛物线,因此,可以把这个曲线看成动点的轨迹。曲线看成动点轨迹到罗贝瓦尔、巴罗和牛顿时代发扬光大。牛顿在其《求曲边梯形面积》中说:"我认为这里的数学量,不是由小块合成的,而是由连续运动描述的。曲线是描画出来的,因而它的产生不是由于凑零为整,而是由于点的连续运动……"人们逐步为这些曲线命名,并给予了相应的符号,虽然有些细微的难点尚未解决,例如指数函数对自变量取无理数是不是有意义的问题直到 19 世纪才得到解决。

代数函数与超越函数的区别是笛卡儿首先提出来的,不过笛卡儿把它们称为几何函数与机械函数,笛卡儿是排斥超越函数的,他的观点没有影响人们对超越函数的研究,通过求面积、求级数和,人们发现了很多超越函数。

詹姆斯·格雷戈里于 1667 年证明扇形的面积不能表示为圆的半径与弦的代数函数。莱布尼茨证明 $\sin x$ 不可能表示为 x 的代数函数,他证明了格雷戈里的结果,超越函数逐渐为人们所了解并使用。

17 世纪中,函数的定义以格雷戈里在《论圆和双曲线的求积》中所给出的最为明显,他定义函数为:它是从一些其他的量经过一系列代数运算得到的,或者经过其他一些可以想象的运算而得到的。格雷戈里解释最后一句话的意思是除了五种代数运算,还需要加上极限运算。但不久便证明,他的定义太窄了,随着函数的级数表示的广泛研究,出现了更多的函数。

1665 年,牛顿开始了他的微积分工作,他一直用"流量"一词表示变量之间的关系。莱布尼茨首先用"函数"一词来表示任何一个随着曲线上的点的变动而变动的量,例如切线、法线等,而这个曲线,莱布尼茨说是由一个方程式给出的。他又引进"常量""变量""参变量"的概念。在数学史上,这是一大进步,它使得人们可以从数量上描述运动了。

2.1.2　函数概念的公式化

到了 17 世纪,随着对代数函数与超越函数的研究进一步深入,人们使用的初等函数已经具有非常复杂的形式,实际上与今天我们所见到的初等函数一样。对数函数、指数函数也早已被人们研究,并且已经知道对数函数是指数函数的反函数。欧拉定义这两个函数分别为

$$e^x = \lim_{n \to \infty} \left(1 + \frac{x}{n}\right)^n, \quad \log x = \lim_{n \to \infty} n\left(x^{\frac{1}{n}} - 1\right).$$

三角函数的研究也系统化了,牛顿与莱布尼茨都分别给出了这些函数的级数展开式。约翰·伯努利与拉尼(T. F. Lagny,1660—1734)研究了两角和与差的三角公式,圣彼得堡科学院的第一批成员之一的迈尔(F. C. Mayer,1697—1729)在和差公式基础上推导了解析三角的一般恒等式。欧拉在 1748 年得奖的关于木星和土星运动中的不等式的文章中给出了三角函数的十分系统的处理,他已经搞清楚了三角函数的周期性,并且引入了角的弧度。

函数概念的公式化始于约翰·伯努利,欧拉在其《引论》中将函数定义为由一个变量与一些常量通过任何方式形成的解析表达式。他概括了多项式、幂级数、对数表达式及三角表达式。随之又有了代数函数,在代数函数中只有自变量间的代数运算,代数运算又分为两种:只包含四则运算的有理运算与包含开根运算的无理运算。他还引入了超越函数,即三角函数、对数函数、指数函数、变量的无理数次幂函数等。

欧拉认为,函数之间的原则区别在于组成这些函数的变量与常数的组合方法不同。超越函数与代数函数的区别在于前者重复了后者那些运算无穷多次,他实际是说超越函数可以用无穷的级数表示。

18 世纪的数学家对连续函数的认识也有局限性,欧拉与莱布尼茨等人一样,把连续函数当成由解析式规定的函数,那时候的“连续”相当于今天的“解析”。历史上第一次将函数概念作为研究基础的著作便是欧拉的《引论》,欧拉很重视函数的幂级数展开,他和他的同时代人都坚信任何函数都可以这样展开。这与那时候所研究的函数有关,因为所有具有解析表达式的函数的确可以展开成幂级数。

函数由一个解析表达式给出的定义贯穿于整个 18 世纪,尽管那时出

现的弦振动问题导致了关于函数概念的争论,但依然没有动摇数学家们的这一信念。拉格朗日在他的著作《解析函数论》中将一元和多元函数定义为自变量按任何形式出现并对计算有用的表达式,函数是运算的一个组合。

2.1.3   函数概念的一般化

随着函数概念的应用,尤其是对弦振动问题的研究导致的关于函数概念的争论,以及对函数的间断性和种类的研究,迫使数学家们不得不重新考虑函数的定义。欧拉和拉格朗日等人在函数概念问题上做了一系列研究,但他们既没有得到任何可以被广泛采用的定义,也没有解决什么样的函数可以用三角级数表示的问题。各种研究及应用表明,需要一个关于函数的更广泛的概念。

高斯(Gauss)在他的早期著作中认为函数是一个有限解析的表达式,但当说到超几何级数表示自变量的函数时,他也承认在这个范围内它是一个函数。拉格朗日在把幂级数看成函数时也早使用了更广泛的函数概念。拉克洛斯(Lacroix)在 1797 年的《专著》中将函数定义为"每一个量,若其值依赖于一个或几个别的量,就称它为后者的函数。"

傅里叶(Fourier)的工作展现了更广泛的函数,他主张函数不必有任何表达式,他在《热的解析理论》中说道:"通常函数 $f(x)$ 表示相接的一组值或纵坐标,它们中的每一个都是任意的,我们不假定这些纵坐标服从一个共同的规律,它们以任何方式一个挨着一个。"傅里叶只讨论了在有限区间上具有有限个间断点的函数,他对函数有解析表达式的观点也表示支持,哪怕这个函数是傅里叶级数。傅里叶关于函数的论述动摇了 18 世纪人们关于函数的信念,即一个函数无论怎么复杂,也不管怎么"坏",都是代数函数的推广。代数函数、超越函数不再是函数的全部了。由于代数函数的性质并不能搬到所有的函数上,关于函数的连续、可微、可积以及其他性质到底意味着什么便成为大家必须面对的问题。

19 世纪开始,实数系的结构受到广泛的关注,柯西(Cauchy)在 1821 年的书中关于函数概念是从定义变量开始的:"人们把一次取许多互不相同的值的量叫做变量。"而关于函数则是"当变量之间这样联系起来的时候,即给定了这些变量中一个的值,就可以决定所有其他变量的值的时候,人们通常想象这些量是用其中的一个来表达的,这时这个量就取名为自变量,而由自变量表示的其他量就叫作自变量的函数。"柯西清楚地了解无穷级数是规定函数的一种方法,但函数不一定需要解析表达式。

狄利克雷(Dirichlet)在一篇关于傅里叶级数的文章《用正弦和余弦级数来表示任意的函数》中给出了函数的一般性定义,即如果对于给定区间内的每个 x 的值都有唯一一个 y 的值与之对应,那么 y 就是 x 的函数。他解释道:"至于在整个区间上 y 是否按照一种或多种规律依赖于 x,或者 y 依赖于 x 是否可用数学运算来表达,那都是无关紧要的"。他给出了一个迄今为止广泛见诸微积分教材的函数例子:

$$D(x) = \begin{cases} c, & x \text{ 为有理数}, \\ d, & x \text{ 为无理数}。 \end{cases}$$

现行的教材中一般取 $c=1, d=0$,大家把这个函数称为狄利克雷函数。狄利克雷关于函数的定义几乎就是现行微积分教材中普遍使用的定义。

正如汉克尔(Hankel)所说,至少到 19 世纪上半叶,最好的教科书在讲到函数概念时都是混乱的,一些书按照欧拉的意义定义函数,一些书则要求 y 随 x 按照某种规律变化,但并未说明这个规律是什么,另有一些书采用了狄利克雷的定义,还有一些书干脆不给定义。然而由那些定义推出的结论并非逻辑地蕴含在这些定义中。

函数连续与间断的区别逐渐显露出来,首先研究连续与间断问题的是波尔查诺(Bernhard Bolzano,1781—1848),他给出了连续函数的恰当定义,即若在区间内任意点 x,只要 ω(的绝对值)充分小,函数的差 $f(x+\omega)-f(x)$(的绝对值)便可以任意小,则称函数在区间上是连续的。柯西认为,当说到函数的连续性时,必须说明无穷小量的主要性质,即"当一个变量的数值无限地减小,使之收敛到极限 0,则说这个变量是无穷小。"柯西将这种变量称为无穷小量,他澄清了莱布尼茨的无穷小概念。柯西也用类似方法定义了无穷大:"当变量的数值无限地增大,使得变量收敛到极限∞,则称该变量为无穷大。"∞并非指固定的量,而是无限变大的某个量。柯西同时定义了函数连续与间断的概念。

整个 19 世纪中,数学家们对函数的连续性研究甚多,在他们的印象中,只有连续函数的值才能充满一个区间。然而,达布(Darboux)的例子让大家颇为震惊,他构造了一个函数,当 x 从 a 变到 b 时,这个函数取遍两个给定值之间的所有中间值,但这个函数却不连续,这说明满足连续函数介值定理的函数未必是连续的。

魏尔斯特拉斯(Weierstrass)改进了波尔查诺、阿贝尔(Abel)及柯西的工作,他反对"一个变量趋于一个极限"的说法,他把一个变量解释为一个字母,该字母代表它可以取值的集合中的任何数,这样就避免了运动的说法。为了回避波尔查诺和柯西在定义函数的连续性和极限中使用的"小于任意给定的量"的不明确性,魏尔斯特拉斯给出了一直沿用至今的定义:"对给定的任意正数 ε,都存在正数 δ,使得对于区间 $|x-x_0|<\delta$ 内的所有 x 都有

$$|f(x)-f(x_0)|<\varepsilon,$$

则 $f(x)$ 在 x_0 处连续"。如果将上述不等式中的 $f(x_0)$ 换成 A,则说 $f(x)$ 在 x_0 处有极限 A。如果函数在区间内的每一点 x 处都连续,则称函数在 x 所取值的区间内连续。

19 世纪关于函数连续性的研究中,需要建立严密化的分析理论并证明已经被直观地接受了的那些有关连续函数的定理。柯西不加证明地使用了闭区间上的连续函数存在最大值,魏尔斯特拉斯运用波尔查诺关于有界实数集存在最小上界的结论证明了现在冠名为波尔查诺-魏尔斯特拉斯定理的结果:"任何有界无穷点集都有聚点。"这也被称为聚点原理。魏尔斯特拉斯运用聚点原理证明了任何定义在有界闭区域上的单变量或多变量的连续函数都有最大值与最小值。在康托尔(G. Cantor)与魏尔斯特拉斯思想的影响下,海涅(Heine)定义了函数的一致连续性,并证明有界闭区

间上的连续函数是一致连续的,他的证明思想催生了另一个称为有限覆盖的重要定理。

博雷尔(E. Borel)是 20 世纪法国一流的数学家,受到海涅思想的影响,博雷尔证明了有限覆盖定理,后人称之为博雷尔定理,也称为海涅-博雷尔定理。正如法国数学家勒贝格(Lebesgue)所说,这个定理的功绩不在于它的证明,而在于认识到这个定理的重要性。博雷尔证明的是从可数覆盖中选取有限覆盖,勒贝格声称他证明了从不可数覆盖中也可以选取有限覆盖,并将这一结果写在他于 1904 年出版的《积分学教程》中,但这个定理是由柯辛(Cousin)于 1895 年首先发表的。

波尔查诺、柯西、魏尔斯特拉斯等人为分析学提供了严密性,这种严密性使得微积分可以摆脱运动、几何直观以及直觉的束缚,在当时造成了巨大轰动。函数的复杂性远超出早期数学家们的预料,连续函数可以不可导,不连续函数可以积分,这就导致了关于连续函数间断点类型以及间断程度的研究,可微性的要求显然限制了函数的范围。对函数的研究一直延续到 20 世纪,并因此产生了一门新的学科——实变函数论。

2.1.4 　更广的函数

从前面的介绍可以看到,函数源于对物理世界诸多问题的研究,但概念的混乱促使数学家们不得不考虑分析的严密化,微积分发展的同时,函数概念也在不断完善。直到柯西、魏尔斯特拉斯等人的努力,才最终形成了今天广为认可的函数概念。但函数概念并未因此终结,新的物理问题导致了更广泛意义上函数概念的诞生。

是什么物理问题让古典函数无能为力? 这类问题在今天司空见惯。例如,当我们打开电灯开关的一瞬间,电路中便有一个额定电流通过,这个过程可以用一个简单的数学模型来表示。它是由一个电气工程师提出来的,在任何一本实变函数论教科书中都可以看到以他的名字命名的这个函数,即赫维赛德函数:

$$H(x) = \begin{cases} 1, & x \geqslant 0, \\ 0, & x < 0。 \end{cases}$$

赫维赛德研究一个理想化的电路:在某个瞬间,例如 $x=0$(以 x 表示时间),输入一个单位电流,于是在 $x \geqslant 0$ 时,电流为 1,$x < 0$ 时电流为 0,这是电路理论中最基本的函数。

一个基本问题是,当电路接通后,瞬间的电流强度是多少? 这个问题显然不能用经典的导数来计算,因为赫维赛德函数在 $x=0$ 处是间断的。我们姑且用古老的方法算算"电流强度",按照导数的定义,需要求差商的极限

$$\lim_{x \to 0} \frac{H(x) - H(0)}{x},$$

由于函数在 $x=0$ 处间断,上述极限显然不存在,但我们可以计算左右极限:

$$\lim_{x \to 0^+} \frac{H(x) - H(0)}{x} = 0, \qquad \lim_{x \to 0^-} \frac{H(x) - H(0)}{x} = \infty。$$

上述两个极限并不难理解,在 $x=0$ 及之后,电量始终为 1,所以其右方的电流瞬时变化率为 0,而在 $x=0$ 之前,电路没有电流通过,在 $x=0$ 时刻突然有一个单位电量,所以左方的瞬时变化率为 ∞。很容易看出,除了 $x=0$ 点,其他点处的导数均为 0,可见关键是如何理解在 $x=0$ 点的值。按照常义上的电流强度概念,它是电流关于时间的导数,可导数在 $x=0$ 点不存在,微积分是解释不通的。

我们希望寻找一种新的方法解释这个问题,能找到这种方法应该归功于现代数学的发展,如果没有现代分析理论,便无法解释这里的电流强度是什么。

为了寻找新的导数,需要借用一些好的函数来"辅助",回顾微积分的求导法则,如果定义在区间 $[a,b]$ 上的两个函数 f,g 均可导,则有

$$(fg)' = f'g + fg'。$$

假设牛顿—莱布尼茨公式成立,则

$$\int_a^b (fg)' \mathrm{d}x = \int_a^b f'g \, \mathrm{d}x + \int_a^b fg' \, \mathrm{d}x,$$

于是

$$\int_a^b f'g \, \mathrm{d}x = \int_a^b (fg)' \mathrm{d}x - \int_a^b fg' \, \mathrm{d}x$$

$$= f(b)g(b) - f(a)g(a) - \int_a^b fg' \, \mathrm{d}x。$$

上式告诉我们,可以将 f 的导数转换成 g 的导数,分部积分公式也正是基于函数乘法的求导法则。假设 f 是某个给定的函数(通常意义下不一定可导,例如赫维赛德函数),我们需要取一个合适的函数 g,使得对 f 的求导可以转移到对 g 的求导。这里涉及两个问题:(1)积分区间是什么?(2)函数在端点的值如何处理? 由于这里是一般的讨论,函数的定义域也许是整个实数域,所以干脆在整个实数域上讨论,即 $a = -\infty, b = +\infty$。我们不仅需要 g 可导,还需要它在无穷远处的值是确定的,最简单的方法是让它在 x 的绝对值充分大时为 0。也就是说,g 可以取自下面的集合:

$$\Omega_0(-\infty, +\infty)$$

$$= \{g \in C^\infty(-\infty, +\infty) \,|\, \text{存在 } M > 0, \text{当} |x| > M \text{ 时}, g(x) = 0\},$$

这里 $C^\infty(-\infty, +\infty)$ 指的是在 $(-\infty, +\infty)$ 上各阶导数都存在的函数。这里暂且不考虑牛顿—莱布尼茨公式是否成立,只做一个形式演算,目的是找到定义一般函数导数的合适方法。给定函数 f(暂且不管它是什么),任取 $g \in \Omega_0(-\infty, +\infty)$,则有

$$\int_{-\infty}^{+\infty} f'g \, \mathrm{d}x = \int_{-\infty}^{+\infty} (fg)' \mathrm{d}x - \int_{-\infty}^{+\infty} fg' \, \mathrm{d}x$$

$$= f(+\infty)g(+\infty) - f(-\infty)g(-\infty) - \int_{-\infty}^{+\infty} fg' \, \mathrm{d}x$$

$$= -\int_{-\infty}^{+\infty} fg' \, \mathrm{d}x。$$

按照经典的微积分,上述演算对一般函数并不成立,但它给了我们定义一般函数导数的线索。这个函数不是微积分意义下的函数,通常称为广义函数。它是定义在 $\Omega_0(-\infty, +\infty)$ 上的线性函数,即所谓的泛函。为避免晦

涩难懂,这里忽略泛函的连续性与有界性讨论,读者只需要了解泛函的基本概念即可。

定义 2.1 设 F 是从 $\Omega_0(-\infty,+\infty)$ 到 **R**(或复数域 **C**)的映射,满足 (1) $F(\alpha g)=\alpha F(g)$,任意 $\alpha\in\mathbf{R}$(或 **C**),$g\in\Omega_0(-\infty,+\infty)$;(2) $F(g+h)=F(g)+F(h)$,任意 $g,h\in\Omega_0(-\infty,+\infty)$;

则称 F 为 $\Omega_0(-\infty,+\infty)$ 上的线性泛函。

定义 2.2 设 F 是定义在 $\Omega_0(-\infty,+\infty)$ 上的广义函数,F 的广义导数指的是 $\Omega_0(-\infty,+\infty)$ 上的泛函 F',满足

$$F'(g)=-F(g'),\quad 任意\ g\in\Omega_0(-\infty,+\infty),$$

其中 g' 指常义下的导数。

注意到赫维赛德函数是 **R** 上的局部可积函数,由定义 2.1,局部可积函数按照下面的定义构成 $\Omega_0(-\infty,+\infty)$ 上的泛函:

$$F_H(g)=\int_{-\infty}^{+\infty}H(x)g(x)\mathrm{d}x。$$

现在来算一算该广义函数的导数。按定义,对任意 $g\in\Omega_0(-\infty,+\infty)$,

$$F'_H(g)=-\int_{-\infty}^{+\infty}H(x)g'(x)\mathrm{d}x$$

$$=-\int_0^{+\infty}g'(x)\mathrm{d}x$$

$$=-g(x)\Big|_0^{+\infty}=g(0)。$$

这就是说 F'_H 作用在 g 上恰好等于函数 g 在 0 点的取值,通常称 F'_H 为赋值泛函。

按照通用的写法,赋值泛函记为 $\delta(g)=g(0)$。如果记

$$\delta(x)=\begin{cases}1,&x=0,\\0,&x\neq0;\end{cases}$$

也有些书籍中记为

$$\delta(x)=\begin{cases}\infty,&x=0,\\0,&x\neq0。\end{cases}$$

这个函数与赋值泛函有什么关系?经典的微积分语言是没办法将两者挂

上钩的。我们需要将积分做一点推广才能解释清楚数学家与物理学家为什么将这两个 δ "混为一谈"。

黎曼积分是基于区间的长度来定义的,如果将区间的长度换成一般的测度,便可以得到更一般的积分。学习过实变函数的人自然对此耳熟能详,这里姑且假定读者并不了解实变函数,也不了解一般的测度,我们需要将黎曼积分推广到稍微一般的情形。为方便理解其基本思想,这里的解释会显得稍微粗糙一点,之所以要介绍这个相对比较现代的东西,与中学需要学习的概率有关。众所周知,概率满足非负性、单调性、可加性,这恰恰是抽象测度的基础,但与通常的具有密度函数的分布不同,一般的分布函数并不能写成

$$P(X < x) = \int_{-\infty}^{x} f(x)\,\mathrm{d}x$$

的形式,只能写成形如

$$P(X < x) = \int_{-\infty}^{x} \mathrm{d}F(x)$$

的积分。也就是说,此时并不存在函数 f 满足 $\mathrm{d}F(x) = f(x)\mathrm{d}x$。例如并不存在某个函数 $h(x)$ 使得赫维赛德函数满足 $\mathrm{d}H(x) = h(x)\mathrm{d}x$,事实上,除了在 $x = 0$ 点外,$H'(x)$ 等于 0,这个导数与 F'_H 并不相同,对任意 x,总有

$$\int_{-\infty}^{x} H'(x)\,\mathrm{d}x = 0。$$

那么

$$P(X < x) = \int_{-\infty}^{x} \mathrm{d}F(x)$$

指的是什么?这正是我们需要讨论的。

如前所述,概率满足非负性、单调性与可加性,实际上概率的性质远不止于此,它是一类重要函数的特殊情形,这就是所谓的有界变差函数,也叫囿变函数。这里不准备对这个问题展开讨论,读者只要分析一下概率的基本性质便不难发现它更多细致的性质,例如单调性、可导性等。我们的目的是搞清楚如下积分

$$P(X < x) = \int_{-\infty}^{x} \mathrm{d}F(x)$$

的内涵。不妨将 $F(x)$ 看成单调递增的函数(一般的有界变差函数可以分解成单调递增函数之差),$g \in \Omega_0(-\infty, +\infty)$,对 $(-\infty, +\infty)$ 的任意划分:

$$\Delta: -\infty < \cdots < a_1 < a_2 < \cdots < a_n < \cdots < +\infty,$$

及任意 $\xi_i \in (a_{i-1}, a_i)$,令

$$S(\Delta) = \sum_i g(\xi_i)[F(a_i) - F(a_{i-1})]。$$

令 $\lambda = \max_i \{a_i - a_{i-1}\}$,如果极限

$$\lim_{\lambda \to 0} S(\Delta) = \lim_{\lambda \to 0} \sum_i g(\xi_i)[F(a_i) - F(a_{i-1})]$$

存在,则称 $\lim_{\lambda \to 0} S(\Delta)$ 为 g 关于 F 的勒贝格-斯蒂尔切斯(Lebegue-Stieltjes)积分,记为

$$\int_{-\infty}^{+\infty} g(x)\mathrm{d}F(x) = \lim_{\lambda \to 0} \sum_i g(\xi_i)[F(a_i) - F(a_{i-1})]。$$

现在再来分析一下由赫维赛德函数诱导的积分,显然 $H(x)$ 是单调递增函数,对任意 $g \in \Omega_0(-\infty, +\infty)$ 以及 $(-\infty, +\infty)$ 的任意划分:

$$\Delta: -\infty < \cdots < a_1 < a_2 < \cdots < a_n < \cdots < +\infty,$$

0 点必在某个区间 $(a_{i-1}, a_i]$ 中,由于 g 连续,且在某个有限区间之外为 0,故不难证明

$$\int_{-\infty}^{+\infty} g(x)\mathrm{d}H(x) = \lim_{\lambda \to 0} \sum_i g(\xi_i)[H(a_i) - H(a_{i-1})] = g(0)。$$

这就是说

$$F_H'(g) = \int_{-\infty}^{+\infty} g(x)\mathrm{d}H(x)。$$

我们知道,按照经典微积分中导数的定义,$\mathrm{d}H(x)$ 不能写成 $H'(x)\mathrm{d}x$ 的形式,但从前面的讨论,H' 在经典意义下的导数只在 0 点不存在,在其他点均为 0,所以沿用经典的习惯,也记

$$\int_{-\infty}^{+\infty} g(x)\mathrm{d}H(x) = \int_{-\infty}^{+\infty} g(x)\delta(x)\mathrm{d}x,$$

其中

$$\delta(x) = \begin{cases} 1, & x = 0; \\ 0, & x \neq 0. \end{cases}$$

这个函数有一个响亮的名字：狄拉克(Dirac)函数，它不仅在数学上很重要（赋值泛函），物理上也很重要（表示单位质量的质点）。如果取 g 为 $\Omega_0(-\infty, +\infty)$ 中在含 0 点的某个区间上等于 1 的函数，则有

$$\int_{-\infty}^{+\infty} g(x)\delta(x)\mathrm{d}x = 1.$$

由于 $\delta(x)$ 除 0 点外均为 0，所以上式也可以写成

$$\int_{-\infty}^{+\infty} \delta(x)\mathrm{d}x = 1.$$

上式并非经典意义上的积分，它表示总质量为 1 的质点。狄拉克函数是由赫维赛德首先提出来的，后来狄拉克在他的量子力学论文中提出了上述解释。

由此可见，$F_H' = \delta$，我们也可以简记为 $H'(x) = \delta(x)$，但这里的导数与函数不能看成经典微积分中的导数与函数，而是广义导数与广义函数。

一个有趣的问题是，如果 f 是通常的可导函数，其导数与广义导数是否一样？如果答案是肯定的，那么广义函数便是经典导数概念的推广。检验的方法已经蕴含在前面的讨论中，有兴趣的读者不妨自行尝试。

2.2　函数教学策略

2.2.1　函数概念的教学

函数概念在初中与高中两个学段都有涉及，很容易给人一种印象，初中的函数概念与高中的函数概念是不同的，课堂上有必要向学生解释清楚这个问题。

初中的函数概念与高中的函数概念是不是同一个概念还是二者确有不同？从上一节关于函数的发展历程可以看出，从 17 世纪莱布尼茨的"函数是图像"到 18 世纪伯努利的"函数是公式"，再到 19 世纪柯西、狄利克雷等人的"函数是变量间的因果关系"，对函数概念基本已经形成了共识，关于这个问题，在本书的理论与实践卷中已经做了阐述。康托尔的集合论产生后，它很快成为现代数学几乎每一个分支的基础，虽然函数与微积分的产生远在集合论之前，但函数既然涉及定义域与值域，用集合来表示定义域与值域自然更为方便，特别是当函数的定义域非区间时（例如某些离散的点），集合是最合适的表示方法。所以从集合与对应关系的角度定义函数概念并非概念上的创新，而是经典函数概念的集合化描述。如果不向学生解释清楚这个问题，很容易让学生产生高中与初中的函数是两个不同概念的误解。有鉴于此，函数概念课应该注意两个方面的问题。

（1）搞清楚初中与高中函数概念的关系。既然两个概念的内涵并无本质区别，为什么又要从集合的角度重新定义函数？这是需要向学生解释清楚的问题。人教社 2019 年版教材中首先列出了几个例子，这些例子中函数的定义域可能是区间（高速火车的路程与时间的关系），也可能是有限集（按天计薪的员工工资与天数的关系），用什么方法表示自变量与函数的变化范围比较合适？如果自变量的变化范围是一个连续的区间 $[a,b]$，可以用这个区间或不等式 $a \leqslant x \leqslant b$ 来表示自变量的取值范围，但如果自变量仅取有限个点，其取值范围显然用集合表示更加合适。也就是说，集合可以方便地表示比较复杂的自变量与函数的取值范围。

（2）注意数学建模融入函数概念课教学。建模思想融入课堂是最近几年教育改革所要求的，但如何融入？这是个值得探讨的问题。世界的本质是动态的，函数是描述动态世界的恰当模型（虽然很多时候需要以微分方程的形式呈现），但教材在这方面有值得改进之处。例如教材在引入函数概念之前先提出了几个问题（见图 2.1，图 2.2，图 2.3，图 2.4）：

先分析以下问题。

问题1　某"复兴号"高速列车加速到350km/h后保持匀速运行半小时。这段时间内，列车行进的路程S（单位：km）与运行时间t（单位：h）的关系可以表示为

$$S=350t。$$

这里，t和S是两个变量，而且对于t的每一个确定的值，S都有唯一确定的值与之对应，所以S是t的函数。

图　2.1

问题2　某电气维修公司要求工人每周工作至少1天，至多不超过6天。如果公司确定的工资标准是每人每天350元，而且每周付一次工资，那么你认为该怎样确定一个工人每周的工资？一个工人的工资w（单位：元）是他工作天数d的函数吗？

显然，工资w是一周工作天数d的函数，其对应关系是

$$w=350d。　　②$$

其中，d的变化范围是数集$A_2=\{1,2,3,4,5,6\}$，w的变化范围是数集$B_2=\{350,700,1\,050,1\,400,1\,750,2\,100\}$。对于数集$A_2$中的任一个工作天数$d$，按照对应关系②，在数集$B_2$中都有唯一确定的工资$w$与它对应。

问题1和问题2中的函数有相同的对应关系，你认为它们是同一个函数吗？为什么？

图　2.2

问题3　图3.1-1是北京市2016年11月23日的空气质量指数（air quality index，AQI）变化图。如何根据该图确定这一天内任一时刻th的空气质量指数的值I？你认为这里的I是t的函数吗？

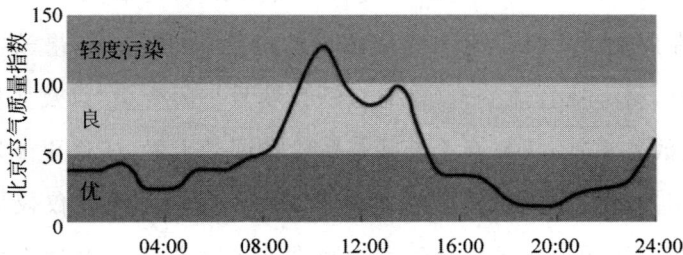

图3.1-1 空气质量指数变化图

图　2.3

问题4　国际上常用恩格尔系数$r\left(r=\dfrac{\text{食物支出金额}}{\text{总支出金额}}\right)$反映一个地区人民生活质量的高低，恩格尔系数越低，生活质量越高。表3.1-1是我国某省城镇居民恩格尔系数变化情况，从中可以看出，该省城镇居民的生活质量越来越高。

表3.1-1　我国某省城镇居民恩格尔系数变化情况

年份y	2006	2007	2008	2009	2010	2011	2012	2013	2014	2015
恩格尔系数r(%)	36.69	36.81	38.17	35.69	35.15	33.53	33.87	29.89	29.35	28.57

你认为按表3.1-1给出的对应关系，恩格尔系数r是年份y的函数吗？如果是，你会用怎样的语言来刻画这个函数？

图　2.4

很多老师认为这是几个非常好的例子，所以直接照搬到课堂上。从不同的角度直观感受函数关系，并在此基础上归纳抽象出函数概念是函数概念课教学的常规方法，符合概念课"感知—归纳—抽象—固化—运用"的基本模式。但教材忽略了在这个过程中培养建模思想的重要性。什么叫数学建模？所谓数学建模即根据实际问题来建立数学模型，对数学模型进行求解，再根据结果去解决实际问题。当需要从定量的角度分析和研究一个实际问题时，需要在深入调查研究、了解对象信息、作出简化假设、分析内在规律等工作的基础上，用数学的符号和语言作表述来建立数学模型。在教材的几个问题中，各种信息都给出了，但教材给出的不仅是信息，还给出了数学符号，并且给出了变量之间的函数关系，换句话说，教材把本来可以由教师在课堂上引导学生去完成的事情全给包办了。如果教材仅提供必要的信息，将寻找合适变量（设立合适自变量与因变量）以及变量之间关系（建立函数关系）的任务交给老师与学生在课堂上做，或许更能发挥教师的引导作用并激发学生积极主动地思考。数学建模不应该仅仅体现在通过设置一些小课题引导学生如何利用数学方法解决问题，更重要的是应该将建模的思想体现在日常的课堂教学中，这才是真正地融入。

2.2.2　函数性质的教学

函数性质包括有界性、单调性（包括最大、最小值）、奇偶性、周期性，人教社 2019 年版教材在函数的一般性质章节仅介绍了单调性（最大、最小值)、奇偶性,并未介绍有界性,周期性则放在三角函数章节。

应该注意的是,有界函数不一定有最大或最小值,也许仅存在上确界与下确界,周期函数也非三角函数所特有。我们认为在内容的编写上,也许将函数的有界性、周期性一并纳入到一般性质的介绍更为合适。尽管中学阶段并不介绍确界概念,但很容易找到没有最大或最小值但有界的函数。例如 $y = \dfrac{1}{x}$ 在 $(0, +\infty)$ 上有下界 0,但并无最小值,在 $(-\infty, 0)$ 上有上界 0,但并没有最大值。函数的有界性是函数的重要性质,并不存在理解上的障碍,教师可以斟酌是否有必要在课堂上补充。从对函数认知的系统性与不同知识点辨析(有上界与有最大值,有下界与有最小值)的角度看,不妨考虑做适当的补充。除了三角函数,还有许多别的周期函数,事实上,任何有限区间上的函数都可以扩充成周期函数,直观上看,将函数平移就可以了。傅里叶展开之所以可以对任意区间上的可积函数进行,正因为可以将其扩充成周期函数。为什么要专门针对三角函数讨论周期性呢?

此外,函数各种性质的现实意义是什么? 这也是一个应该让学生清楚的问题,例如有界性对应到某个量的控制问题(如风险的控制),单调性对应到某个量的变化趋势(例如商品供需与价格的关系),最值涉及某个量的最优值(如成本的最低化与利润的最大化)、奇偶性涉及某个量的对称性(如轴对称与中心对称图形)、周期性涉及某个量的重复出现(例如潮涨潮落、日出日落)。改革的主要理念之一是注重生活化,这些概念与现实关系密切,为何不考虑一下生活化呢?

有界性、单调性、最大最小值、周期性都不难理解,但奇函数为什么叫奇函数? 偶函数为什么叫偶函数? 可能会让不少人不知所以然。这里不妨以案例的形式说明这个问题。从这个案例不仅可以了解奇偶的来历,还可以引导学生自己给这样的函数取个合适的名字,换句话说,概念可以由学生抽象出来。当然这里说的奇偶性并非出自合情推理的杜撰,而是奇偶函数概念得名的真实原因。

为节约篇幅,这里只提供若干个问题,老师只要引导学生把这些问题搞清楚,概念自然就出来了。

问题 1 函数 $y = x^2$ 与 $y = 1/x$ 的定义域有什么特点?

学生的回答可能五花八门,甚至得不出定义域关于原点对称的结论,老师可以准备一个备用题作为必要时的进一步引导:$y = (1 - x^2)^{1/2}$ 的定义域有什么特点? 如果学生还不能概括出关于原点的对称性来,恐怕就要反思过去的教学是否培养过学生的观察力!

问题 2 这些函数在关于原点对称的两个点处的函数值有关系吗? 是什么关系? 为什么会有这样的关系?

考虑对称点处函数值之间的关系是很自然的一件事,因为这两个点仅相差一个符号。

问题 3 如果 n 是整数,$y = x^n$ 的定义域也有与问题 1 中的函数类似的特点吗? 两个对称点处的函数值有关系吗?

虽然教材在函数的奇偶性后面才会介绍幂函数,但对于以自然数为指数的函数,学生没有任何理解上的难度。

问题 4 只有诸如 $y = x^n$ 的函数才有上述特征吗? 还有没有其他形式的函数具有定义域关于原点对称以及对称点处的函数值相等或符号相反的特征?

学生应该不难构造出分段函数。这个问题的意图很清楚,如果只有指数为整数的幂函数才有这样的特征,就不值得给这些函数另取一个名字了。正是因为还有很多函数具有这些特征,所以有必要给这些函数一个名称。

问题 5 你觉得给具有上述特征的函数取个什么样的名字合适? 为什么?

问题 6 如果把这些函数的图像画出来,这些图像具有什么特点?

6 个问题循序渐进,层层深入,逐步引导学生发现这些函数的特征并自己给它们取个合适的名字。通过这些问题的层层诱导,学生自然能理解奇偶函数为什么叫奇偶函数。

2.2.3　初等函数的教学

基本初等函数的教学难点是含无理指数的幂,在没有极限的情况下如何解释清楚无理指数幂函数以及指数函数不是一件容易的事。教材以无理数的不足近似与过剩近似逼近无理数的方法存在逻辑上的漏洞,事实上,将无理数看成无限不循环小数便蕴含了极限概念,何谓无限不循环小数?没有级数概念如何解释清楚?例如 $\sqrt{2}=1.414\cdots$ 是什么意思?用严格的数学语言表示应该是

$$\sqrt{2}=1+\frac{4}{10}+\frac{1}{10^2}+\frac{4}{10^3}+\cdots,$$

没有极限概念如何解释清楚上面的级数?此外,教材用不足近似与过剩近似逼近无理数本质上也是极限问题。但凡涉及函数,便无法回避极限,更不必说后续的导数概念。

课堂上不妨直观地引入极限概念,并不会增加理解上的困难,反而是半遮半掩欲说还休的方式会让学生感到困惑。例如,教材在介绍无理指数幂时以 $\sqrt{2}$ 为例列了个表格(见图 2.5)。

这个所谓探究的实际可行性如何?有多少教师课堂上依样画葫芦这么做过?这些数值计算是必需的吗?在指数幂的问题上,学生知道四件事便足以搞清楚上述问题,无须数值检验:

(1) 如果 a 是正数,b,c 都是有理数,且 $b<c$,则当 $a>1$ 时,$a^b<a^c$,当 $a<1$ 时,$a^b>a^c$;

(2) 设 $a=a_0.a_1a_2a_3\cdots a_n\cdots$ 是 a 的十进制小数表示,其中 a_n 为小数点后第 n 位。对任意 n,$a_0.a_1a_2a_3\cdots a_n$ 与 $a_0.a_1a_2a_3\cdots a_{n-1}(a_n+1)$ 分别表示 a 的到第 n 位的不足近似与过剩近似。则当 $0\leqslant a_n\leqslant 8$ 时,有

$$a_0.a_1a_2a_3\cdots a_n\leqslant a<a_0.a_1a_2a_3\cdots a_{n-1}(a_n+1)。$$

换言之,a 到第 n 位的不足近似与过剩近似从左右两边将该数夹住了。如果 $a_n=9$,则 a 到第 n 位的过剩近似为 $a_0.a_1a_2a_3\cdots a_{n-2}(a_{n-1}+1)$,以此

根据$\sqrt{2}$的不足近似值x和过剩近似值y（表4.1-1），利用计算工具计算相应的$5^x,5^y$的近似值并填入表中，观察它们的变化趋势，你有什么发现？

表4.1-1

$\sqrt{2}$的不足近似值x	5^x的近似值	$\sqrt{2}$的过剩近似值y	5^y的近似值
1.4		1.5	
1.41		1.42	
1.414		1.415	
1.414 2		1.414 3	
1.414 21		1.414 22	
1.414 213		1.414 214	
1.414 213 5		1.414 213 6	
1.414 213 56		1.414 213 57	
1.414 213 562		1.414 213 563	
…	…	…	…

　　可以发现，当$\sqrt{2}$的不足近似值x和过剩近似值y逐渐逼近$\sqrt{2}$时，5^x和5^y都趋向于同一个数，这个数就是$5^{\sqrt{2}}$，也就是说，$5^{\sqrt{2}}$是一串逐渐增大的有理数指数幂$5^{1.4}$，$5^{1.41}$，$5^{1.414}$，$5^{1.4142}$，…和另一串逐渐减小的有理数指数幂$5^{1.5}$，$5^{1.42}$，$5^{1.415}$，$5^{1.4143}$，…逐步逼近的结果，它是一个确定的实数。这个过程可以用图4.1-1表示。

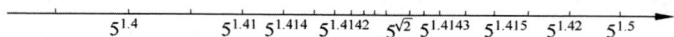

$$5^{1.4} \qquad 5^{1.41}\ 5^{1.414}\ 5^{1.4142}\quad 5^{\sqrt{2}}\ 5^{1.4143}\quad 5^{1.415}\ 5^{1.42}\quad 5^{1.5}$$

图4.1-1 $\sqrt{2}$的不足近似值和过剩近似值逐步逼近$\sqrt{2}$的过程

图 2.5

类推。

（3）$a_0.a_1a_2a_3\cdots a_n \leqslant a_0.a_1a_2a_3\cdots a_na_{n+1}$，

$a_0.a_1a_2a_3\cdots a_{n-1}(a_n+1) \geqslant a_0.a_1a_2a_3\cdots a_n(a_{n+1}+1)$；

（4）$|a-a_0.a_1a_2a_3\cdots a_n| = 0.0\cdots0a_{n+1}\cdots$

$$< 0.0\cdots0(a_{n+1}+1) \leqslant \frac{1}{10^n}$$；

$$|a-a_0.a_1a_2a_3\cdots a_{n-1}(a_n+1)| = 0.0\cdots1a_{n+1}\cdots \leqslant \frac{2}{10^n}$$。

上述分析不仅不需要烦琐的计算，而且将极限思想融入其中。有了这些准备，无理指数幂的定义便水到渠成了。如果觉得有必要，再举例说明不迟。

　　实数的无限小数表示需要极限做基础，无论是无限循环小数（有理数）还是无限不循环小数（无理数），本质上都代表了收敛级数，不妨结合数轴了解它的几何意义。对学生可以仅限于直观解释，但教师最好能明白其中的道理。

函数的性质并不难理解,学生清楚概念及其重要性便可,这些性质的更详细讨论需要在导数之后进行。

适当的生活化对于帮助学生理解函数的价值与意义是有益的,但过度的生活化可能会削弱教材的严谨性,会让人产生凌乱的感觉,有些东西可以交给教师在课堂上进行。教材是教师备课上课的重要参考,但不能等同于教师上课的教案,指导教师上课的任务可以交给教师参考书。

2.3   函数教学案例设计

由于本丛书的理论与实践卷已经给了部分函数教案设计,本节作为补充,仅给出部分案例。

案例 1   幂函数

教学目的:熟悉幂函数的图像,掌握幂函数的性质。

教学重点:幂函数的图像及其性质。

教学难点:幂函数的性质。

教学过程:

一、问题引入

问题 1   一个单位立方体形状的物体放在受热的介质中边长增加了 x,体积膨胀了多少?

设物体的体积为 V,则当立方体的边长增加了 x 后,体积为

$$V(x) = (1+x)^3,$$

故体积增加了 $V(x) - 1 = x^3 + 3x^2 + 3x$。当 x 发生变化时,体积也会发生变化,所以体积是边长 x 的函数。它是由若干个幂函数组成的,称为多项式函数。

二、新课教学

问题 2   如果 $\alpha \in \mathbf{R}$ 是任意常数,幂 x^α 有没有意义?

如果 α 是有理数,学生容易理解幂 x^α,如果 α 是无理数,这时需要通过有理数去逼近无理数。教材将这个问题放在指数部分讨论,这里可以稍微提及,暂不展开。事实上,对于幂函数而言,最常见的函数都是具有有理指数的幂函数。不过,严格的定义最好还是针对一般的实数给出。

定义 1 对任意常数 $\alpha \in \mathbf{R}$,$y = x^\alpha$ 称为幂函数,其中 x 是自变量。

问题 3 对不同的有理数 α,幂函数 $y = x^\alpha$ 的定义域与图像会发生什么变化?

可以先通过几个特殊的数 $\alpha = 1, 2, 3, \dfrac{1}{2}, -1$ 等讨论 $y = x^\alpha$ 的定义域及图像的变化(见图 2.6),其他有理数为指数的幂函数可以类似讨论,不妨引导学生针对 α 分别为奇数、偶数、分数时讨论定义域与图像的特点,其分析与上述几类特殊情形类似。

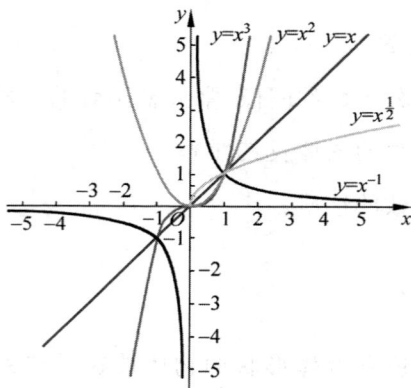

图 2.6

问题 4 如果 α 是偶数(非负偶数或负偶数),$y = x^\alpha$ 的定义域是什么?函数是否具有奇偶性?如果 α 是奇数呢?

当 α 是非负偶数时,函数 $y = x^\alpha$ 的定义域为 $(-\infty, +\infty)$,它是偶函数。当 α 是负偶数时,函数 $y = x^\alpha$ 的定义域为 $(-\infty, 0) \cup (0, +\infty)$,它也是偶函数。

类似地,当 α 是正奇数时,函数 $y = x^\alpha$ 的定义域为 $(-\infty, +\infty)$,它是奇函数。当 α 是负奇数时,函数 $y = x^\alpha$ 的定义域为 $(-\infty, 0) \cup (0, +\infty)$,

它也是奇函数。

问题 5　如果 α 是非零偶数（正偶数或负偶数），$y = x^{\frac{1}{\alpha}}$ 的定义域是什么？函数是否具有奇偶性？如果 α 是奇数呢？

如果 α 是正偶数，$y = x^{\frac{1}{\alpha}}$ 的定义域为 $[0, +\infty)$，函数显然没有奇偶性。如果 α 是负偶数，$y = x^{\frac{1}{\alpha}}$ 的定义域为 $(0, +\infty)$，函数也没有奇偶性。

如果 α 是正奇数，$y = x^{\frac{1}{\alpha}}$ 的定义域为 $(-\infty, +\infty)$，它是奇函数。如果 α 是负奇数，$y = x^{\frac{1}{\alpha}}$ 的定义域为 $(-\infty, 0) \cup (0, +\infty)$，它也是奇函数。

>>> 例 1　证明函数 $y = \sqrt{x}$ 与 $y = \sqrt[3]{x}$ 都是单调递增的函数。

证　$y = \sqrt{x}$ 的定义域为 $[0, +\infty)$，任取 $x_1, x_2 \in [0, +\infty)$，且 $x_1 < x_2$，有

$$\sqrt{x_1} - \sqrt{x_2} = \frac{(\sqrt{x_1} - \sqrt{x_2})(\sqrt{x_1} + \sqrt{x_2})}{\sqrt{x_1} + \sqrt{x_2}}$$

$$= \frac{x_1 - x_2}{\sqrt{x_1} + \sqrt{x_2}}。$$

因为 $x_1 - x_2 < 0$，故 $\sqrt{x_1} - \sqrt{x_2} < 0$，即 $y = \sqrt{x}$ 单调递增。

$y = \sqrt[3]{x}$ 的定义域为 $(-\infty, +\infty)$，任取 $x_1, x_2 \in (-\infty, +\infty)$，且 $x_1 < x_2$。若 $x_1 < 0 < x_2$，则显然有 $\sqrt[3]{x_1} < \sqrt[3]{x_2}$。若 $x_1 < x_2 < 0$，则 $-x_1 > -x_2 > 0$，由于 $y = \sqrt[3]{x}$ 是奇函数，故不妨假设 $0 < x_1 < x_2$，此时

$$\sqrt[3]{x_1} - \sqrt[3]{x_2} = \frac{(\sqrt[3]{x_1} - \sqrt[3]{x_2})(\sqrt[3]{x_1}^2 + \sqrt[3]{x_1}\sqrt[3]{x_2} + \sqrt[3]{x_2}^2)}{\sqrt[3]{x_1}^2 + \sqrt[3]{x_1}\sqrt[3]{x_2} + \sqrt[3]{x_2}^2}$$

$$= \frac{x_1 - x_2}{\sqrt[3]{x_1}^2 + \sqrt[3]{x_1}\sqrt[3]{x_2} + \sqrt[3]{x_2}^2}。$$

因为 $x_1 - x_2 < 0$，故 $\sqrt[3]{x_1} < \sqrt[3]{x_2}$，即 $y = \sqrt[3]{x}$ 是 $(-\infty, +\infty)$ 上的单调递增函数。证毕。

三、课外作业

略

案例 2 指数

教学目的：掌握 n 次方根与分数指数幂。

教学重点：分数指数幂。

教学难点：n 次方根。

教学过程：

一、问题引入

问题 1 能否解释一下平方根与立方根概念？它有几何意义吗？

学生对平方根与立方根概念并不陌生，但为什么叫平方根？为什么叫立方根？却不是所有学生都知道，它确实含几何意义。如果已知一个正方形的面积，边长就是面积的平方根，如果已知一个立方体的体积，边长便是体积的立方根。我们习惯把二次方根称为平方根，三次方根称为立方根，正缘于它们的几何意义。

次数更高的开方有没有几何意义呢？那就要钻到更高维的空间才行，这时就没有直观图像辅助理解了，线性代数研究的便是高维空间中的问题。不过实际问题可以帮助我们理解高次方根。

问题 2 某客户向银行贷了一笔款，每年的还贷额为 a。如果第 5 年的初期资金为 S，如何计算贷款利息？

假设贷款利率为 r，则有

$$a = S(1+r)^5,$$

于是有 $(1-r)^5 = \dfrac{a}{S}$，需要根据这个等式计算 r 的值，这就引出了 5 次方根的概念。

二、新课教学

定义 1 假设 $a \in \mathbf{R}$，n 是任意自然数，如果存在实数 x 满足

$$x^n = a,$$

则称 x 为 a 的 n 次方根，记作 $x = \sqrt[n]{a}$，其中 $\sqrt[n]{a}$ 称为根式，n 称为根指数，a 称为被开方数。

按照上述定义，问题 2 中的利率 r 为

$$r = \sqrt[5]{\frac{a}{s}} - 1。$$

问题 3 对任意实数 a 及任意自然数 n，a 的 n 次方根都存在吗？

通过平方根与立方根的比较便不难看到当 n 是偶数，a 为负数时，a 是不存在 n 次方根的，在其他情形，答案都是肯定的。如果 $a = 0$，因为 $0^n = 0$，所以 $\sqrt[n]{0} = 0$。

问题 4 对任意实数 a，$\sqrt[n]{a^n}$ 一定存在吗？它等于什么？

显而易见，如果 n 是偶数，那么无论 a 是正数还是负数，a^n 都是正数，此时 $a^n = |a|^n$，所以 $\sqrt[n]{a^n} = |a|$。如果 n 是奇数，则 $\sqrt[n]{a^n} = a$。

>>> 例 1 化简下列各式：

(1) $\sqrt[4]{(a-b)^4}$；(2) $\sqrt[5]{(-9)^5}$；(3) $\sqrt[8]{(3-\pi)^8}$。

解 (1) $\sqrt[4]{(a-b)^4} = |a-b| = \begin{cases} a-b, a>b, \\ b-a, a<b; \end{cases}$

(2) $\sqrt[5]{(-9)^5} = -9$；

(3) $\sqrt[8]{(3-\pi)^8} = |3-\pi| = \pi - 3$。

对于一般的实数 a 及自然数 n, m，$\sqrt[m]{a^n}$ 并不总有意义，事实上，如果 a 为负数，n 是奇数，m 是偶数，$\sqrt[m]{a^n}$ 便没有意义，所以在指数运算中需要注意被开方数的符号。从数学运算的角度看，$\sqrt[m]{a^n}$ 与 $(\sqrt[m]{a})^n$ 似乎没有差别，然而，正是由于 n, m 的奇偶性变化以及 a 的符号变化，$\sqrt[m]{a^n}$ 与 $(\sqrt[m]{a})^n$ 不是总有意义。例如 $\sqrt[4]{(-1)^2} = 1$，但 $\sqrt[4]{-1}^2$ 在实数范围内并没有意义，两者显然不同。如果 a 是正数，$\sqrt[m]{a^n}$ 与 $(\sqrt[m]{a})^n$ 总是有意义的，但两者是不是确实一样？这是需要讨论的。

问题 5 假设 $a>0, n, m$ 是非 0 的自然数，$\sqrt[m]{a^n}$ 与 $(\sqrt[m]{a})^n$ 是否相等？

这个问题的讨论并不那么平凡，不妨引导学生自主探讨一下，如果这个问题不搞清楚，那么分数指数的运算在逻辑上便存在问题。

不妨设

$$x = \sqrt[m]{a^n}, \quad y = (\sqrt[m]{a})^n,$$

则 $a^n = x^m$，记 $r = \sqrt[m]{a}$，则 $r^m = a$，$r^{mn} = a^n = x^m$。又 $r^n = y$，故有 $r^{mn} = y^m$。可见 $x^m = y^m$，进而 $x = y$。

如果 $a > 0$，则对任意非 0 的自然数 n，m，将 $\sqrt[m]{a^n}$ 记为 $\sqrt[m]{a^n} = a^{\frac{n}{m}}$，其中 $n > 1$。

问题 6 假设 $a > 0$，n，m 是非 0 的自然数，应该如何定义负指数幂 $a^{-\frac{n}{m}}$？

既然 $a^{\frac{n}{m}}$ 表示一个实数，$(a^{\frac{n}{m}})^{-1}$ 便有了意义：$(a^{\frac{n}{m}})^{-1} = \dfrac{1}{a^{\frac{n}{m}}}$，但是这里还没有给出分数指数幂的运算，上述等式只是给了我们定义负分数指数幂的一个暗示，即定义

$$a^{-\frac{n}{m}} = \frac{1}{a^{\frac{n}{m}}}。$$

由于 0 的任意次方根等于 0，所以 0 的任意正分数指数幂仍为 0，显而易见，0 的负分数指数幂没有意义。

问题 7 整数指数幂的运算性质是否也适用于分数指数幂？

分数指数幂运算性质主要有 3 个：

(1) $a^r a^s = a^{r+s}$（$a > 0$，r，$s \in \mathbf{Q}$）；

(2) $(a^r)^s = a^{rs}$（$a > 0$，r，$s \in \mathbf{Q}$）；

(3) $(ab)^r = a^r b^r$（$a > 0$，$b > 0$，$r \in \mathbf{Q}$）。

教材并未给出这 3 个性质的证明，教师可以鼓励学生自己寻求证明。

这里从 (3) 的证明开始。不妨设 $r = \dfrac{m}{n}$，$x = \sqrt[n]{a}$，$y = \sqrt[n]{b}$，则

$$a^r b^r = x^m y^m = (xy)^m,$$

$$(ab)^r = (x^n y^n)^{\frac{m}{n}} = \left[(xy)^n\right]^{\frac{m}{n}} = \sqrt[n]{(xy)^n}^{\,m} = (xy)^m,$$

可见 $(ab)^r = a^r b^r$。

为了证明(2)，首先需要证明对任意非 0 的自然数 n,m，有

$$\sqrt[m]{\sqrt[n]{a}} = \sqrt[nm]{a} \text{。}$$

记 $x = \sqrt[nm]{a}$，$y = \sqrt[n]{a}$，于是 $x^{nm} = a$。令 $z = \sqrt[m]{y}$，则 $z = \sqrt[m]{\sqrt[n]{a}}$。显然 $z^m = y = \sqrt[n]{a}$，$z^{mn} = \sqrt[n]{a}^n = a$，故 $x^{nm} = z^{nm}$，从而 $x = z$，即 $\sqrt[m]{\sqrt[n]{a}} = \sqrt[nm]{a}$。

$$(a^r)^s = (a^{\frac{m}{n}})^{\frac{l}{k}} = \left[(\sqrt[n]{a})^m \right]^{\frac{l}{k}}$$

$$= \sqrt[k]{(\sqrt[n]{a})^m}^l = \left[\sqrt[k]{\sqrt[n]{a}}^m \right]^l$$

$$= \left[(\sqrt[kn]{a})^m \right]^l = \sqrt[kn]{a}^{ml}$$

$$= a^{\frac{ml}{nk}} = a^{rs} \text{。}$$

为证(1)，设 $r = \dfrac{m}{n}$，$s = \dfrac{l}{k}$，$m,n,k,l \in \mathbf{N}^*$，则 $r+s = \dfrac{mk}{nk} + \dfrac{\ln}{kn}$。记 $x = \sqrt[kn]{a}$，则 $a^r = x^{km}$，$a^s = x^{nl}$，于是

$$a^r a^s = x^{km} x^{nl} = x^{km+nl} = \sqrt[kn]{a}^{km+nl} = a^{\frac{km+nl}{kn}} = a^{r+s} \text{。}$$

›››例 2 求值：

(1) $\left(\dfrac{16}{81}\right)^{-\frac{3}{4}}$；　　(2) $\left(\dfrac{36}{49}\right)^{\frac{3}{2}}$。

解　(1) $\left(\dfrac{16}{81}\right)^{-\frac{3}{4}} = \left(\dfrac{81}{16}\right)^{\frac{3}{4}} = \left(\dfrac{3^4}{2^4}\right)^{\frac{3}{4}} = \left(\dfrac{3}{2}\right)^3 = \dfrac{27}{8}$；

(2) $\left(\dfrac{36}{49}\right)^{\frac{3}{2}} = \left(\dfrac{6^2}{7^2}\right)^{\frac{3}{2}} = \left(\dfrac{6}{7}\right)^3 = \dfrac{216}{343}$。

›››例 3 假设所有字母代表正数，计算下列各式：

(1) $(2a^{\frac{2}{3}}b^{\frac{1}{2}})(-6a^{\frac{1}{2}}b^{\frac{1}{3}}) \div (-3a^{\frac{1}{6}}b^{\frac{5}{6}})$；　(2) $(m^{\frac{1}{4}}n^{-\frac{3}{8}})^8$；

(3) $(\sqrt[3]{a^2} - \sqrt{a^3}) \div \sqrt[4]{a^2}$。

解　(1) $(2a^{\frac{2}{3}}b^{\frac{1}{2}})(-6a^{\frac{1}{2}}b^{\frac{1}{3}}) \div (-3a^{\frac{1}{6}}b^{\frac{5}{6}})$

$$= [2 \times (-6) \div (-3)]a^{\frac{2}{3}+\frac{1}{2}-\frac{1}{6}}b^{\frac{1}{2}+\frac{1}{3}-\frac{5}{6}}$$

$$= 4a \text{；}$$

(2) $(m^{\frac{1}{4}}n^{-\frac{3}{8}})^8 = (m^{\frac{1}{4}})^8(n^{-\frac{3}{8}})^8 = m^2n^{-3} = \dfrac{m^2}{n^3}$;

(3) $(\sqrt[3]{a^2} - \sqrt{a^3}) \div \sqrt[4]{a^2} = (a^{\frac{2}{3}} - a^{\frac{3}{2}}) \div a^{\frac{1}{2}}$

$$= a^{\frac{2}{3}} \div a^{\frac{1}{2}} - a^{\frac{3}{2}} \div a^{\frac{1}{2}}$$

$$= a^{\frac{2}{3} - \frac{1}{2}} - a^{\frac{3}{2} - \frac{1}{2}}$$

$$= a^{\frac{1}{6}} - a = \sqrt[6]{a} - a 。$$

三、课外作业

略

◀ **案例 3** 指数（续）

教学目的：掌握无理指数幂。

教学重点：无理指数幂及其运算性质。

教学难点：无理指数幂的定义。

教学过程：

一、问题引入

问题 1 如果 a 是正数，b，c 都是有理数，且 $b < c$，那么 a^b 与 a^c 能比较大小吗？

需要注意的是，正数 a 小于 1 或大于 1 时，a^b 与 a^c 的大小关系是不同的，即 $a > 1$ 时，$a^b < a^c$，$a < 1$ 时，$a^b > a^c$。讨论这个问题的目的是为后面利用有理指数逼近无理指数作准备。

二、新课教学

问题 2 $\sqrt{2}$、$\sqrt{3}$ 都可以表示成无限不循环小数，一般的无理数是否也可以表示成无限不循环小数？

严格来说，这个问题不是中学生能够回答的，但不清楚这一点便难以理解为什么可以用有理数逼近无理数。解决这个问题的一个办法是直接承认，待到大学学习到实数的完备性理论时再详细了解。另一个办法是采用通俗的方法简单介绍戴德金分割。学生对点与数的对应关系并不陌生，直观说明戴德金分割还是可能的。

问题 3 假设 $a > 0$，a 的小数表示为 $a = a_0.a_1a_2a_3 \cdots a_n \cdots$，如果对任意 n，当 $0 \leqslant a_n \leqslant 8$ 时，$b = a_0.a_1a_2a_3 \cdots a_n$ 及 $c = a_0.a_1a_2a_3 \cdots a_{n-1}(a_n + 1)$ 与 a 是什么关系？如果 $a_n = 9$，则 a 到第 n 位的过剩近似等于什么？

不难判断不等式

$$b = a_0.a_1a_2a_3 \cdots a_n \leqslant a < c = a_0.a_1a_2a_3 \cdots a_{n-1}(a_n + 1)。$$

如果 $a_n = 9$，则 a 到第 n 位的过剩近似为 $c = a_0.a_1a_2a_3 \cdots a_{n-2}(a_{n-1} + 1)$，如果 $a_{n-1} = 9$，则 $c = a_0.a_1a_2a_3 \cdots a_{n-3}(a_{n-2} + 1)$，以此类推。

问题 4 假设 $a > 0$，且 $a = a_0.a_1a_2a_3 \cdots a_n \cdots$，记 $b_n = a_0.a_1a_2a_3 \cdots a_n$，$c_n = a_0.a_1a_2a_3 \cdots (a_n + 1)$ 分别为 a 到第 n 位的不足近似与过剩近似，b_n 与 b_{n+1} 之间是什么关系？c_n 与 c_{n+1} 呢？

显然有

$$b_n = a_0.a_1a_2a_3 \cdots a_n \leqslant b_{n+1} = a_0.a_1a_2a_3 \cdots a_n a_{n+1},$$

$$c_n = a_0.a_1a_2a_3 \cdots (a_n + 1) \geqslant c_{n+1} = a_0.a_1a_2a_3 \cdots a_n(a_{n+1} + 1)。$$

问题 5 假设 $a > 0$，且 $a = a_0.a_1a_2a_3 \cdots a_n \cdots$，记 $b_n = a_0.a_1a_2a_3 \cdots a_n$，$c_n = a_0.a_1a_2a_3 \cdots (a_n + 1)$ 分别为 a 到第 n 位的不足近似与过剩近似，$|a - b_n|$ 与 $|a - c_n|$ 不超过多少

$$|a - b_n| = |a - a_0.a_1a_2a_3 \cdots a_n|$$
$$= 0.0 \cdots 0a_{n+1} \cdots < 0.0 \cdots 0(a_{n+1} + 1) \leqslant \frac{1}{10^n};$$

$$|a - c_n| = |a - a_0.a_1a_2a_3 \cdots (a_n + 1)|$$
$$= 0.0 \cdots 1a_{n+1} \cdots \leqslant \frac{2}{10^n}。$$

当 n 越来越大时，$\dfrac{1}{10^n}$ 与 $\dfrac{2}{10^n}$ 都越来越小。这说明 b_n 与 c_n 都越来越接近于 a。

如果 $a < 0$，则其小数表示可写成 $a = -a_0.a_1a_2a_3 \cdots a_n \cdots$，$a_i \geqslant 0$（$i = 0, 1, 2, \cdots$），仿照问题 3～问题 5 的讨论可以得到类似的结论。

问题 6 假设 $a > 0$,如果 x 是无理数,a^x 该如何定义?

若 $a > 1$,不妨假设 $x > 0$,否则利用 $a^x = \dfrac{1}{a^{-x}}$ 便可对 $x < 0$ 情形定义 a^x。记 x_n, y_n 分别为 x 到第 n 位的不足近似与过剩近似,则

$$x_n < x_{n+1}, \quad y_n > y_{n+1}, \quad x_n < x < y_n。$$

于是

$$a^{x_n} < a^{x_{n+1}}, \quad a^{y_n} > a^{y_{n+1}}, \quad a^{x_n} < a^{y_n}。$$

严格来说,这里需要用到单调有界原理证明 a^{x_n} 与 a^{y_n} 有相同的极限。既然教材并未涉及此内容,这里姑且做一个直观解释,进而定义 a^x 为 a^{x_n} 或 a^{y_n} 的极限。或者用类似教材的说法,a^{x_n} 与 a^{y_n} 逼近同一个数,将这个数记为 a^x。

$a < 1$ 情形可以类似讨论。

无理指数幂的运算性质显然需要通过有理指数运算性质及极限过程得到,教师可以根据学情决定直接告知结论还是做一个通俗直观的证明。建议详细的证明交给学生课外探讨,不必强求。也就是说,对一般的实数,也有相应的运算性质。

(1) $a^r a^s = a^{r+s}$ ($a > 0, r, s \in \mathbf{R}$);

(2) $(a^r)^s = a^{rs}$ ($a > 0, r, s \in \mathbf{R}$);

(3) $(ab)^r = a^r b^r$ ($a > 0, b > 0, r \in \mathbf{R}$)。

三、课外思考

思考题 试证明实数指数幂的运算性质。

四、课外作业

略

◀ **案例 4** 指数函数

教学目的:掌握指数函数概念,熟悉与指数函数有关的实际问题。

教学重点:指数函数概念,指数函数的应用。

教学难点:指数函数概念。

教学过程：

一、问题引入

问题 1 细胞繁殖是一个分裂过程，1 个细胞分裂 2 个，2 个分裂为 4 个，那么经过第 n 次分裂后，细胞总数是多少？

设细胞总数为 y，显然有 $y = 2^n$，由于 n 是变化的，所以这是一个函数关系，n 的取值范围为自然数集合。现实中并不难找到类似这类指数形式的函数，例如银行贷款计算公式也具有指数形式。

我们所见的指数通常都是有理指数，例如利率 r 不可能是无理数。无理指数更多是数学上的完备性要求所致，理论上自变量可以取到任意实数。

二、新课教学

问题 2 如果 x 在实数域内变化时指数 a^x 都有意义，a 应该满足什么条件？

显然，如果 x 取偶数，a 不能为负，故应有 $a \geqslant 0$。当 $a = 1$ 时，对任意实数 x，$a^x = 1$（严格来说，当 x 是无理数时，需要通过有理数逼近说明 $1^x = 1$）；当 $a = 0$ 时，对任意实数 x，$a^x = 0$，所以通常要求 $a > 0$，且 $a \neq 1$。

定义 假设 $a > 0$，且 $a \neq 1$，$y = a^x$ 称为指数函数，其中 x 是自变量，函数的定义域是实数域 **R**。

问题 3 放射性元素会随着时间发生衰变，一种放射性元素衰减到一半时的时间称为半衰期，不同放射性元素的半衰期各不相同，假设某种放射性物质的半衰期为 T，质量为 m_0 的该种放射性物质在 t 时刻后的质量是多少？

假设该物质的衰减率为 p，那么经过 t 年后，该种物质的质量为

$$m = m_0(1-p)^t,$$

由于

$$m_0(1-p)^T = \frac{1}{2}m_0,$$

故

$$(1-p)^T = \frac{1}{2},$$

从而

$$p = 1 - \left(\frac{1}{2}\right)^{\frac{1}{T}},$$

因此 t 年后,该种物质的质量为

$$m = m_0 \left(\frac{1}{2}\right)^{\frac{t}{T}} 。$$

教材将上述问题作为阅读与思考材料,从问题的难度看,这里的问题3与教材中的问题2并无本质差别。完全可以针对一般情况讨论,再根据需要决定是否介绍具体的例子(例如教材中的问题2)。

问题 4 热水放在常温下会慢慢冷却,这个过程类似放射性物质的衰变过程。如果环境温度为 T_a,物体的初始温度为 T_0,经过时间 h 之后,物体的温度 T 与环境温度之差将降至物体原来的温度与环境温度之差的一半,即

$$T - T_a = \frac{1}{2}(T_0 - T_a),$$

则称 h 为该物体温度的半衰期。在这种情形下,时间 t 后的物体温度满足

$$T - T_a = (T_0 - T_a)\left(\frac{1}{2}\right)^{\frac{t}{h}} 。$$

假设一杯 $100℃$ 的水放在环境温度为 $20℃$ 的房间内,$20\min$ 后,水温降到了 $40℃$,水温的半衰期是多长时间?水温降到 $30℃$ 需要多长时间?

设水温的半衰期为 h,由已知得

$$40 - 20 = (100-20)\left(\frac{1}{2}\right)^{\frac{20}{h}},$$

即 $\left(\frac{1}{2}\right)^{\frac{20}{h}} = \frac{1}{4}$,于是 $h=10$。当水温降到 $30℃$ 时,由

$$30 - 20 = (100-20)\left(\frac{1}{2}\right)^{\frac{t}{10}}$$

得 $\left(\frac{1}{2}\right)^{\frac{t}{10}} = \frac{1}{8}$,故 $t=30$。即 $30\min$ 后,水温降到 $30℃$。

>>> **例1** 设 $f(x)=a^x$，已知 $f(3)=\pi$，求 $f(0)$，$f(1)$，$f(-3)$。

解 由 $f(3)=\pi$ 知 $a^3=\pi$，故 $a=\pi^{\frac{1}{3}}$，所以 $f(x)=\pi^{\frac{x}{3}}$。由此可得

$$f(0)=1,\, f(1)=\pi^{\frac{1}{3}},\, f(-3)=\pi^{-1}=\frac{1}{\pi}。$$

三、课外作业

略

◀ 案例5 **指数函数的图像和性质**

教学目的：熟悉指数函数的图像，掌握指数函数的性质。

教学重点：指数函数的图像及其性质。

教学难点：指数函数的性质。

教学过程：

一、问题引入

问题1 给定一个函数，如何作它的图像？指数函数 $y=2^x$ 与 $y=\left(\dfrac{1}{2}\right)^x$ 的图像有什么不同？

学生已经知道通过描点作图，自变量取若干个值，算出对应的函数值，再用光滑曲线将这些点连起来便可得到函数的大致图像，两个函数的图像关于 y 轴是对称的，即 $2^x=\left(\dfrac{1}{2}\right)^{-x}$（见图 2.7）。

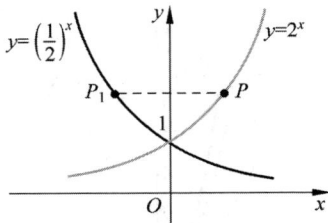

图 2.7

即使不作图，两个指数函数的单调性也容易看出来，但凹凸性并不那么容易判断，可以多取一些值，形成几何直观。

二、新课教学

问题 2 随着 $a(a>0,a\neq1)$ 取不同的值,函数 $y=a^x$ 的图像会发生什么变化? $y=a^x$ 与 $y=\left(\dfrac{1}{a}\right)^x$ 的图像是什么关系?

类似 $y=2^x$ 与 $y=\left(\dfrac{1}{2}\right)^x$ 的图像关于 y 轴对称,对任意 $a>0,a\neq1$,函数 $y=a^x$ 与 $y=\left(\dfrac{1}{a}\right)^x$ 的图像也是关于 y 轴对称的,所有的指数函数都与 y 轴交于 $(0,1)$。当 $0<a<1$ 时,函数 $y=a^x$ 单调递减(见图2.8(a)),当 $a>1$ 时,$y=a^x$ 单调递增(见图2.8(b))。

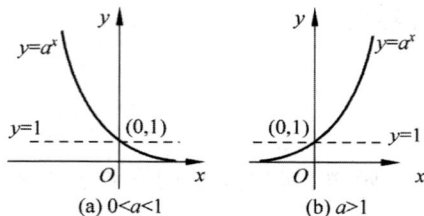

图 2.8

当 $0<a_1<a_2<1$ 时,$y=a_1^x$ 的图像在左半轴位于 $y=a_2^x$ 的图像上方,在右半轴则反过来。当 $a_1>a_2>1$ 时,$y=a_1^x$ 的图像在左半轴位于 $y=a_2^x$ 的图像下方,在右半轴则反过来。可以类似教材通过 a 的几个具体数值辅助理解(见图2.9)。

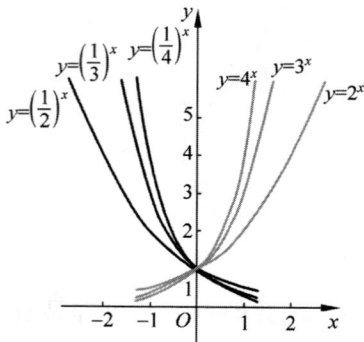

图 2.9

>>> 例 1　比较下列各题中两个值的大小：

(1) $1.7^{2.5}$，1.7^3；

(2) $0.8^{-\sqrt{2}}$，$0.8^{-\sqrt{3}}$。

解　(1) 由于 $y = 1.7^x$ 是单调递增函数，故 $1.7^{2.5} < 1.7^3$；

(2) 函数 $y = 0.8^x$ 是单调递减函数，故 $0.8^{-\sqrt{2}} < 0.8^{-\sqrt{3}}$。

问题 3　如果 $a > 0$，$a \neq 1$，且 $a^n < a^m$，能判断 n 与 m 的大小吗？

显然需要分 $0 < a < 1$ 与 $a > 1$ 两种情形讨论。

问题 4　假设 $a > 0$，$a \neq 1$，$f(x) = a^x$，$g(x) = \left(\dfrac{1}{a}\right)^x$，如果 $f(x) < g(x)$，x 应在什么范围内取值？

也需要分情形讨论，如果 $a > 1$，则当 $x \in (-\infty, 0)$ 时，有 $f(x) < g(x)$；如果 $0 < a < 1$，则当 $x \in (0, +\infty)$ 时，$f(x) < g(x)$。这个问题可以进一步帮助学生熟悉不同底的指数函数性质的变化。

三、课外练习

略

第 3 章　一元函数的导数及应用

3.1　微积分发展简史

3.1.1　微积分的萌芽：穷竭法与割圆术

　　微积分创立于 17 世纪,但其思想却可以追溯到远古时代。河谷文明时期,古埃及与巴比伦已讨论过化圆为方问题,即用正方形面积近似表示圆的面积,譬如莱茵德纸草书第 50 题记载"直径为 9 的圆形土地,其面积等于边长为 8 的正方形面积",尽管方法与结果稍显粗糙,但却开启了人类"以直代曲"新纪元。

　　古希腊时期,化圆为方被列为三大著名几何问题之一,即要求只用无刻度的直尺与圆规作一个正方形,使其面积等于已知圆的面积。诡辩学派安提丰采用穷竭法从圆内接正方形出发,将边数逐步加倍得到正八边形、正十六边形、……,无限重复这一过程,随着圆面积的逐步穷竭,得到一个边长极微小的圆内接正多边形。安提丰认为最后得到的正多边形将与圆重合,由此可作出正方形。显然,这个推理没有真正解决化圆为方问题,但其化曲为直与极限思想对后人求解曲边形面积、甚至曲面体体积产生了重要影响。

　　阿基米德是广泛应用穷竭法解决问题的标志性人物。与安提丰等人不同,他在求解曲边形面积,甚至曲面体体积时,先通过穷竭法发现结果,再通过双归谬证明法加以证明。譬如,在求解抛物线弓形面积时,阿基米德逐次作出该弓形同底等高的三角形(见图 3.1),然后将这些三角形面积相加,并指出作到第 n 个三角形时,这些三角形面积之和为 $A(1+1/4+$

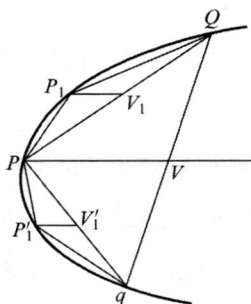

图 3.1

$1/4^2+\cdots+1/4^n)$，其中 A 为第一个三角形的面积。接着，阿基米德回避无穷小等极限概念，采用双归谬证明法证明：首先得到等式

$$1+1/4+1/4^2+\cdots+1/4^n+1/3\cdot1/4^n=4/3,$$

由此转化为

$$A(1+1/4+1/4^2+\cdots+1/4^{n-1}+1/3\cdot1/4^{n-1})=4/3\cdot A,$$

最后用反证法证明，抛物线弓形面积不能大于也不能小于 $4/3\cdot A$，只能等于 $4/3\cdot A$。阿基米德的穷竭法影响深远，17 世纪数学家对微积分科学问题的探索，正是来自穷竭法的改造(参见文献[5])。

在微积分思想的起源上，东西方几乎异曲同工。我国魏晋南北朝时期的刘徽在求圆的面积时，采取了割圆术(见图 3.2)。

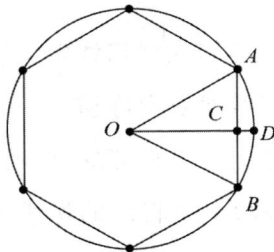

图 3.2

从正六边形出发，逐次将边数加倍，利用这些正多边形逐步无限逼近圆，从而得到圆面积的近似值。刘徽指出："割之弥细，所失弥小，割之又割，以至不可割，则与圆周合体而无所失矣。"这显然是中国版的化圆为方，以直

代曲与极限思想尽显无遗。另外,庄子(公元前 355—275 年)《天下篇》中说:"一尺之棰,日取其半,万世不竭",也是穷竭法的另外一种体现,有着深刻的朴素几何极限思想。

遇曲化直,通过直观极限得到结果,尽管没有用到极限与无穷小量等概念,但已初露以直代曲与极限思想的光芒。西方近代数学家正是通过改良穷竭法,走上了微积分漫长的创立与严格化之路。

3.1.2 微积分的酝酿: 四类科学问题

17 世纪是数学史上辉煌的世纪,随着生产力的发展,天文观测、航海贸易、工业制造、炮弹射程等问题不断涌现,人们开始关注与研究运动变化规律,函数与微积分问题逐渐成为自然科学中心。众所周知,四类科学问题刺激了微积分的发展:(1)已知物体运动的路程作为时间的函数,求物体任何时刻的速度与加速度,反之,已知物体的加速度作为时间的函数,求速度与路程;(2)求曲线的切线;(3)求函数的最大值与最小值;(4)求长度、面积、体积和重心。牛顿的"流数术"来源于对第一类问题的研究。

3.1.2.1 切线问题

1. 切线概念的发展历史

切线概念历史悠久,古希腊人把切线定义为接触于曲线上一点的直线,或者从"公共点的个数"角度来看待切线。譬如,欧几里得在《几何原本》第 3 卷中将圆的切线定义为"与圆相遇,但延长后不与圆相交"的直线。之后,阿波罗尼斯在《圆锥曲线》中将圆的切线定义推广到圆锥曲线的切线。而阿基米德则将螺线的切线看作是与螺线只有一个公共点,且落在螺线之外的直线(针对第一圈而言,参见文献[6])。

到了 17 世纪,罗贝瓦尔等数学家开始从运动角度研究切线。譬如,从炮筒里发射的炮弹速度是水平速度 PQ 和垂直速度 PR 的合速度(见图 3.3),即 PQ 和 PR 构成的平行四边形的对角线,罗贝瓦尔把该对角线定义为炮

弹轨迹在点 P 的切线(参见文献[2])。这一定义迎合了运动力学背景,使纯几何与力学联系起来,适用于许多旧概念不能适用的曲线。但是,对于众多与运动无关的曲线,该定义显得无能为力。于是把切线看作割线的极限位置逐渐登上历史舞台,费马、笛卡儿以及巴罗等数学家在此方面做出了很大贡献。

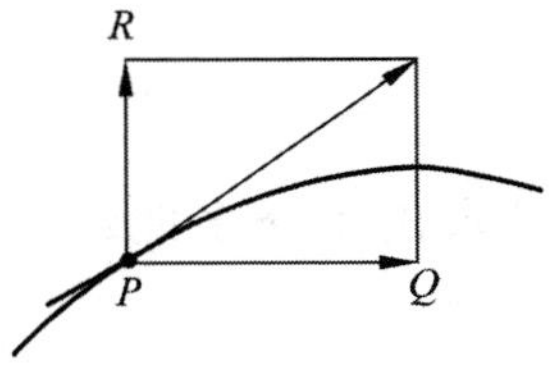

图　3.3

2. 求切线的基本方法

（1）费马的虚拟等式法

费马采用了虚拟等式法求作切线。如图 3.4 所示,设 P 为曲线 $y=f(x)$ 上任一点,过该点的切线为 PT,费马意在通过求解次切距 TQ,进而求作切线 PT。他给 TQ 一个增量 $QQ_1=E$,得到 $\triangle PRT_1$,显然

$$\triangle TQP \backsim \triangle PRT_1,$$

故 $TQ/PQ=E/T_1R$,因为增量 E 较小,所以 $T_1R\sim P_1R$,由此可得 $\dfrac{TQ}{PQ}\sim$

$\dfrac{E}{P_1Q_1-QP}$,即

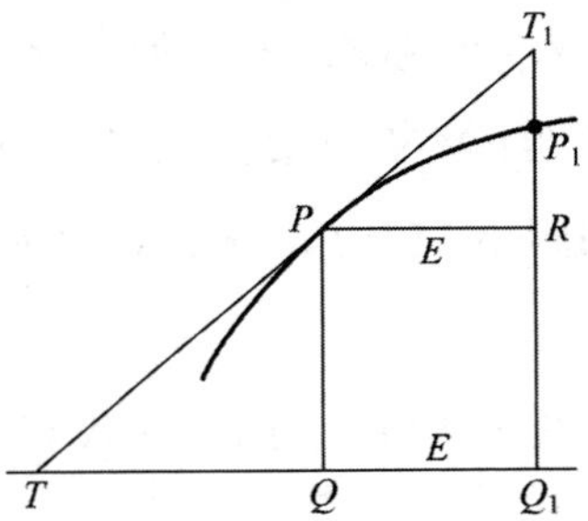

图　3.4

$$TQ \sim \frac{f(x)}{[f(x+E)-f(x)]/E}。$$

费马用 E 除上式分子分母,然后舍弃分母中仍然包含 $E=0$ 的项,最终求得次切距 TQ。用现代术语,这相当于当 $E \to 0$ 时,

$$TQ = \frac{f(x)}{[f(x+E)-f(x)]/E} = \frac{f(x)}{f'(x)},$$

也即 $f'(x) = \dfrac{f(x)}{TQ}$。

采用虚拟等式法,费马求出了众多曲线的切线。例如,对于抛物线 $f(x) = x^2$,由

$$TQ \sim \frac{f(x)}{[f(x+E)-f(x)]/E}$$

易得

$$TQ \sim \frac{Ex^2}{(x+E)^2 - x^2} = \frac{x^2}{2x+E},$$

舍弃分母中的 E,得到 $TQ = \dfrac{x}{2}$,即抛物线 $f(x) = x^2$ 切线的斜率为 $f'(x) = \dfrac{f(x)}{TQ} = \dfrac{x^2}{x/2} = 2x$(参见文献[7])。

(2)巴罗微分三角形

在求作曲线的切线时,巴罗引进了微分三角形(也称特征三角形,以前帕斯卡在求面积时也用过类似三角形)。如图 3.5 所示,图形 PRP' 称为微分三角形,它是增量 PR 的产物。巴罗认为,当弧 PP' 足够小,可把它和过 P 点的切线等同起来,即微分三角形 PRP' 可看成 $\triangle PRQ$,因为 $\triangle PMN \backsim \triangle PRQ$,所以 $\triangle PMN \backsim$ 微分三角形 PRP',从而 $P'R/PR = PM/NM$,由此求得次切距 $NM = PM \cdot PR/P'R$,最终通过点 N 作出切线(参见文献[2])。

例如,巴罗针对抛物线 $y^2 = px$ 用 $x+e$ 代替 x,用 $y+a$ 代替 y,得到 $y^2 + 2ay + a^2 = px + pe$,从而 $2ay + a^2 = pe$,去掉 a 与 e 的高次幂(如果有的话),由此得到 $a/e = p/2y$,由以上微分三角形相似性可知 $a/e = PM/$

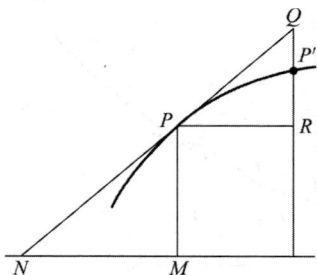

图　3.5

NM。因为 $PM=y$，所以次切线 $NM=ye/a$，由此求得 N 的位置，进而可作切线 QN。

　　巴罗与费马求切线的方法相似，具有两个特点：从几何角度看，用割线无限逼近切线，认为切线是割线的极限位置，这与现在导数概念的几何解释如出一辙；从形式角度看，曲线纵坐标 y 与横坐标 x 的增量比 a/e 实际为切线斜率，这与现在导数标准形式相同。难怪现代史学家波耶认为，在所有微积分的先导工作中，费马和巴罗的工作最接近于分析学。

　　(3) 笛卡儿圆法

　　与费马、巴罗方法不同，笛卡儿在求解切线时采用了代数方法——圆法。他在求作曲线 $y=f(x)$ 在点 $P(x,f(x))$ 的切线时，首先确定曲线在点 P 处的法线与 x 轴的交点 C 的位置，然后作该法线过点 P 的垂线，进而作出切线。如图 3.6 所示，过点 C 作半径为 $r=CP$ 的圆，因 CP 是曲线 $y=f(x)$ 在点 P 处的法线，那么点 P 是曲线与圆 $y^2+(x-v)^2=r^2$ 的重交点。如果 $[f(x)]^2$ 是多项式，有重交点相当于方程 $[f(x)]^2+(x-v)^2=r^2$ 将以点 P 的横坐标 x 为重根。具有重根 $x=e$ 的多项式的形式是 $(x-e)^2 \cdot \sum c_i x^i$，因此上述方程可写成

$$[f(x)]^2+(x-v)^2-r^2=(x-v)^2\sum c_i x^i,$$

通过比较系数并代入 $e=x$，最终可求得过点 P 的切线斜率为 $(v-x)/f(x)$。

　　例如，笛卡儿关于抛物线 $y^2=kx$ 求切线的圆法如下：把方程 $y^2=kx$ 转化为 $y=\sqrt{kx}$，建立方程 $(\sqrt{kx})^2+(v-x)^2=r^2$，有重根的条件为 $kx+$

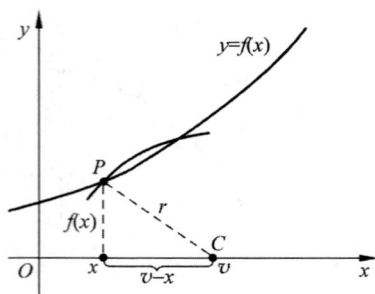

图 3.6

$(v-x)^2-r^2=(x-e)^2$。令方程两边 x 各次幂的系数分别相等,得 $k-2v=-2e$,即 $v=e+\dfrac{1}{2}k$。代入 $e=x$,可得次法距 $v-x=\dfrac{1}{2}k$,由此可得

抛物线过点 $(x,\sqrt{kx})$ 的切线斜率为 $\dfrac{v-x}{f(x)}=\dfrac{k/2}{\sqrt{kx}}=\dfrac{1}{2}\sqrt{\dfrac{k}{x}}$。

　　笛卡儿圆法在推动微积分早期发展方面作用巨大,牛顿正是以笛卡儿方法为起点踏上微积分研究道路。但是,笛卡儿圆法的不足之处在于,对于稍微复杂一点的曲线,这种方法在确定重根时所涉及的代数运算往往极其繁杂。针对此问题,1658 年荷兰数学家胡德与斯卢斯专门提出了一套构造曲线切线的形式法则,使任何代数曲线斜率的计算都可以采用形式计算法则完成。

3.1.2.2　最值问题

　　17 世纪,人们关心的主要问题包括炮弹射击的最大射程,寻找行星轨道的近、远日点,对应的数学问题便是函数的最值问题。开普勒是研究最值问题的先驱,他在《测量酒桶体积的新科学》中证明在所有内接于球面的具有正方形底的平行六面体中,立方体的容积最大。他注意到这样一个事实,对于一个周长固定但体积变化的物体,当其越来越接近最大体积时,其体积变化越来越小。

　　开普勒的最值思想后来被费马发展成形式化的最值方法,其成果记载在《求最大值和最小值方法》。例如:分一条线段为两部分,使得它们组成

的矩形面积最大。费马首先把整条线段记为 B，且设 A 为其中一部分，则矩形面积为 $A(B-A)=BA-A^2$，然后引进增量 E，用 $A+E$ 代替 A，则有 $B(A+E)-(A+E)^2\sim BA-A^2$，整理得 $bE-2xE-E^2\sim0$，两边除以 E，得 $B-2A-E\sim0$，令 $E=0$，可求得 $x=\dfrac{B}{2}$，最终得出结论：当矩形恰好为正方形时，面积最大。

费马最值方法主要包括以下关键步骤：（1）通过无穷小建立虚拟等式；（2）方程两边消项，且除以无穷小增量 E；（3）令 E 消失，得出结果。不难发现，费马最值方法与其切线方法本质上是一样的。显然，费马在求最值与求切线问题中已经邂逅二者的共性，但没能进一步将其思想方法提炼出来，形成微分或导数概念，的确是一件遗憾的事。

3.1.2.3 求积问题

求长度、面积、体积和重心问题统称为求积问题。相对于求切线、求最值等微分问题，求积问题历史更为悠久，如前所述古希腊的穷竭法即为其中经典。希腊人在运用穷竭法求曲边形面积时，一般需根据曲线特性把曲边形细分为无穷多个直边形，但不同的曲边形导出的直边形面积和千差万别，这无疑增加了问题求解的困难。此外，希腊人畏惧无限，哪怕是穷竭法也极力回避极限概念，不厌其烦地用双归谬法取而代之去寻求证明，从而导致了复杂的技巧。因此，在求积问题中，如何改进穷竭法，使之成为普适性求积方法，成为 17 世纪数学家们关心的问题。

17 世纪的求积工作同样始于开普勒，他常利用无数同维的无穷小之和求解面积和体积。譬如，他把圆看作无数个三角形的和，把一条直线等同于一个无穷小面积，由此认为平面图形面积就是直线和。伽利略求积思想与开普勒相似，他在处理匀加速运动问题时，认为与时间有关的速度曲线下面积就是距离：如图 3.7 所示，OB 是时间—速度曲线，$A'B'$ 是某个瞬时速度，又是走过的无穷小距离，所以直线 $A'B'$ 组成的面积 OAB 即为总距离。

卡瓦列里进一步发展了开普勒与伽利略的思想，他认为线、面、体分别

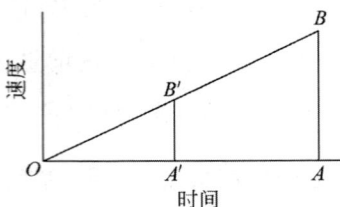

图　3.7

由无限个点、无限条平行线、无限个平行平面组成,并把这些元素分别称为线、面、体不可分量。出于研究需要,他建立了一条不可分量的普遍原理——卡瓦列里原理:两个等高的立体,如果它们的平行于底面且离开底面有相等距离的截面面积之间总有给定比,则这两个立体的体积也有相同比。正是利用该原理,卡瓦列里计算出众多曲边形面积与体积,譬如证明同底等高圆锥与圆柱体积关系,计算出等价于积分 $\int_0^a x^n \mathrm{d}x = a^{n+1}/(n+1)$ 的结果。

把曲边形面积、曲面体体积、曲线弧长分别想象成无穷个小矩形面积、小直面体体积、小线段长度之和是 17 世纪的数学家们对穷竭法最好的改进,这条新途径最早见于斯蒂文 1586 年的《静力学》。一个典型例子是:“计算抛物线 $y=x^2$ 下从 $x=0$ 到 $x=B$ 的面积”。如图 3.8 所示,把区间 OB 分成 n 等分,每等分长度为 d,由此构造一系列小矩形,当这些矩形的宽 d 越小,它们的面积和与抛物线下的面积越接近。不难计算,这些矩形面积和为

$$d \cdot d^2 + d(2d)^2 + d(3d)^2 + \cdots + d(nd)^2$$
$$= d^3(1 + 2^2 + 3^2 + \cdots + n^2)$$
$$= d^3(2n^3 + 3n^2 + n)/6$$
$$= (nd)^3[1/3 + 1/(2n) + 1/(6n^2)],$$

故抛物线下的面积为 $(OB)^3[1/3 + 1/(2n) + 1/(6n^2)]$。那时的数学家们还没有极限概念,主要通过观察认为,当 n 无穷增大时,可以省略上式后两项,得到面积结果 $\frac{1}{3}OB^3$。此方法集以直代曲、无穷小运算于一体,具有程

序性、普适性、算术化等优点,深受数学家们推崇,其影子在莱布尼茨、柯西与黎曼积分概念中无处不在。但是,犹如一个硬币总有两面,此法并非完美无缺,它并没有消除穷竭法的缺点,即对于一些稍微复杂的曲线,求和过程困难重重,这一定程度上促使了牛顿等数学家寻找反导数(或者反微分)方法解决积分问题。

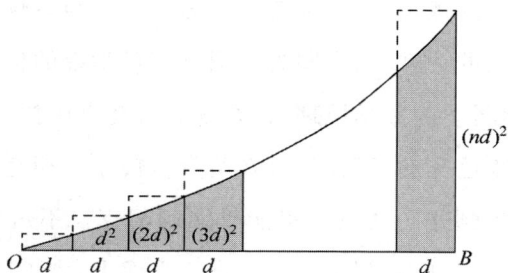

图 3.8

在所有"求积"方法中,沃利斯方法最具分析化。他在求解四分之一圆 $y=(1-x^2)^{1/2}$ 面积过程中,因分数幂原因,间接考察诸如 $y=(1-x^2)^0$,$y=(1-x^2)^1$,$y=(1-x^2)^2$,$\cdots$ 等函数对应曲边形的面积,从而得到相应的结果 x,$x-1/3x^3$,$x-2/3x^3+1/5x^5$,$\cdots$。当 $x=1$,这些面积分别为 1,$2/3$,$8/15$,$\cdots$,他通过归纳法和插值法,求出四分之一圆 $y=(1-x^2)^{1/2}$ 的面积。沃利斯分析方法是微积分研究由几何形式向分析形式进军的里程碑,牛顿受沃利斯的启发,利用插值法发现并证明了二项式定理,该定理在牛顿创立微积分的过程中发挥了重大作用。

综上所述,17 世纪上半叶的数学家们在解决求切线、求最值、求面积、体积以及弧长问题中已经积累了丰富的经验,为微积分的创立奠定了坚实的基础。同时,我们也看到,微积分先驱们在问题解决的过程中并没有形成普适性方法,在具体问题的解决中,他们关心的是各种方法的细枝末节,无暇顾及问题之间的共性与联系。虽然他们当中已有人邂逅过某些问题的联系,譬如费马就用同样的方法求解函数最值与曲线的切线,巴罗的求切线方法实际上是求变化率的几何版本,甚至巴罗以几何形式表达了切线问题是面积问题的逆问题,但遗憾的是,他们没能进一步归纳、抽象问题的共性与联系,最终与微积分擦肩而过。

3.1.3　微积分的创立

　　"我之所以看得更远是因为我站在巨人肩上",这是牛顿的一句名言,有人认为这是牛顿的谦逊之言,也有人认为不是。与牛顿同时代的胡克在数学上也有过杰出的贡献,两人同为英国皇家科学院的科学家。胡克因为牛顿的著作《自然哲学的数学原理》曾要求后者在书中提一下自己的贡献,或许由于两人由来已久的矛盾,牛顿在给身材矮小的胡克回信中便有了开始那句话。所以牛顿这句话更有可能是讽刺胡克。不过从科学发展的角度看,说牛顿站在巨人的肩膀上不无道理。事实上,到了牛顿时代,人们对微积分的认识已颇为深入,但大多数的研究都局限于各种碎片化的具体方法,很需要重新梳理,总结出一般方法,使之成为普适性的工具。牛顿与莱布尼茨站在微积分先驱的肩膀上,从纷乱的猜测与说明中提炼出有价值的思想,并发展出新的方法,最终创立了微积分。

3.1.3.1　牛顿的流数术:微积分诞生的标志

　　牛顿对微积分问题的研究始于笛卡儿的方法,并深受沃利斯、费马以及恩师巴罗等人的启发。他的第一篇微积分论文《流数简论》是在 1665 年夏至 1667 年春从剑桥大学返回家乡躲避瘟疫期间所作,论文以运动学为背景,通过路程与速度问题引进流数概念,由此发明了正流数术法(微分法)、反流数术法(积分法,也称反微分法)。其基本思想深刻地体现在以下两个基本问题(问题的最初模型来源于"曲线 $f(x,y)=0$ 被看成垂直方向与水平方向两条运动直线交点轨迹"如图 3.9 所示):

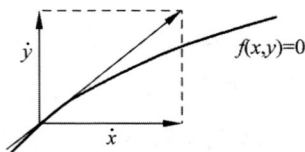

图　3.9

问题 1：物体 A、B（或更多）做直线运动，它们在相同时间内的路程 x、y 满足方程 $f(x,y)=0$，求它们对应速度 p、q 的关系。

问题 2：给定横向路程 x 和横向运动速度 p、纵向运动速度 q 之比 p/q 的关系，求纵向路程 y。

问题 1 实质上是由路程求速度。这里牛顿常设路程 x、y 满足多项式 $f(x,y)=\sum a_{ij}x^iy^j=0$，他首先引进无穷小 o（称为瞬，表示时间 t 的无穷小，且最终趋于零的增量），然后用 $x+po$、$y+qo$ 分别代替 x、y，代入 $f(x+po,y+qo)=0$，通过二项式定理展开，再消去和为零的项，两边除以无穷小 o，略去包含无穷小 o 的项，最后得到速度 p、q 的关系为 $\sum\left(\dfrac{ip}{x}+\dfrac{jq}{y}\right)a_{ij}x^iy^j=0$。不难发现，牛顿关于增量 o 的运算实质上是费马、巴罗关于无穷小 E、e 运算的归纳与抽象，难能可贵的是，牛顿几乎摆脱了几何背景，站在代数角度探究问题，使增量 o 的运算更具算术化，因此方法也更具普适性。

问题 2 为问题 1 的反问题，用现代符号表示，相当于由微分方程 $g\left(x,\dfrac{\mathrm{d}y/\mathrm{d}t}{\mathrm{d}x/\mathrm{d}t}\right)=0$ 求出曲线 y，其中 $\dfrac{\mathrm{d}y/\mathrm{d}t}{\mathrm{d}x/\mathrm{d}t}=\dfrac{p}{q}$。牛顿的解法实际上是问题 1 解法的逆运算，即通过路程变化率（速度）关系求解路程关系。为了叙述方便，不妨把问题 2 转化为问题：A 表示曲线 $y=f(x)$ 下的面积（见图 3.10），已知其满足方程 $\dfrac{\mathrm{d}A}{\mathrm{d}x}=y$，求面积 A。此问题相当于求解积分 $\displaystyle\int A(x)\mathrm{d}x$，关键在于寻找一个函数 $y=f(x)$，使其满足 $A'(x)=f(x)$，这就是牛顿积分方法——反微分法。显然，牛顿的积分主要指不定积分。

在此之前，面积总是被看成无穷小不可分量之和，牛顿则从面积的变化率入手，通过反微分方法得到了诸多曲线下的面积。譬如，他利用反微分法，求出纵坐标为 $y=x^n$ 的曲线下的面积为 $\dfrac{x^{n+1}}{n+1}$（而纵坐标为 $\dfrac{x^{n+1}}{n+1}$ 的曲线其切线斜率为 $y=x^n$）。反微分方法揭示了面积计算与切线问题的互

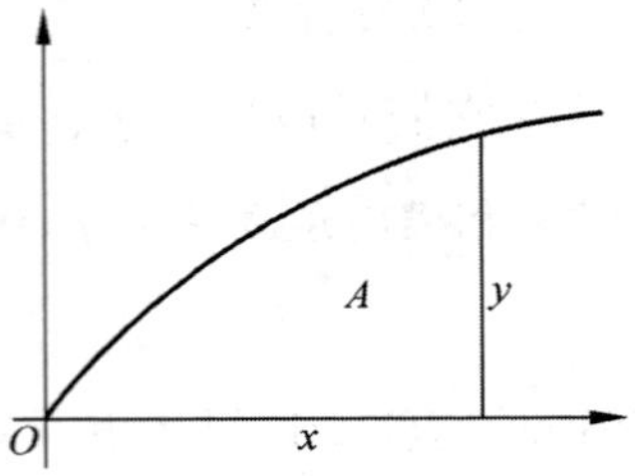

图 3.10

逆关系,是微积分基本定理的最初体现。

微积分基本定理严谨与否,是牛顿非常关注的问题,为此他从几何角度加以推导。如图 3.11 所示,设 y 表示曲线 $q=f(x)$ 下图形 abc 的面积,作 $de//ab \perp ad//be=p=1$,当垂线 cbe 以单位速度向右移动时,eb 扫过的矩形 $abed$ 的面积为 x,变化率 $\dfrac{\mathrm{d}x}{\mathrm{d}t}=p=1$,$bc$ 扫过的图形 abc 面积为 y,变化率 $\dfrac{\mathrm{d}y}{\mathrm{d}t}=p\dfrac{\mathrm{d}x}{\mathrm{d}t}=q$,由此可得 $\dfrac{\mathrm{d}y}{\mathrm{d}t}/\dfrac{\mathrm{d}x}{\mathrm{d}t}=\dfrac{q}{p}=q=f(x)$,这就是说,面积 y 在 x 点处的变化率是曲线在该处的 q 值。

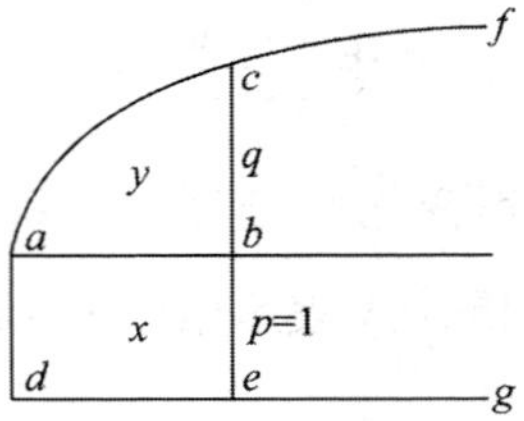

图 3.11

在《流数简论》中,牛顿把前人各种无穷小运算统一为微分、积分(反微分)两类算法,并推导证明了二者的互逆关系(即微积分基本定理),从而使无穷小运算组成统一的整体。它们在求解曲线切线、曲率、拐点以及弧长、求积、引力等问题的解决中,充分发挥了无可比拟的威力与普适性。正因为如此,历史上才公认牛顿发明了微积分。

3.1.3.2 流数术的发展:最初比与最后比方法

《流数简论》的出现,标志着微积分的诞生,但其在许多方面不够成熟,譬如没有说明什么是流数,如何求解流数,以及流数的严谨性。因此,他并未宣扬自己的成果,而是返回剑桥大学后,继续完善微积分理论,先后写成另外三篇论文:《运用无限多项方程的分析》《流数法与无穷级数》以及《曲线求积术》,正是这三篇论文,集中反映了牛顿微积分学说的发展过程。

1.《运用无限多项方程的分析》

牛顿在创立与发展微积分过程中,异常重视微积分与无穷级数的结合。《运用无限多项方程的分析》开头就不加证明地给出了计算曲线 $y=f(x)$ 下面积的三条法则:

法则一:如果 $y=ax^{m/n}$,则所求面积为 $z=\dfrac{na}{m+n}x^{(m+n)/n}$;

法则二:如果 y 由上述形式的一些项组成(即 y 为多项式),则所求面积为每一项分别产生的面积组成,即面积为逐项积分;

法则三:如果 y 或 y 的任何一项比上述形式复杂(即不是多项式),则必须首先把它简化成多项式。

众所周知,二项式定理(启发于沃利斯插值求积法)在把函数展开成无穷级数中起着关键作用,牛顿正是依据该定理,得到有理代数函数幂级数展开式,譬如

$$1/(1+x)=1-x+x^2-x^3+x^4+\cdots,$$

$$\sqrt{1+x}=(1+x)^{1/2}=1+\frac{1}{2}x-\frac{1}{8}x^2+\frac{1}{16}x^3+\cdots;$$

而通过对一些幂级数逐步积分,又得到另一些新的幂级数,譬如对

$$1/(1+x)=1-x+x^2-x^3+x^4+\cdots$$

积分,得到

$$A(1+x)=x-\frac{1}{2}x^2+\frac{1}{3}x^3-\frac{1}{4}x^4+\cdots,$$

墨卡托后来求得这个积分恰好是自然对数的展开式,即

$$\log(1+x)=x-\frac{1}{2}x^2+\frac{1}{3}x^3-\frac{1}{4}x^4+\cdots。$$

另外,牛顿还利用牛顿法(一种方程的近似解法)发现了正弦、余弦级数展

开式分别为

$$\sin\theta = \sum_{k=0}^{\infty} \frac{(-1)^k \theta^{2k+1}}{(2k+1)!}, \quad \cos\theta = \sum_{k=0}^{\infty} \frac{(-1)^k \theta^{2k}}{(2k)!}。$$

这些函数幂级数展开式的出现,给微积分运算带来了极大便利,牛顿依据函数幂级数展开式,可以娴熟地对众多函数施行微分与积分运算。

　　与《流数简论》不同的是,《运用无限多项方程的分析》在论证中取 x(而不是时间 t)的无穷小增量"瞬"为 o。譬如,在论证法则一时,以 $x+o$ 代替 x,以 $z+oy$ 代替 z,则 $z+oy = \frac{na}{m+n}(x+o)^{(m+n)/n}$,用二项式定理展开后以 o 除两边,略去含 o 的项,即得 $y=ax^{m/n}$。这里对无穷小增量 o 的运算,与费马、巴罗对 E、e 的处理如出一辙,o 是静态的无穷小量,具有浓厚的不可分量色彩。

2.《流数法和无穷级数》

　　《流数法和无穷级数》主要对以物体速度为原型的流数概念作进一步提炼和解释,牛顿指出:"我把时间看作是连续的流动和增长,而其他量则随着时间而连续增长,我从时间的流动性出发,把所有其他量的增长速度称为流数,又从时间的瞬息性出发,把任何其他量在瞬息时间内产生的部分称为瞬。"在这里,牛顿相当于把变量称为流量,变量的变化率称为流数,并把流量 x 的流数记为 $\dot{x}$,把 $\dot{x}$ 的流数记为 $\ddot{x}$;反过来,流数为 x 的流量记为 $\overset{\shortmid}{x}$,$\overset{\shortmid}{x}$ 的流量记为 $\overset{\shortparallel}{x}$(参见文献[8])。

　　对应地,《流数法和无穷级数》用流数语言对流数微积分基本问题加以说明:"已知流量间的关系,求流数关系",以及反过来"已知流数关系,求流量关系。"在解决问题过程中,《流数法和无穷级数》摒弃《运用无限多项方程的分析》选取流量 x 无穷小增量瞬为 o 的做法,重拾《流数简论》把时间 t 的无穷小增量作为瞬 o,如此一来,x 的瞬 $\dot{x}o$ 随时间瞬 o 连续变化,而 x 无穷小增量即为 $x+\dot{x}o$。譬如,对于问题"已知流量关系 $y=x^n$,求流数 $\dot{x}$、$\dot{y}$ 的关系",形式化运算过程如下:首先建立 $y+\dot{y}o = (x+\dot{x}o)^n$,用二项式定理展开等式右边,消去 $y=x^n$,用 o 除两边,略去含有 o 的所有项,得

到 $\dot{y} = nx^{n-1}\dot{x}$，用现代符号可记为 $\mathrm{d}y/\mathrm{d}t = nx^{n-1}\mathrm{d}x/\mathrm{d}t$，也即 $\mathrm{d}y/\mathrm{d}x = nx^{n-1}$。

不难发现，《流数法和无穷级数》与《运用无限多项方程的分析》所使用的方法并无本质区别，尤其是运算最后均要舍弃含 o 的所有项，这显然缺乏严谨性。如何改进，正是第三篇论文研究的核心问题。

3. 《曲线求积术》

《曲线求积术》是牛顿最为成熟的微积分著述，他批评过去自己随意扔掉所有含 o 项的做法，认为在数学中最小的误差也不能忽略；同时放弃以往微元或无穷小观点，认为数学的量不是由非常小的部分组成的，而是用连续不断运动来描述的，譬如直线由点的连续运动画出。在此基础上，牛顿提出最为重要的核心概念——最初比和最后比方法：流数可以任意地接近于尽可能小的等间隔时段中产生的流量的增量，准确地说，它们就是最初增量的最初比方法。

牛顿以"求 $y = x^n$ 的流数"说明自己的新方法：设 x "由流动"变为 $x + o$，对应地 x^n 变为

$$(x+o)^n = x^n + nox^{n-1} + \frac{n^2-n}{2}o^2x^{n-2} + \cdots,$$

所以 x 与 y 的最初比为

$$\frac{(x+o)-x}{(x+o)^n-x^n} = \frac{1}{nx^{n-1} + \frac{n(n-1)}{2}x^{n-2}o + \cdots},$$

然后设增量 o 消失，得到 x 与 y 的最后比 $\dfrac{1}{nx^{n-1}}$，这相当于我们今天说的 "$y = x^n$ 对 x 的变化率是 nx^{n-1}。"

为说明最初比与最后比方法合理性，牛顿曾给出如下几何解释：如图 3.12 所示，当 bc 移向 BC，使 c 与 C 重合，则微分三角形 CEc 以"最后的形式"和 $\triangle CET$ 相似，因此它"即将消失的"各边将和 CE、ET、CT 成比例。所以 AB、BC、AC 的流数在它们消失的增量的最后比，与 $\triangle CET$ 或者 $\triangle VBC$ 对应边成比例。除此之外，牛顿在随后出版的《自然哲学的数学

原理》中给出最好的解释：量在其中消失的最后比，严格地说不是最后量的比，而是无限减小的这些量的比的极限，而它与这个极限之差虽然能比任何给出的差更小，但是在这些量无限缩小以前既不能超过也不能达到这个极限。可见，最初比和最后比方法相当于函数自变量与因变量增量比的极限，这是导数概念的先导。

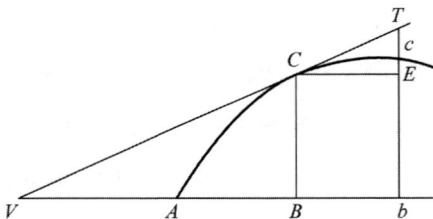

图　3.12

但是，最初比与最后比方法对无穷小增量 o 的处理依然延续舍弃包含 o 的项，其逻辑性并不比前面两篇论文的处理方式严谨。在牛顿时代，数学家们尽管能够察觉到极限思想在无穷小运算中的意义，但他们对极限心怀忐忑，对什么是极限，如何计算极限等缺乏足够的认识。因此，牛顿创立的微积分缺乏严格性就不足为怪了。

3.1.3.3 莱布尼茨的微积分

1. 序列的和差到函数变量的和差

说起微积分的创立，另一个数学家功不可没，他就是莱布尼茨。历史表明，莱布尼茨与牛顿在相互独立的情况下，从不同视角创立了微积分。从创立微积分的时间点看，牛顿比莱布尼茨早一些，但莱布尼茨的工作先于牛顿发表。

年轻时期的莱布尼茨对数列有着浓厚兴趣，他在著作《组合艺术》中发现了关于数列的许多有趣结论。譬如，他考察平方数序列 0,1,4,9,16,25,36,…，得到第一阶差 1,3,5,7,9,11,…，第二阶差 2,2,2,2,2,…，进而发现第一阶差之和等于平方数序列最后一项，而第三阶差消失。莱布尼茨在其他首项为零的数列中也发现了类似结论，而且这里的序列求和与求差

存在着互逆运算关系。后来,莱布尼茨在计算三角数的倒数之和

$$1 + \frac{1}{3} + \frac{1}{6} + \frac{1}{10} + \cdots + \frac{1}{n(n+1)/2} + \cdots$$

时构造了"调和三角形",其每一行由前一行相继两项之差组成,这与"帕斯卡三角形(我国称为杨辉三角形)"中"每一行由前一行相继两项之和组成"同样存在某种互逆关系。

序列求和与求差的互逆运算关系,对莱布尼茨的微积分早期研究有着极大启发。1672年,莱布尼茨借助笛卡儿的解析几何,把曲线 $y=f(x)$ 的纵坐标 y 的取值以及对应横坐标 x 的取值分别看成序列与次序列,并考虑任意相连两个 y 值与 x 值之差的序列。他从最简单函数 $y=x$ 开始,让次序列 x 从 0 开始取值(对应地 y 也从 0 开始取值),且 x 相连两项差为 1(记为 a),对应纵坐标 y 相连两项差记为 l,并用拉丁文符号 $omn.$ 表示和,则有 $omn.l = y$。而对于 $omn.yl$,如图 3.13 所示,莱布尼茨取 l 为无穷小(对应地 x 相连两项差也为无穷小),则 $omn.yl$ 等于 $\triangle ABC$ 的面积,即 $omn.yl = y^2/2$。类似地,在其他曲线下的面积求解中,莱布尼茨从一串离散的值逐渐过渡到任意函数值的增量。

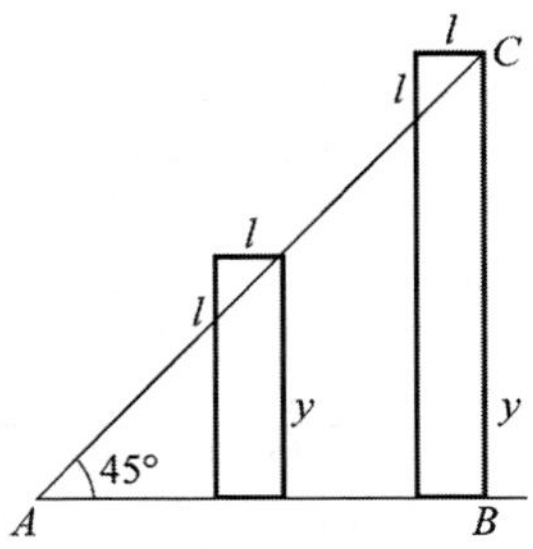

图 3.13

2. 求切不过是求差,求积不过是求和

莱布尼茨的微积分可以用"求切不过是求差,求积不过是求和"来概括其核心思想,这在其基于微分三角形的面积与切线求解时体现得淋漓尽致。

（1）帕斯卡的微分三角形

莱布尼茨的微分三角形来源于帕斯卡微分三角的一般化。帕斯卡曾在《关于四分之一圆的正弦》给出如下命题："圆的一个象限的任何弧的正弦之和，等于界于两端的两个正弦之间的底线段乘以半径。"这里的正弦是指纵坐标，在所说的和中，每个纵坐标都要乘以相应的圆的无穷小弧（而不是乘以底的无穷小）。如图 3.14 所示，帕斯卡在四分之一圆上任取一点 D，过该点作 $Rt\triangle E_1E_2K$，其斜边 E_1E_2 与圆相切于点 D，则 $\triangle E_1E_2K$ 与 $\triangle ADI$ 相似，所以 $AD:E_1E_2=DI:E_2K$，于是 $DI\cdot E_1E_2=AD\cdot E_2K=AD\cdot R_1R_2$。令 $y=DI$，半径 $r=AD$，$\Delta s=E_1E_2$，$\Delta x=R_1R_2$，则 $y\Delta s=r\Delta x$。帕斯卡把 Δs、Δx 看成不可分量，将它们相加，便得到用现代符号表示的结果 $\int y\,\mathrm{d}s=\int r\,\mathrm{d}x$。它是半径为 r 的四分之一圆绕 x 轴旋转而成的半球 R 上无穷小带形区域的面积，故其表面积为 $A=\int 2\pi y\,\mathrm{d}s=2\pi r\int_0^r \mathrm{d}x=2\pi r^2$。

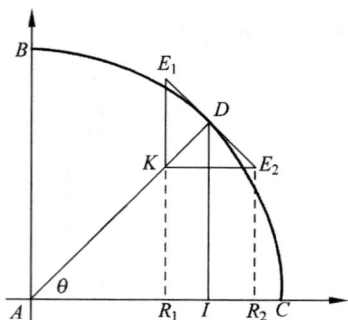

图　3.14

（2）莱布尼茨的微分三角形求面积

莱布尼茨从帕斯卡的命题及其证明中"突然看到了一束光明"：对任意给定的曲线都可以作这样的无穷小三角形，只要用该曲线的法线来代替圆的半径，借助这样的无穷小三角形，可以迅速地、毫不困难地建立大量的定理。如图 3.15 所示，在给定曲线任意一点 P 处作微分三角形，用现代的符号(那个时候微积分符号还未完全建立)表示即指从图中两个相似三角形得到 $ds:n=dx:y$(其中 n 是曲线在点 P 处的法线长),于是 $yds=ndx$,对这些无穷小求和得 $\int yds=\int ndx$。因而曲线绕 x 轴旋转而成的旋转体的表面积为 $A=\int 2\pi yds$。 通过此方法,莱布尼茨总结得到曲线下的面积为无穷小区间上的纵坐标之和,即宽度为无穷小的矩形面积之和,这就是他所说的"求积不过是求和"。

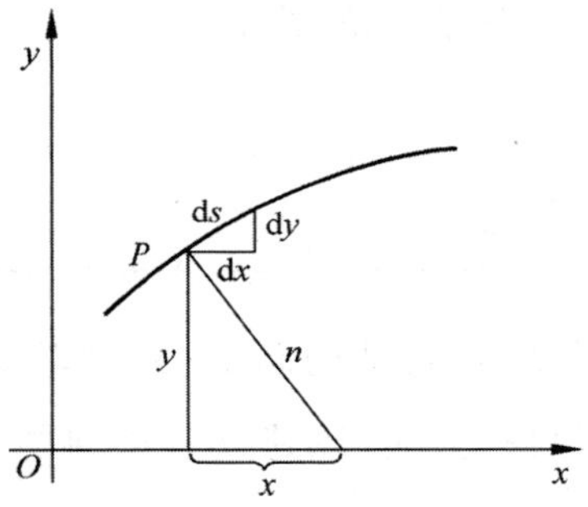

图　3.15

(3) 莱布尼茨的微分三角形求切线

莱布尼茨也研究了曲线的切线,其方法仍然是借助微分三角形。如图 3.16 所示,由 dy、dx 和弦 PQ 组成的 $\triangle PRQ$ 为微分三角形,其中 dy 与 dx 为任意无穷小量。莱布尼茨认为弦 PQ 是"P 和 Q 之间的曲线,而且是点 T 的切线的一部分",因为微分三角形 $\triangle PRQ$ 与由切线 ST、次切线 SU 以及点 T 的纵坐标 TU 组成的 $\triangle SUT$ 相似,故有 $dy/dx=TU/SU$,因此 dy 与 dx 有确定的意义。这里的 dy 与 dx 分别相当于纵坐标的差值与横坐标的差值。莱布尼茨把求作切线的一般方法总结为"求曲线的切线依赖于纵坐标的差值与横坐标的差值当在这些差值变成无穷小时之比",简称"求切不过是求差"。

在微分三角形的研究中,莱布尼茨已经看到求切线与求面积的互逆关系。他认为,曲线下的面积就是矩形微元面积之和,而这些矩形微元面积主要通过曲线纵坐标之差与横坐标之差相乘得到,这种和差互逆关系构成

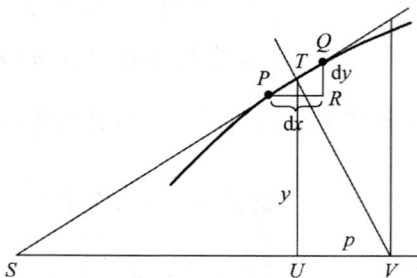

图　3.16

了莱布尼茨最初关于微积分基本定理的思想。

3.1.4　微积分的符号化

牛顿研究态度谨慎,侧重特殊问题解决,对微积分符号不够重视;与此相反,莱布尼茨富于想象、大胆,以建立各类问题普适性、形式化算法为目标,自始至终非常重视微积分符号体系建设。以至于让人怀疑,莱布尼茨到底是发明了微积分,还是发明了一套巧妙的微积分体系,答案当然是两者。

3.1.4.1　莱布尼茨的微积分符号演化过程

1672—1675 年 10 月 28 日:早期借助序列研究微积分,横坐标 x 与纵坐标 y 之差分别记为 a(为常数 1)与 l,微元求和记为 $omn.$。

1675 年 10 月 29 日:用符号 $\int$ 代替符号 $omn.$,$\int$ 为"sum"首字母 s 的拉长;因为意识到积分与微分的互逆性,所以对应地引进微分符号 d,把以前两相邻纵坐标之差 l 用 dy 代替,称为 y 的微差。这样,$\int$ 意味着求和,d 意味着求差,二者运算互逆。

1675 年 11 月 11 日:受 dy 影响,用 dx 表示两相邻的 x 之差,以代替以前的符号 a,但这时的 dx 仍然为常数 1。

1676 年 6 月 26 日:意识到求切线的最好方法是求 dy/dx,其中 dy 与

dx 是差,dy/dx 是商。

1680 年:把 dx 与 dy 分别称为横坐标与纵坐标之差,且二者为无穷小。在此基础上,把 dy 称为"纵坐标沿着 x 轴移动时 y 的瞬时增长",这相当于给出了微分表示形式,例如对于 $y = \dfrac{a^2}{x}$,则 $\mathrm{d}y = -\dfrac{a^2}{x^2}\mathrm{d}x$,并把曲线 $y = f(x)$ 下的面积表示为 $\int y\,\mathrm{d}x$。

3.1.4.2 莱布尼茨的微积分法则与公式

莱布尼茨煞费苦心、精挑细选的微积分符号简约而不简单,抽象与直观并存,既有内涵亦有思想。他借助微积分符号系统,推导出一套规范化的微积分运算法则与公式:

分部积分公式:$\int x\,\mathrm{d}y = xy - \int y\,\mathrm{d}x$;

函数和、差、积、商、乘幂与方根的微分公式:

$$\mathrm{d}(z - y + w + x) = \mathrm{d}z - \mathrm{d}y + \mathrm{d}w + \mathrm{d}x,$$

$$\mathrm{d}(xv) = x\,\mathrm{d}v + v\,\mathrm{d}x, \qquad \mathrm{d}(v/y) = (y/\mathrm{d}v - v\,\mathrm{d}y)/y^2,$$

$$\mathrm{d}x^a = ax^{a-1}\mathrm{d}x, \qquad \mathrm{d}\sqrt[b]{x^a} = a/b \cdot \sqrt[b]{x^{a-b}}\,\mathrm{d}x;$$

链式法则:他以求 $\sqrt{a + bz + cz^2}$ 微分为例,先设 $a + bz + cz^2 = x$,接着求 $\sqrt{x}$ 的微分,然后乘以 $\mathrm{d}x/\mathrm{d}z$;

曲线绕 x 轴旋转所得到的旋转体的体积:$V = \pi \int y^2\,\mathrm{d}x$;

微积分基本定理:$\int y\,\mathrm{d}x = \int \mathrm{d}z = z$,其中 z 为曲线 y 下的面积,且满足 $\mathrm{d}z/\mathrm{d}x = y$。当曲线在区间 $[a, b]$ 上,由 $[0, b]$ 上的面积减去 $[0, a]$ 上面的面积,便得到 $\int_a^b y\,\mathrm{d}x = z(b) - z(a)$。

正是借助微积分符号系统以及由此建立的微积分法则与公式,莱布尼茨使微积分形式化运算插上了梦想的翅膀。例如,在图 3.16 中,他曾求解次法线 p 与纵坐标 y 成反比(即 $py = b$,b 为常数)的曲线,由 $\triangle PRQ$ 与

$\triangle TUV$ 相似可得 $\dfrac{\mathrm{d}y}{\mathrm{d}x}=\dfrac{p}{y}$，即 $p\,\mathrm{d}x=y\,\mathrm{d}y$。由已知 $py=b$，得 $\mathrm{d}x=\dfrac{y^2}{b}\,\mathrm{d}y$，

所以 $\displaystyle\int\mathrm{d}x=\int\dfrac{y^2}{b}\,\mathrm{d}y$，即 $x=\dfrac{y^3}{3b}$。如果运用牛顿或微积分先驱们的方法、符号计算上述积分，过程将难以想象。

3.1.5　牛顿与莱布尼茨微积分的比较

1. 相同点

功绩相当：他们均超越前人，从看起来毫不相干、碎片化的四类科学问题找到普适性算法，使微积分不再是古希腊几何的附庸与延展，而是一门独立的科学。

算术化了微积分：牛顿基于运动变化，创立"流数术"，莱布尼茨则在面积与切线求解中引入微积分符号系统，他们的微积分摆脱了几何背景，具有算术化特点。相反，先驱们更多的是从几何角度研究微积分问题。

用反微分方法求积：牛顿与莱布尼茨把路程、切线、最值以及求积问题全部归为微分与积分问题，并不约而同地选择反微分方法进行求解。

2. 不同点

极限概念呈现程度不同：牛顿微积分以连续运动的直观思想为基础，流数是随时间的变化率，极限概念在瞬 o 与最初增量的最初比方法中较为清晰。而在莱布尼茨的微积分中，$\mathrm{d}x$、$\mathrm{d}y$ 实际上是几何变量的离散的无穷小，有着浓厚的不可分量色彩。另外，莱布尼茨钟情于微积分符号，对极限缺乏深刻认识，导致极限概念淹没在微积分符号之中。

核心概念的侧重点不同：牛顿微积分冠名"流数术"，本身已说明导数概念（最初增量的最初比）的中心地位，在他看来，导数是整个微积分的基础，通过微分与反微分即可解决所有微积分问题。相反地，莱布尼茨侧重积分概念，强调微元求和（如矩形面积求和），对于求切问题，他主要继承巴罗的方法。

反微分途径与积分结果形式不同:在求解面积、体积等求积问题时,尽管牛顿与莱布尼茨均选择反微分方法,但前者主要根据变化率解决问题,即由给定的流数确定流量。而后者则通过微元求和实现反微分计算。途径不同,积分结果形式各异,牛顿积分主要为不定积分,事实上,用和来得到面积、体积或者重心,在他的著作中比较少见。而莱布尼茨积分则重在定积分。

级数与微积分结合的观念不同:牛顿在创立微积分过程中,自始至终非常重视级数与微积分的结合,把其看成微分与积分的主要工具,对于有理代数函数与超越函数,他往往先把其展开成无穷级数,再逐项微分或者逐项求导。而莱布尼茨更喜欢用有限的形式,他反对把函数展开成级数。

对微积分符号与法则的重视程度不同:牛顿是经验的、具体的和谨慎的,尽管他也使用了微积分符号,在问题解决中不加证明地用了诸如逐项求积、函数和差求导等法则,但他更加重视具体问题解决方法的推广,对符号以及法则本身重视程度不够。莱布尼茨则富于想象、喜欢推广而且大胆,目的在于创立广泛意义下的微积分,为此花了很多时间选择富有提示性的微积分符号,并由此建立丰富的微积分运算法则,为微积分的形式化运算带来了极大便利。

3.1.6 微积分的严格化

3.1.6.1 初创的微积分严格吗?

古希腊以来,逻辑演绎几何深入人心,无穷小运算严格性如何,从一开始就受到演绎几何的挑战。求解面积和体积时,开普勒的同维无穷小与瓦列里不可分量的提出,震惊了那些重视逻辑严密性的人们。费马和巴罗也意识到他们求和工作的不严格性,但相信利用阿基米德的"穷竭法+归谬法"可以给出严格的证明,可是他们从来没能成功证明过自己的结论。更有甚者,帕斯卡曾断言,无穷小几何与古希腊几何是一致的,它和古代的方法只是语言上的不同,然而他对严格性也有矛盾心理,认为不可分量"技巧"是工作的必需工具,而不是几何的逻辑。因为没能解决无穷小运算带来的好处与无穷小运算的严格性,微积分先驱者谨慎避免宣布自己方法的一般性。

作为微积分的创立者,牛顿与莱布尼茨同样没有清楚地理解也没有严格地定义微积分基本概念。其实,牛顿是古希腊几何的追随者。在创立微积分过程中,尽管使用了代数和笛卡儿坐标,但认为自己的方法不过是几何的自然延伸,他在推导积分、论证最初比与最后比方法时,就借助了几何模型。但是,用几何作为微积分基础,论证困难重重,解释含糊不清,以至于最初比与最后比方法形式尽管已与现代导数概念近在咫尺,但因为对瞬 o 的处理缺乏严格性而备受质疑。

莱布尼茨思想开放、注重新思想的长远潜力,对于微积分的严格性不太担心,其无穷小量 dx、dy 以及 dy/dx 的最终含义是含糊的。例如,他认为无穷小量 dx、dy 不是 0,但小于任何有限的量。尽管区别了各阶无穷小量,但在运算中往往在不证明的情况下扔掉高阶微分。指出 dy/dx 是两个无穷小量之商,但这个商仍然可以用有限量表示。至于面积、体积,莱布尼茨通过微元求和的方式进行求解,这实质上是不可分量求和思想,另外他本人实际并不清楚如何通过 $\sum y \, dx$ 求解面积或体积。

综上可见,17 世纪的微积分先驱者与创立者在探索、创立微积分的过程中,先后使用了同维无穷小量、不可分量、增量 E 与 e、瞬 o、坐标之差 dy 与 dx 等不同形式的无穷小,这些朴素极限思想在解决四类科学问题、创立微积分过程中发挥了关键作用。但是,由于时代局限性,数学家深受希腊几何影响,对极限心怀畏惧,遇到无穷小时,他们更加愿意把无穷小看成微观几何,并把宏观几何结论不加证明推广到无穷小,这显然经不起逻辑推敲,数学家们在运算过程中随便扔掉无穷小、或者对无穷小之比(即导数最初形式)解释不清就是最好的证明。这种以几何为基础、不以极限为根基的微积分,具有先天性的缺陷。

3.1.6.2　微积分的拓展

在微积分发展历史上,微积分的拓展先行于严格化,这与教科书先讲极限后讲导数、积分有所不同。一方面,这与微积分的巨大威力有关,爱因斯坦曾把牛顿的《自然哲学的数学原理》盛赞为"无比光辉的演绎成就",该书运用微积分工具,严格地推导证明了包括开普勒行星运动三大定律、万有引力定律等一系列结论,还将微积分应用于流体运动、声、光、潮汐、彗星乃至宇宙体系。作为一种普适性工具,微积分从一开始就显现出无穷威力,以至于数学家们来不及考虑严格化问题,就踏上了微积分拓展之路。另一方面,除了严格化问题外,牛顿与莱布尼茨的工作还遗留了其他要做的事情,譬如牛顿通过二项式定理得到了一些特定函数展开式(意义在于可以逐步积分或求导),但如何把展开式由特定函数推广到一般函数,有待研究。莱布尼茨不提倡在积分中把函数展开成级数,这意味着函数积分技术有待拓展。另外,两个与三个变量的函数在 18 世纪初已经出现,把一元函数微积分推向多元函数微积分是历史发展的必然选择。这些遗留问题,一定程度上催生了微分方程、无穷级数、微分几何、变分法以及复变函数等分析分支。

3.1.6.3 函数的幂级数展开

牛顿在流数术中已经自由运用无穷级数,他凭借二项式定理得到诸如有理函数 $\dfrac{1}{1+x}$,无理函数 $\sqrt{1+x}$,幂函数 e^x,以及三角函数 $\sin x$,$\cos x$,$\tan x$ 的幂级数展开式。泰勒通过格雷戈里—牛顿插值公式,并借助无穷小运算进一步发展牛顿幂级数理论,得到一般函数幂级数展开式——泰勒级数:

$$x(z+v) = x + \dot{x}\,\frac{v}{1 \cdot \dot{z}} + \ddot{x}\,\frac{v^2}{1 \cdot 2 \cdot \dot{z}^2} + \dddot{x}\,\frac{v^3}{1 \cdot 2 \cdot 3 \cdot \dot{z}^3} + \cdots.$$

泰勒假定 z 随时间均匀变化,因此 $\dot{z}$ 为常数,从而该展开式相当于现代形式的泰勒公式:

$$f(x+i) = f(x) + f'(x)i + \frac{f''(x)}{2!}i^2 + \frac{f'''(x)}{3!}i^3 + \cdots.$$

同为英国数学家的麦克劳林把泰勒公式特殊化,他取 $x = 0$ 特殊情形,得

到麦克劳林公式:

$$f(x) = f(0) + f'(0)x + \frac{f''(0)}{2!}x^2 + \cdots。$$

应用泰勒公式或者麦克劳林公式,可把任意一元函数展开为幂级数,这实际上理论化了牛顿的微积运算法则,即把复杂函数展开成幂级数,然后再逐项微分或积分。另外,通过公式(尤其麦克劳林公式),可以求解函数在某些点附近的近似值,这为后来等价无穷小理论奠定了基础。但是,尽管 18 世纪的数学家们在面对诸如级数

$$1 + \frac{1}{2} + \frac{1}{3} + \frac{1}{4} + \cdots, \quad 1 - 1 + 1 - 1 + \cdots$$

时激发了对级数收敛性的研究,但因为缺乏极限理论,收获不大。可以发现,泰勒与麦克劳林在公式中并没有考虑公式收敛性,也没有关注误差,这些工作后来由数学家佩亚诺、拉格朗日等数学家完成。

3.1.6.4　积分技术的发展

18 世纪的数学家们遵循牛顿与莱布尼茨的观点,把积分当作导数或微分 $\mathrm{d}y$ 的逆,认为积分计算的目的是从给定变量的微分之间的关系中找出变量本身之间的关系,即通过 $\mathrm{d}y = f'(x)$ 得到 $y = f(x)$,实质上相当于今天所说的通过不定积分求解定积分。那么,对于稍微复杂的函数,如何求解其不定积分自然成为数学家面临的问题。

1. 变量代换积分方法

牛顿早在 17 世纪便已在积分运算中使用了凑微分法(也称第一类换元法),用现代符号可描述为 $\int f(\psi(z))\psi'(z)\mathrm{d}z$ [参见文献 3]。而第二类换元法则由约翰·伯努利与詹姆斯·伯努利兄弟于 18 世纪首先使用,例如后者在计算积分 $\int \dfrac{a^2\mathrm{d}x}{a^2 - x^2}$ 时,作变量代换 $x = a\dfrac{b^2 - t^2}{b^2 + t^2}$,从而把原积分转化为更易于求解的积分形式 $\int \dfrac{\mathrm{d}t}{2at}$。

2. 部分分式积分方法

约翰·伯努利于 1702 年通过

$$\frac{a^2}{a^2-x^2}=\frac{a}{2}\left(\frac{1}{a+x}+\frac{1}{a-x}\right)$$

引入部分分式积分方法,等式右边显然比较容易得到结果。不仅如此,约翰·伯努利在和莱布尼茨的通信中,还利用部分分式积分方法求解积分 $\displaystyle\int\frac{\mathrm{d}x}{ax^2+bx+c}$。显然,当分母 ax^2+bx+c 为复数时,$\displaystyle\int\frac{\mathrm{d}x}{ax^2+bx+c}$ 在转化成形如 $\displaystyle\int\frac{\mathrm{d}x}{cx+d}$ 的积分过程中会出现复数形式,即 d 可能是复数。他们不顾忌当时复数的混乱,仍然通过对数积分公式进行运算,这就涉及复数的对数积分。

3. 椭圆积分理论

18 世纪的数学家们在求解无理函数积分时遇到了极大困难,例如,雅布格·伯努利在求双纽线 $r^2=a^2\cos2\theta$ 顶点到曲线任一点的弧长时得到积分 $s=\displaystyle\int_0^r\frac{a^2\,\mathrm{d}r}{\sqrt{a^4-r^4}}$,詹姆斯·伯努利在求椭圆 $\dfrac{x^2}{a^2}+\dfrac{y^2}{b^2}=1$ 的弧长时涉及积分 $s=a\displaystyle\int_0^t\frac{(1-k^2t^2)\mathrm{d}t}{\sqrt{(1-t^2)(1-k^2t^2)}}$(其中 $k=\dfrac{a^2-b^2}{a^2}$,$t=\dfrac{x}{a}$),欧拉在处理弹性问题时亦遇到类似的积分 $s=\displaystyle\int_0^x\frac{(\alpha+\beta x+\gamma x^2)\mathrm{d}x}{\sqrt{a^4-(\alpha+\beta x+\gamma x^2)^2}}$,这就是后来统称的椭圆积分 $\displaystyle\int\frac{P(x)}{\sqrt{R(x)}}\mathrm{d}x$(其中 $P(x)$ 是有理函数,$R(x)$ 是一般的四次多项式),它们无法用已有代数函数、初等超越函数(如三角函数、对数函数等)表示出来。法尼亚诺、欧拉、拉格朗日和勒让德等就特殊的椭圆积分积累了大量结果,但椭圆积分一般理论的建立直到 19 世纪 20 年代才由阿贝尔和雅可比各自独立完成。

3.1.6.5　多元微积分

虽然牛顿与莱布尼茨在创立微积分阶段已经接触到偏微分和重积分,

但把其发展为多元函数微积分理论则是 18 世纪的数学家们。多元函数的偏导数研究主要动力来自早期实际问题中涉及的偏微分方程,例如欧拉在研究流体力学时,证明了函数 $z=f(x,y)$ 在一定条件下,偏导数与求导顺序无关,即 $\dfrac{\partial^2 f(x,y)}{\partial x \partial y}=\dfrac{\partial^2 f(x,y)}{\partial y \partial x}$,并在其他文章中处理了变量代换、偏导数的反演和函数行列式。而达朗贝尔则在弦振动研究中,推广了偏导数演算。

多重积分实际上已包含在牛顿万有引力的计算中,但他当时主要通过几何进行论述,18 世纪的数学家们则从分析形式把牛顿工作加以推广。例如,欧拉在 1748 年用累次积分得到一厚度为 ∂c 的椭圆薄片对其中心正上方一质点引力的重积分 $\partial c \displaystyle\iint \dfrac{c\,\mathrm{d}x\,\mathrm{d}y}{(c^2+x^2+y^2)^{3/2}}$(积分区域由椭圆 $\dfrac{x^2}{a^2}+\dfrac{y^2}{b^2}=1$ 围成)。在 1770 年左右,欧拉已经能给出计算二重积分的一般程序。拉格朗日则在旋转椭球的引力研究中,用三重积分表示引力,并开始多重积分变换研究。

由上可知,微积分创立之后,18 世纪的数学家还未来得及深入考虑微积分严格性,就被其方法的普适性与威力所折服,并在应用中使之不断拓展,逐渐成长为羽翼丰满的独立学科。但是,没有牢固地基的大厦注定无法建得再高,类似地,没有坚实理论基础的微积分无法一直向前发展,随着微积分不断拓展,其严格化缺乏的弊端愈加凸显,补漏工作逐渐提上日程。

3.1.6.6　微积分严格化的尝试

牛顿与莱布尼茨在创立微积分时已经意识到自己的工作并非那么完美,他们对微分、积分基本概念界定的犹豫不决就是最好的证明,他们也曾试图给予解释,但难以令人满意。

他们在微积分的严格化方面存在的漏洞一直备受质疑甚至攻击。17 世纪末的荷兰物理学家纽汶提就曾批评牛顿与莱布尼茨方法的含糊,抱怨无法理解无穷小量与 0 的区别,质疑无穷小量之和的有限性,并质问在推理中为何舍弃无穷小量。最致命的攻击来自 18 世纪英国主教贝克莱,他正确地指出数学家们是归纳地而非演绎地推进、创立微积分,抨击牛顿的最初比与最后比方法对增量 o 的假设前后矛盾,即先给一个增量,然后又让它为零,是分明的诡辩,而且结果实际上是 0/0。他认为莱布尼茨的微积分是从错误的原理出发,通过"错误的抵消"而获得。对于导数被当做 x 与 y 消失了的增量之比,即 dy/dx,贝克莱则认为 dx 与 dy 既不是有限量也不是无穷小量,但又不是无,只不过是消失了的鬼魂。

贝克莱的攻击出于宗教动机,但却切中微积分含糊、缺乏严格性的要害,这客观上刺激了数学家们为建立微积分的严格化基础而努力。在回击贝克莱的过程中,英国本土数学家主要以希腊几何为基础,而欧洲大陆则反其道而行之,依靠代数表达式的形式演算来论证。

麦克劳林作为英国本土为牛顿流数术竭力维护的代表,在《流数论》中试图根据希腊几何和穷竭法论证流数术,希望这样可以避开极限概念,使之形式化,但囿于几何传统未能成功。

作为 18 世纪伟大的数学家,欧拉是欧洲大陆依靠代数表达式论证微积分的代表人物,他认为无穷小无非就是一个正在消失的量,实质等于 0,他对 0/0 式 dy/dx 为什么等于一个确定的数的解释是"因为对任何数 n,有 $n \cdot 0 = 0$,所以 $n = 0/0$。"由此,欧拉进一步指出导数正是确定 0/0 的一个方便途径。另外,欧拉提出了不同阶的零,即不同阶的无穷小,认为无穷小演算只不过是不同阶无穷小的几何比的研究。例如,欧拉推导 $y = \log_e x$ 微分过程为:用 $x + dx$ 代替 x 得

$$dy = \log_e(x + dx) - \log_e x = \log_e\left(1 + \frac{dx}{x}\right)。$$

根据已有结果

$$\log_e(1 + z) = z - \frac{z^2}{2} + \frac{z^3}{3} - \frac{z^4}{4} + \cdots,$$

以 $\dfrac{dx}{x}$ 代替 z 得

$$dy = \frac{dx}{x} - \frac{dx^2}{2x^2} + \frac{dx^3}{3x^3} - \frac{dx^4}{4x^4} + \cdots。$$

因为等式右边第二项起为高阶无穷小,所以结果为 $d(\log_e x) = \dfrac{dx}{x}$。可以发现,欧拉在运算中完全避免了无穷小概念,仅依靠代数表达式进行演算推导,这种形式化方法的贡献是把微积分从几何解放出来,使之建立在算术和代数的基础上,为基于实数系统的微积分开辟道路。

拉格朗日是与欧拉齐名的同时代伟大数学家,他在《解析函数论》中把微分、无穷小和极限等概念从微积分中排除,提出要把微积分归结为代数,使之实现严格化。拉格朗日新方法的基础是对给定函数 $f(x)$ 的幂级数展开式,主张用泰勒级数定义导数,因此希望任何函数 $f(x)$ 都能够表示成

$$f(x + i) = f(x) + pi + qi^2 + ri^3 + \cdots,$$

其中系数 p, q, r 由 $f(x)$ 导出,且与 i 无关。首先,拉格朗日忽略

$$f(x + i) = f(x) + pi + qi^2 + ri^3 + \cdots$$

右边第二项后面的所有项,由此得到 $f(x + i) - f(x) = pi$,两边同时除以 i 得

$$p = \frac{f(x + i) - f(x)}{i},$$

他把 p 记为 $p = f'(x)$,并称之为 $f(x)$ 的一阶导数,这就是导数记号 $f'(x)$ 以及名称的由来。至于其他系数 $q, r, \cdots$,拉格朗日同样通过纯形式化的推导可得

$$q(x) = \frac{1}{2} p'(x) = \frac{1}{2!} f''(x), \quad r(x) = \frac{1}{3} q'(x) = \frac{1}{3!} f''(x), \cdots,$$

最终得到函数级数展开式

$$f(x + i) = f(x) + f'(x)i + \frac{f''(x)}{2!} i^2 + \frac{f'''(x)}{3!} i^3 \cdots。$$

他指出,这个表达式具有优越性,它显示出各项之间的相互依赖关系,只要求出第一个导数,就能够依次求出其他导数。当然,拉格朗日没有考虑导数的存在性,也没有讨论级数的收敛问题,因此他的方法是存在明显弱点

的。最重要的是,他把微积分的严格化基础建立在代数之上,这点与欧拉等欧洲大陆数学家相似,形式化的推演目的在于避免极限概念,但也正因如此,这些方法并没有从根本解决微积分的严格化问题。

在对微积分严格化的大量努力中,有少数几个数学家的路子是对的,达朗贝尔就是其中的代表。他在《科学、艺术和工艺百科全书》中认为牛顿从未把微分学当做无穷小运算,而是作为最初比与最后比方法,即求出这些比的极限的一种方法。对于极限概念,他定义如下:Y 量可任意逼近 X,这就是说,Y 与 X 之间的差可任意小,则称 Y 为 X 的极限。但是,达朗贝尔的思想仍然受几何直观的束缚,例如他认为最初比与最后比是在代数上确定已经通过线段来表达的比的极限,因此没能继续向前推进。

3.1.6.7 微积分的严格化

1. 导数概念:差商比的极限

历史上函数的连续性与极限概念的界定是相辅相成的,函数连续性问题催生了极限定义的界定,而极限定义的界定,则为函数连续性提供了严格化基础。它们的出现,尤其是极限概念的界定,使微积分向严格化迈出了极为关键的一步。

19 世纪之前,导数概念曾有过各种形式,牛顿的最初比与最后比方法,相当于 x 增量与 $f(x)$ 增量之比 $\dfrac{(x+o)-x}{f(x+o)-f(x)}$,莱布尼茨的纵坐标之差与横坐标之差的比,即 $\dfrac{\mathrm{d}y}{\mathrm{d}x}$,拉格朗日的基于泰勒展开式的导数,即 $f'(x) = \dfrac{f(x+i)-f(x)}{i}$ 以及把导数作为"微分系数",即 $\mathrm{d}y = f'(x)\mathrm{d}x$。

之所以出现如此形式多样的导数概念,根本原因在于人们对极限概念缺乏正确的认识。直到 19 世纪,波尔查诺、柯西对极限概念重新界定,尤其是魏尔斯特拉斯提出了形式化的极限定义,为建立严格化的导数提供了可能。

波尔查诺将函数 $f(x)$ 的导数定义为:当 Δx 由负值和正值趋向 0 时,

比 $\dfrac{f(x+\Delta x)-f(x)}{\Delta x}$ 无限接近地趋向的量 $f'(x)$。他强调 $f'(x)$ 不是两个 0 的商（即 0/0），也不是两个消失了的量的比，而是比值 $\dfrac{f(x+\Delta x)-f(x)}{\Delta x}$ 所趋近的一个数。

　　柯西则更加直接，把导数明确地定义为差商 $\dfrac{\Delta y}{\Delta x}=\dfrac{f(x+\Delta x)-f(x)}{\Delta x}$ 当 Δx 无限趋向于零的极限，这里的增量 Δx、$f(x+\Delta x)-f(x)$ 均为无穷小量（即极限为 0）。柯西进一步指出，比值极限随 x 变化而变化，为依赖于给定函数 $f(x)$ 的新函数，把其称为导出函数，并且用带撇的符号 y'、$f'(x)$ 来表示。他又把 $\mathrm{d}x$ 定义为任一有限量，把 $\mathrm{d}y$ 定义为 $f'(x)\mathrm{d}x$，即 $\mathrm{d}y=f'(x)\mathrm{d}x$，从而把导数的概念和莱布尼茨的微分统一起来。微分通过导数定义，只是一个辅助的概念，在逻辑上没有它也行，但是作为思考或书写的手段是方便的。

　　如果把柯西的导数建立在魏尔斯特拉斯形式化的极限定义上，就得到现今的导数定义：设函数 $f(x)$ 在点 x 的某个区间有定义，若极限 $\lim\limits_{\Delta x\to 0}\dfrac{f(x+\Delta x)-f(x)}{\Delta x}$ 存在，则称函数 $f(x)$ 在点 x 处可导，并称极限为函数 $f(x)$ 在点 x 处的导数，记作 $f'(x)$。

2. 积分概念：从柯西积分与黎曼积分到勒贝格积分

　　17 世纪，牛顿将流数之逆叫做流量，即通过反微分方法求解诸如面积与体积等积分问题。莱布尼茨尽管也认识到积分为微分之逆，但他把面积或者体积等积分问题看成矩形或者柱体微元"之和"。相比莱布尼茨的积分方式，牛顿的反微分方法在 18 世纪更加流行，在那个年代，数学家们为了计算 $f(x)$ 的积分，一般先求其反微分 $F(x)$，使 $F'(x)=f(x)$，再依据微积分基本定理求出积分，即

$$\int_a^b f(x)\mathrm{d}x=F(b)-F(a)$$

（注意，那时该定理还未被证明，人们只是直观地理解与应用）。被积函数

在欧拉意义下是连续的,即被积函数是有解析表达式的,这种反微分方法是适用的。而对于难以求解反微分 $F(x)$ 的函数 $f(x)$,数学家们只能采用莱布尼茨的微元法求解。19 世纪初,傅里叶在研究傅里叶级数时需要求解积分 $\int_0^\pi \varphi(x)\sin nx\,dx$,这里被积函数 $y=\varphi(x)\sin nx$ 可能间断,因此无法通过反微分方法计算,傅里叶同样也只能采取莱布尼茨微元法。种种需要表明,把被积函数由连续推广到不连续情形,已到了非解决不可的地步。

(1) 柯西积分

关于积分概念的界定,柯西做了开创性的工作。他在《无穷小计算教程概论》中指出,在研究积分或原函数的各种性质之前,应证明它们是存在的,即首先需要对一大类函数给出积分的一般定义,并且证明如此定义的积分是存在的。他从连续函数开始,假定函数 $f(x)$ 在区间 $[x_0,X]$ 上连续,用点 $x_0<x_1<\cdots<x_n=X$ 把区间 $[x_0,X]$ 分割为 n 个子区间,由此构造近似和 $S=\sum_{i=1}^n f(x_i)(x_i-x_{i-1})$,接着证明当区间长 x_i-x_{i-1} 趋向于零时的极限与划分方式无关,并把此极限定义为 $f(x)$ 在区间 $[x_0,X]$ 上的积分,记为 $\int_{x_0}^X f(x)\,dx$ 。虽然证明不够严格(因为当时没有一致连续性概念),但是柯西积分定义是算术的,脱离了几何与运动背景,因而具有广泛意义。

界定导数与积分定义后,柯西的进一步工作是形式化地给出微积分基本定理。为此,他首先定义新函数 $\widetilde{F}(x)=\int_{x_0}^x f(x)\,dx$,并证明 $\widetilde{F}(x)$ 在区间 $[x_0,X]$ 上连续;接着通过中值定理,证明微积分基本定理 $\widetilde{F}'(x)=f(x)$,也即 $\dfrac{d}{dx}\left(\int_{x_0}^x f(t)\,dt\right)=f(x)$ 。柯西采用了这样的方法:

$$\widetilde{F}(x+\alpha)-\widetilde{F}(x)=\int_{x_0}^{x+\alpha} f(x)\,dx-\int_{x_0}^x f(x)\,dx$$

$$=\int_x^{x+\alpha} f(x)\,dx=\alpha f(x+\theta\alpha),$$

其中 $\theta \in [0, 1]$，因此 $\dfrac{\widetilde{F}(x+\alpha) - \widetilde{F}(x)}{\alpha} = f(x+\theta\alpha)$，由导数定义以及函数 $f(x)$ 的连续性可得 $\widetilde{F}'(x) = f(x)$。这是历史上第一个形式化的微积分基本定理证明。

为了把以上微积分基本定理转化为今天我们熟悉的定积分形式，柯西考虑满足 $F'(x) = f(x)$ 的任意函数 $F(x)$，且令 $\omega(x) = \widetilde{F}(x) - F(x)$，由此得 $\omega'(x) = \widetilde{F}'(x) - F'(x) = f(x) - f(x) = 0$，再结合中值定理，容易得到

$$\omega(x) = \omega(x_0) + (x - x_0)\omega'(\bar{x}) = \omega(x_0),$$

即 $\omega(x) = \omega(x_0)$，其中 $x \in [x_0, X]$，这说明两个原函数之间相差一个常数。所以，对于 $f(x)$ 的任何反导数 $F(x)$，由 $\omega(x) = \omega(x_0)$，得

$$\widetilde{F}(x) - F(x) = \widetilde{F}(x_0) - F(x_0) = -F(x_0),$$

即 $\widetilde{F}(x) = F(x) - F(x_0)$，所以 $\int_{x_0}^{x} f(x)\mathrm{d}x = F(x) - F(x_0)$。今天的教科书中微积分基本公式的推导与柯西的推导高度一致，所不同的是教科书为表达方便，把积分变量由 x 换成了 t 或其他字母以示与积分限的区别。

当然，定积分形式的微积分基本定理对于逐段连续的函数同样适用。因为如果把区间 $[x_0, X]$ 分割为一些子区间 $[x_{i-1}, x_i]$，$i = 1, 2, \cdots, n$，使得 $f(x)$ 在这些子区间上与 $f_i(x)$ 重合，而 $f_i(x)$ 在子区间上是连续的，$f(x)$ 的积分自然可以定义为

$$\int_{x_0}^{x} f(x)\mathrm{d}x = \sum_{i=1}^{n} \int_{x_{i-1}}^{x_i} f_i(x)\mathrm{d}x。$$

柯西实质上已经建立了闭区间上连续函数的一般积分理论。

除闭区间上的连续函数外，柯西还论述了被积函数跳跃间断、无穷间断，或者积分区间趋于 ∞ 时的反常积分。如果 $\lim\limits_{x \to X} f(x) = \pm\infty$，对任意 $\varepsilon > 0$，$f(x)$ 在区间 $[x_0, X-\varepsilon]$ 上是连续的，如果极限 $\lim\limits_{\varepsilon \to 0} \int_{x_0}^{X-\varepsilon} f(x)\mathrm{d}x$ 存在，柯西把 $f(x)$ 在区间 $[x_0, X]$ 上的积分定义为 $\int_{x_0}^{X} f(x)\mathrm{d}x = \lim\limits_{\varepsilon \to 0} \int_{x_0}^{X-\varepsilon} f(x)\mathrm{d}x。$

（2）黎曼积分

柯西积分的主要积分对象是连续函数或者分段连续函数,随着分析的发展,更加不规则函数的积分显得很重要。黎曼在考虑傅里叶系数积分公式成立条件时,放宽函数积分条件,把积分推广到区间 $[a,b]$ 上有定义且有界的函数 $f(x)$。

设函数 $f(x)$ 在区间 $[a,b]$ 上有界,在闭区间 $[a,b]$ 中任意插入 $n-1$ 个点: $a=x_0<x_1<x_2<\cdots<x_{n-1}<x_n=b$,它们把 $[a,b]$ 分成 n 个子区间 $\Delta x_i=[x_{i-1},x_i]$,$i=1,2,\cdots,n$,各子区间的长度模为 $\delta_i=x_i-x_{i-1}$,用 δ 表示全体子区间最大的模,如果当 δ 趋于 0 时,和式 $S=\sum_{i=1}^{n} f(\xi_i)\Delta x_i$ 趋于极限 A(ξ_i 是 Δx_i 中的任一值),而且极限 A 与区间的划分无关,则称 A 为函数 $f(x)$ 在区间 $[a,b]$ 上的积分,记为 $\int_a^b f(x)\mathrm{d}x$。 黎曼积分可以形式化地表示为

$$\int_a^b f(x)\mathrm{d}x =\lim_{\delta\to 0}\sum_{i=1}^{n} f(\xi_i)\Delta x_i,$$

这个积分与柯西积分 $\int_a^b f(x)\mathrm{d}x =\lim_{\delta\to 0}\sum_{i=1}^{n} f(x_i)\Delta x_i$ 的主要区别在于,前者在子区间 $\Delta x_i=[x_{i-1},x_i]$ 上用任一点 ξ_i 代替后者的右端点 x_i。

黎曼找到了函数可积的若干条件:

充要条件一: $\lim_{\delta\to 0}D(P)=0$,其中 P 为函数 $f(x)$ 在区间 $[a,b]$ 上的一个划分,$D(P)$ 为总振幅 $D(P)=D_1\delta_1+D_2\delta_2+\cdots+D_n\delta_n$,$\delta_i=x_i-x_{i-1}$,$D_i$ 为函数在子区间上的最大值与最小值之差。

充要条件二: $\lim_{d\to 0}\Delta(d)=0$,其中 $\Delta=\Delta(d)$ 为对于模 $\delta\leqslant d$ 的一切划分 P 的总振幅 $D(P)$ 的最大值。

充要条件三:给定 $\sigma>0$,当划分 P 的模趋向于零时,$S(\sigma,P)$ 也趋向于零,其中 $S(\sigma,P)$ 表示 P 的使得振幅 $D_i>\sigma$ 的那些子区间上的长度 δ_i 之和。

现行微积分教材中给出的充要条件本质上是黎曼的充要条件一,这些

条件都算不上好的结论,事实上,它们很难回答一个最本质的问题:一个可积函数最多可以有多少个间断点? 或者说能不能通过函数间断点的多少给出函数可积的充要条件? 在实变函数诞生之前,完全回答这个问题是很难的。

黎曼对可积函数类进行了初步探讨,他指出:

每一个闭区间上的连续函数(包括逐段连续函数)都是可积函数。

函数即使在一个稠密点集上不连续,可能也是可积函数。为此他专门给出一个奇特函数:

$$f(x) = \frac{(x)}{1^2} + \frac{(2x)}{2^2} + \frac{(3x)}{3^2} + \cdots,$$

其中(x)表示 x 和最靠近 x 的整数的差,如果 x 是两个整数的中点,则令 $(x) = 0$,于是$-\frac{1}{2} < (x) < \frac{1}{2}$。对于 $x = \frac{p}{2n}$,其中 p 是一个和 $2n$ 互质的整数,$f(x)$是间断的而且具有数值为 $\frac{\pi^2}{8n^2}$ 的跳跃,这些间断点在每一个区间上是稠密的。对于 x 为其他非 $\frac{p}{2n}$ 形式的有理数,函数 $f(x)$在 x 点是连续的。尽管函数 $f(x)$的间断点在区间上稠密,它却是可积的。

黎曼把连续函数的积分推广到有界函数的积分,本质上是柯西积分的一般化推广。对积分的改造在 19 世纪最后 30 多年里连绵不断,它们一定程度上是对黎曼积分的说明或者补充。在所有改造工作中,达布的成果尤为引人注目。他首先提出达布上和与下和(亦称大和与小和)概念,即同一个划分 P 下的

$$S(P) = M_1 \Delta x_1 + M_2 \Delta x_2 + \cdots + M_n \Delta x_n$$

与

$$s(P) = m_1 \Delta x_1 + m_2 \Delta x_2 + \cdots + m_n \Delta x_n,$$

其中 m_i 和 M_i 是 $f(x)$在 Δx_i 上的最小值与最大值。显然,不同的划分 P 对应不同的上和 $S(P)$ 与下和 $s(P)$。达布接着证明:令 J 为上和 $S(P)$ 的下确界,I 为下和 $s(P)$ 的上确界,即当子区间 Δx_i 的数目无限增加,使

最大子区间的长度趋于 0 时,上和 $S(P)$ 与下和 $s(P)$ 分别趋于 J 与 I。由此证明有界函数可积的充要条件:有界函数 $f(x)$ 在 $[a,b]$ 上可积当且仅当 $J=I$。

除达布外,其他数学家也曾给出类似改造。沃尔泰拉定义过上积分与下积分概念,这与达布上和的下确界与下和的上确界基本一致,他证明函数可积的充要条件为上积分与下积分相等,这与达布的上和下确界与下和上确界相等(即 $J=I$)本质是一样的。

(3) 勒贝格积分

积分概念的最大改造来自 20 世纪(实数完备性理论已于 19 世纪建立起来)的勒贝格积分,其理论基础是测度论(参见文献[9])。

勒贝格积分建立在测度论基础上,测度论对任意 n 维欧氏空间中的点集都是适用的。为方便起见,这里只考虑一维情形。设 E 是 $[a,b]$ 中的点集,E 的点可以被 $[a,b]$ 中的一簇有限个或者可数无限个区间 $d_1,d_2,\cdots$ 所覆盖($[a,b]$ 的端点可以是某个 d_i 的端点)。能够证明这些区间 $\{d_i\}$ 可以被互不重叠的区间 $\{\delta_i\}$ 所代替,使得 E 的每一个点是某一个区间的内点或者是两个相邻区间的公共端点。令 $\sum \delta_i$ 表示 δ_i 长度之和,所有可能集合 $\{\delta_i\}$ 的长度之和 $\sum \delta_i$ 的(最大)下界称为 E 的外侧度,记作 $m_e(E)$。E 的内测度 $m_i(E)$ 定义为区间 $[a,b]$ 的长度与 E 的补集 $\mathscr{C}(E)=[a,b]-E$ 的外侧度之差 $b-a-m_e(E)$。内测度与外测度的关系为 $m_i(E) \leqslant m_e(E)$,当 $m_i(E)=m_e(E)$,则称集合 E 为可测的,此时称

$$m(E)=m_e(E)=m_i(E)$$

为 E 的测度(现行的教材大多用 $m^*(E)$ 表示外测度,$m_*(E)$ 表示内测度)。

勒贝格将函数类做了一般性推广:设 E 是实数域的有界可测子集,$f(x)$ 是定义在 E 上的函数,如果对任意常数 A,E 中使得 $f(x)>A$ 的点所成的集合 $\{x \in E \mid f(x)>A\}$ 是可测集,则称 $f(x)$ 为 E 上的可测函数。

勒贝格接着定义它的积分:$f(x)$ 是定义在 $[a,b]$ 的可测子集上的有

界可测函数,设 A 和 B 是 $f(x)$ 在 E 上的最大下界和最小上界,把区间 $[A,B]$(在 y 轴上)分成 n 个子区间 $[A,l_1)$,$[l_1,l_2)$,$\cdots$,$[l_{n-1},B)$,其中 $A=l_0$,$B=l_n$。设 e_r 是 E 中满足条件 $l_{r-1}\leqslant f(x)<l_r$,$r=1,2,\cdots,n-1$ 的点集,即

$$e_r=\{x\mid l_{r-1}\leqslant f(x)<l_r\},$$

当 $r=n$ 时,$e_n=\{x\mid l_{n-1}\leqslant f(x)\leqslant l_n\}$。于是 $e_1,e_2,\cdots,e_n$ 是互不相交的可测集。令

$$S=\sum_1^n l_r m(e_r),\quad s=\sum_1^n l_{r-1} m(e_r)。$$

S 与 s 分别有最大下界 J 与最小上界 I。

勒贝格证明了对于任何有界可测函数 $f(x)$ 总有 $I=J$。这个值称为 $f(x)$ 在 E 上的勒贝格积分,记作 $I=\displaystyle\int_E f(x)\mathrm{d}x$。

如果 E 是整个区间 $[a,b]$,那么可以将勒贝格积分记作 $(\mathrm{L})\displaystyle\int_a^b f(x)\mathrm{d}x$,如果 $f(x)$ 还是黎曼可积的,则将其黎曼积分记为 $(\mathrm{R})\displaystyle\int_a^b f(x)\mathrm{d}x$ 以示区别。有些教材中也将 $[a,b]$ 上勒贝格积分记为 $\displaystyle\int_a^b f(x)\mathrm{d}m$ 或 $\displaystyle\int_{[a,b]} f(x)\mathrm{d}x$。

可以证明 $[a,b]$ 上黎曼可积的函数必是勒贝格可积的,但反之不然。

如果 $[a,b]$ 上的函数在黎曼和勒贝格意义下都可积,那么两个积分值相等。

勒贝格积分相对于黎曼积分更具威力,主要体现在三个方面:首先,勒贝格积分适用于更广泛的函数,黎曼积分的被积函数即使不连续,也与连续函数差别不太大,实际上它必须几乎处处连续,但勒贝格积分的被积函数却无此限制,例如狄利克雷函数处处不连续,它当然是黎曼不可积函数,但它却是勒贝格可积函数,且有 $(\mathrm{L})\displaystyle\int_a^b f(x)\mathrm{d}x=0$。

其次,勒贝格积分更容易处理函数序列的极限与积分交换顺序问题。

假设 $\{f_n(x)\}$ 是定义在 $[a,b]$ 上的函数列,如果对任意 $x\in[a,b]$,有 $\lim\limits_{n\to\infty}f_n(x)=f(x)$,那么等式

$$\lim_{n\to\infty}\int_a^b f_n(x)\mathrm{d}x=\int_a^b f(x)\mathrm{d}x$$

是否成立? 在黎曼积分情形,通常要求 f_n 都是连续的,而且 $\{f_n(x)\}$ 一致收敛,此时容易推出等式成立。但一致收敛的条件过于苛刻,很多情况下的函数序列并不满足这一条件。勒贝格积分在相对弱得多的条件下,依然能保证等式

$$\lim_{n\to\infty}\int_a^b f_n(x)\mathrm{d}x=\int_a^b f(x)\mathrm{d}x$$

成立,这是勒贝格积分理论几乎取代了黎曼积分理论的很重要原因。事实上,虽然在涉及具体计算时,人们大多还局限于黎曼积分,因为能写得出来的函数大多是初等函数,但如果需要进行理论推导,几乎都在勒贝格积分的框架下进行。与函数序列的极限与积分是否交换顺序有关的定理通常称为勒贝格控制收敛定理,其中很特殊的情形称为有界收敛定理:如果 $\{f_n(x)\}$ 是收敛到 $f(x)$ 的可测函数序列,且存在常数 K,使得对任意 $x\in[a,b]$,有 $|f_n(x)|\leqslant K$,则等式

$$\lim_{n\to\infty}(\mathrm{L})\int_a^b f_n(x)\mathrm{d}x=(\mathrm{L})\int_a^b f(x)\mathrm{d}x$$

成立。

此外,利用勒贝格积分可以严格论述微积分基本定理。柯西曾证明过微积分基本定理,但其证明不够严格。当黎曼积分的被积函数为连续函数时,微积分基本定理成立。但当被积函数不连续时,微积分基本定理便失去了意义。而基于勒贝格积分的微积分基本定理具有严格化与完整性的特点。

定理 1 设 $f(x)$ 在 $[a,b]$ 上可微,$f'(x)$ 在 $[a,b]$ 上有界,则 $f'(x)$ 是勒贝格可积函数,且 $(\mathrm{L})\int_a^b f'(x)\mathrm{d}x=f(b)-f(a)$。

定理 2 设 $f(x)$ 是 $[a,b]$ 上的有界可测函数,定义 $F(x)=$

(L)$\displaystyle\int_a^x f(t)dt$，则存在一个测度为零的集合 $E \subset [a,b]$，使得对于任意不属于 E 的 x，有 $F'(x) = f(x)$，即该式"几乎处处"成立。

定理 1 与定理 2 是微积分基本定理的两种形式，它们表明对于很大的一类函数来说，微分和勒贝格积分是互逆运算。如果 $f(x)$ 是 $[a,b]$ 上的有界可测函数，则最多除了一个测度为零的集合外，

$$\frac{\mathrm{d}}{\mathrm{d}x}(\mathrm{L})\int_a^x f(t)\mathrm{d}t = f(x)$$

处处成立。如果 $f(x)$ 是有界可测函数，$f(a) = 0$，它的导数 $f'(x)$ 在 $[a,b]$ 上存在且有界，则 (L)$\displaystyle\int_a^x f'(t)\mathrm{d}t = f(x)$。这两种形式的微积分基本定理为 17 世纪牛顿与莱布尼茨基于直观基础上发现和广泛利用的微分、积分之间的互逆关系提供了一个明确而严格的表述。

使得微积分基本定理成立的最一般结果如下。

定理 3　设 $f(x)$ 是 $[a,b]$ 上几乎处处可导的有界可测函数，则等式

$$(\mathrm{L})\int_a^x f'(t)\mathrm{d}t = f(x) - f(a)$$

成立当且仅当 $f(x)$ 是 $[a,b]$ 上的绝对连续函数（参见文献[16]）。

3.1.6.8　实数的完备性

1. 建立实数完备性的动机

长期以来，人们基于直观认识实数及其性质，并满足于使用的适当性，至于什么是有理数或者无理数，它们又有何性质，缺乏深入系统的研究。没有逻辑基础的数系竟然在以逻辑为基础的数学中"平安"地使用数千年，这不得不说是数学史上惊奇的事情。微积分的出现，开始动摇人们对数系的直观认识，尤其是微积分的严格化过程逐渐揭开了极限概念神秘的面纱，人们逐渐意识到，分析的严格化有赖于对数系清晰的理解，于是，数学家们在 19 世纪末开始着手重建数系理论。

如上所述，极限概念的发展是建立实数完备性的关键动力。例如，波尔查诺在证明零点定理时，对固定的 x 考虑了序列

$$F_1(x), F_2(x), \cdots, F_n(x), \cdots$$

的收敛性问题。他引入了一个定理：如果 n 充分大，可使差数 $F_{n+r}(x) - F_n(x)$ 对于无论多大的 r 都小于任何给定的正数，则存在一个固定的量 X，使得这个序列越来越靠近 X。然而，由于波尔查诺缺乏对实数系的深刻理解，尤其不清楚无理数到底为何物，所以他对量 X 的确定是含混不清的。柯西也不能证明他自己关于序列收敛准则的充分性，其原因同样在于他对实数系的结构缺乏理解。虽然他认识到无理数是有理数的极限，但极限又要用到实数，于是论证陷入了逻辑上的循环。

算术、代数以及分析的真实性同样需要清晰的实数理论做基础。非欧几何让欧氏几何失去了其真实性，人们不再相信欧氏几何是绝对真理。与之相比，建立在算术基础上的数学被认为是纯粹先验的，具有真实性。但是，排除对算术真实性及以之为基础的代数和分析真实性的任何怀疑的数系基础还没有建立起来。

2. 实数完备性的建立

1857 年，魏尔斯特拉斯给出了第一个关于实数的定义，大意是先从自然数出发定义正有理数，然后通过无穷多个有理数的集合来定义实数，但与以往一样，魏尔斯特拉斯仅在课堂上讲授此定义，并未公开发表。1872 年，戴德金、康托尔、梅雷、海涅等人从不同角度定义了实数，其中以戴德金与康托尔最为著名。

戴德金将有理数全体 $\mathbf{Q}$ 划分为两个非空不相交的子集 A_1 和 A_2，使得 A_1 中的每一个元素小于 A_2 中的每一个元素，他把这个划分定义为有理数的一个分割，记为 (A_1, A_2)。显然，有些分割是有理数产生的，在这样的分割中，要么 A_1 有最大元素，要么 A_2 有最小元素。但是，有些分割并非如此，例如，若 A_2 由满足 $x^2 > 2$ 的一切正有理数 x 组成，A_1 由一切其余的有理数组成，则既不存在 A_1 的最大元素，也不存在的 A_2 最小元素，因为不存在有理数 x 使得 $x^2 = 2$。戴德金说，每当考虑一个不是由有理数产生的分割 (A_1, A_2) 时，就得到一个新数即无理数 a，而这个数是由分割完全确定的。因此,戴德金就把一切实数组成的集合 **R** 定义为有理数集的一切分割,而一个实数 a 就是一个分割 (A_1, A_2)。戴德金分割不依赖于空间和时间,使无理数彻底摆脱了"不可公度线段"之类的几何直观。

康托尔也做过类似的研究,但他走的是不同路径。康托尔通过有理数序列定义实数 a,其中 $\{a_n\}$ 是满足柯西收敛准则的基本列,即当 $n \to \infty$ 时,$a_{n+r} - a_n$ 对一切正整数 r 一致地趋于 0。康托尔把每个有理数基本列与一个实数等同起来,如果两个基本列 $\{a_n\}$ 与 $\{b_n\}$ 满足 $\lim\limits_{n \to \infty}(a_n - b_n) = 0$,则称这两个基本列是等价的,即它们定义同一个实数。用现代的语言,该定义相当于把实数集合定义为有理数基本序列的一切等价类的集合。

康托尔的方法多少有点诡异,一个数列怎么能对应到一个数? 但是,对于学过微积分的人来说,这并不奇怪,因为柯西列确实收敛到某个数,所以将柯西列与它的极限等同并无不可,只是这种手法令习惯于直观思维的人难以接受。然而,康托尔的方法却是通往抽象空间完备化的桥梁,有了这个方法,我们才能对一般的度量空间实施完备化。

戴德金与康托尔在各自的实数定义下都严格证明了实数的完备性。例如,康托尔证明了,若 $\{b_n\}$ 是任一实数序列,且对于任意正整数 u 一致地有 $\lim\limits_{n \to \infty}(b_{n+u} - b_n) = 0$ 成立,则必存在唯一的实数 b,它被一个有理数 a_n 构成的基本序列 $\{a_n\}$ 所确定,使得 $\lim\limits_{n \to \infty} a_n = \lim\limits_{n \to \infty} b_n = b$。这表明,由实数构成的基本序列不会产生任何更新的数来充当它的极限,因为已经存在的实数已足够提供其极限了。因此,从为基本序列提供极限的观点来看,实数系是一个完备系。这样,长期以来围绕着实数概念的逻辑循环得以消除。实数的定义及其完备性的确立,标志着由魏尔斯特拉斯倡导的分析算术化运动大功告成。

3. 实数完备性基本定理

实数理论在 19 世纪的最后几十年中有许多理论上的进展,这些理论组成了今天教科书中的 6 个实数完备性定理(参见文献[10]):

（1）**确界原理**　设 S 为非空数集，若 S 有上界，则 S 必有上确界；若 S 有下界，则 S 必有下确界。

（2）**单调有界定理**　在实数系中，有界的单调数列必有极限。

（3）**柯西收敛准则**　数列 $\{a_n\}$ 收敛当且仅当对任给的 $\varepsilon > 0$，存在正整数 N，使得 $n, m > N$ 时，有 $|a_n - a_m| < \varepsilon$。

（4）**区间套定理**　若 $\{[a_n, b_n]\}$ 是一个区间套，则实数系中存在唯一的一点 ξ，使得 $\xi \in [a_n, b_n], n = 1, 2, \cdots$。

（5）**聚点定理**　实数轴上的任一有界无限点集 S 至少有一个聚点。

（6）**有限覆盖定理**　设 H 为闭区间 $[a, b]$ 的一个（无限）开覆盖，则从中可选出有限个开区间来覆盖 $[a, b]$。

这 6 个实数完备性定理以不同方式反映了实数集的完备性（也称连续性），它们相互之间是等价的，即从其中任何一个定理出发都可以推出其余 5 个定理。实数完备性定理的发现与证明，使极限理论乃至整个分析数学从此建立在坚实的基础之上，微积分的严格化最终得以真正建立。

3.2　导数教学策略

大学微积分教材很多，也许斯图尔特（James Stewart）的《微积分》（参见文献[11]）是比较适合一线教师阅读与使用的微积分参考书，事实上，它也是美国 AP（advanced placement）课程（美国大学先修课程）使用的教材。这本书的显著特点是通俗易懂，应用丰富。当然，由于篇幅庞大，未必适合作为以理论深度见长的我国大学微积分课程的教材。芬尼，韦尔，焦尔当诺的《托马斯微积分》（参见文献[12]）也是不错的选择。还可以参考我们编写的《高等数学》（参见文献[13]），这是一本面向普通大学的微积分教材。

高中的微积分教材删去了积分内容，只剩下导数，涵盖导数定义、导数的运算以及导数的应用。虽然导数概念的出现比积分概念的出现要晚一些,事实上,面积问题是促使微积分产生的四大问题中最古老的问题。只介绍微积分的"一半"似乎并不常见,不过从理论的独立性看,没有积分并不影响对导数概念的理解。

3.2.1　导数概念及其运算法则

中学并不专门介绍极限概念,但极限问题在很多地方无法回避,例如在函数章节提到的指数函数定义便需要有理数逼近无理数,教材试图回避极限,但不得不使用诸如"无限逼近"之类的字样,在导数概念部分更不可能回避极限。极限并非洪水猛兽,与其羞羞答答欲语还休,不如大大方方引入极限概念。直观的极限概念并不那么晦涩难懂,例如,相信不可能有学生对类似"当 $n \to \infty$ 时,$\dfrac{1}{n} \to 0$"这样的语言无法理解。事实上,教材在定义导数时便用到了极限:

$$f'(x_0) = \lim_{\Delta x \to 0} \frac{\Delta y}{\Delta x} = \lim_{\Delta x \to 0} \frac{f(x_0 + \Delta x) - f(x_0)}{\Delta x}。$$

教材多处使用了极限符号,却从没介绍过这个符号,是为了故意回避极限概念还是极限概念令学生望而生畏? 作为微积分的灵魂,极限概念从萌芽到严格化确实经历了长达千年的时间,但对极限概念的直观理解并无任何难以逾越的障碍。所以,课堂上教师不妨对极限概念做一个直观解释,最好在数列或函数需要涉及极限问题时便有所介绍。包括极限的一些简单运算法则都可以进行直观解释,尤其是极限式 $\lim\limits_{\Delta x \to 0} \dfrac{f(x_0 + \Delta x) - f(x_0)}{\Delta x}$ 中的分子分母都趋于 0,不做一些初步的分析很容易让学生产生疑惑,正如贝克莱大主教当年反对牛顿的"流数"一样无法理解 Δx 到底是什么。

导数的四则运算与复合函数求导的难点主要体现在两处,一是一些初等函数的求导需要比较复杂的方法,例如幂函数 $y = x^n (n \neq 0)$ 的导数为什么等于 nx^{n-1}? 虽说教材仅限于有理数情形,证明也是不平凡的,所以干脆不加证明,只讨论几个特殊情形。问题是或许有勤学好问的学生希望弄

清楚这些问题,教师怎么办呢？指数函数或对数函数的求导则需要下面的
重要极限

$$\lim_{x \to 0}(1+x)^{\frac{1}{x}} = \mathrm{e}。$$

这个问题在中学阶段可能是难以解决的,留待大学补充未尝不可。

但有一类函数的求导公式该在中学解决还是大学解决是个令人疑惑
的问题,这就是三角函数的导数。例如 $y = \sin x$ 的导函数为什么是 $y = \cos x$？$y = \cos x$ 的导函数为什么是 $y = -\sin x$？中学教材没有给出这个
公式的证明。大学教师要不要给出证明呢？如果答案是肯定的,那么相应
的三角公式应该在什么阶段学习？中学还是大学？如果中学阶段已经学
习过相关的三角公式,那么这些函数的求导就不是一件太困难的事。当
然,证明过程会涉及另一个重要极限:

$$\lim_{x \to 0}\frac{\sin x}{x} = 1。$$

这个极限的证明并不困难,中学课堂完全可以解决。如果将 x 看成单位
圆的圆心角(见图 3.17),利用初等几何中三角形与扇形面积的比较便可
以证明当 $0 < x < \frac{\pi}{2}$ 时,有

$$\cos x < \frac{\sin x}{x} < 1,$$

利用上述不等式不难得到

$$\lim_{x \to 0}\frac{\sin x}{x} = 1。$$

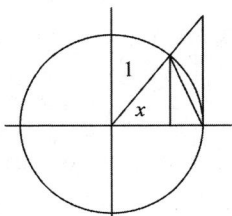

图　3.17

如果中学阶段不学习相关的三角公式(和差化积),大学教师们势必需要补充,否则课堂无法继续进行下去,除非也像中学课堂那样采用"承认主义",忽略求导公式的推导。

　　求导法则中并无反函数的导数法则,或许是因为教材并未介绍一般反函数概念的缘故。教材仅在指数函数与对数函数部分涉及了反函数,甚至指数函数与对数函数互为反函数的说明也有瑕疵(见图 3.18)。

　　前面根据指数与对数间的关系,由 $y=\left(\dfrac{1}{2}\right)^{\frac{x}{5730}}(x\geqslant 0)$ 得 $x=\log_{5730\sqrt{\frac{1}{2}}}y(0<y\leqslant 1)$。由函数定义可知 $x=\log_{5730\sqrt{\frac{1}{2}}}y,y\in(0,1]$ 是一个函数。这样,由指数函数 $y=\left(\dfrac{1}{2}\right)^{\frac{x}{5730}},x\in[0,+\infty)$ 可得到对数函数 $x=\log_{5730\sqrt{\frac{1}{2}}}y,y\in(0,1]$。这个对数函数的定义域 $(0,1]$、值域 $[0,+\infty)$ 分别是指数函数 $y=\left(\dfrac{1}{2}\right)^{\frac{x}{5730}},x\in[0,+\infty)$ 的值域和定义域。这时就说函数 $x=\log_{5730\sqrt{\frac{1}{2}}}y,y\in(0,1]$ 是函数 $y=\left(\dfrac{1}{2}\right)^{\frac{x}{5730}},x\in[0,+\infty)$ 的反函数(inverse function)。

　　通常,我们用 x 表示自变量,y 表示函数。为此,把 $x=\log_{5730\sqrt{\frac{1}{2}}}y$ 写成 $y=\log_{5730\sqrt{\frac{1}{2}}}x$,这样,对数函数 $y=\log_{5730\sqrt{\frac{1}{2}}}x,x\in(0,1]$ 是指数函数 $y=\left(\dfrac{1}{2}\right)^{\frac{x}{5730}},x\in[0,+\infty)$ 的反函数。同时,指数函数 $y=\left(\dfrac{1}{2}\right)^{\frac{x}{5730}},x\in[0,+\infty)$ 也是对数函数 $y=\log_{5730\sqrt{\frac{1}{2}}}x,x\in(0,1]$ 的反函数。因此,指数函数 $y=\left(\dfrac{1}{2}\right)^{\frac{x}{5730}},x\in[0,+\infty)$ 与对数函数 $y=\log_{5730\sqrt{\frac{1}{2}}}x,x\in(0,1]$ 互为反函数,它们的定义域与值域正好互换。

图　3.18

这里称函数 $x=\log_{5730\sqrt{\frac{1}{2}}}y,y\in(0,1]$ 是函数 $y=\left(\dfrac{1}{2}\right)^{\frac{x}{5730}},x\in[0,+\infty)$ 的反函数是否合适? 事实上,

$$x=\log_{5730\sqrt{\frac{1}{2}}}y,\qquad y\in(0,1]$$

是

$$y=\left(\dfrac{1}{2}\right)^{\frac{x}{5730}},\qquad x\in[0,+\infty)$$

的等价表示,或者叫恒等变形,它们是相同的函数。只有将

$$x=\log_{5730\sqrt{\frac{1}{2}}}y,\qquad y\in(0,1]$$

中的 x 与 y 互换后,它们才成为彼此的反函数。

这里并非故意鸡蛋里挑骨头,尽管中学只讲授导数部分,但一元函数及其导数在大学阶段也占据了不少的学时,而大部分内容是重叠的,大学课堂该从何处开始? 如何与中学内容做好衔接? 显然,似乎教材编写并未考虑到这个问题。而据笔者所了解,大学教师通常也是从头开始,权当学生没学过。在教学内容的衔接问题上,微积分与概率统计模块是一个有待中学教材编写者与大学教师共同思考的问题。

3.2.2 导数的应用

函数导数主要应用于函数的单调性判定与最值问题,这部分内容常常是考试压轴题的取材之一。针对单调性与最值问题的应用,理论上并无太多深奥之处,学生大多能掌握,但论灵活运用及导数所体现的深刻思想,对学生是个考验。导数应用的教学需要考虑两个方面的问题。

1. 注重几何直观

一个函数在某个范围内的单调性可能会多次发生变化,与之伴随的必然是极值与零点问题,如果不注意几何直观,很容易让问题的求解变成一种程式化的机械操作。在机械运算上纠缠半天,或许碰巧能找到答案,但对其内在的原理却一知半解,这是教学中应该注意的问题。在研究与函数及其导数有关的问题时需强化几何直观可以帮助学生事半功倍地理解问题的本质,透过几何直观寻找解决问题的思路。例如,下面这道貌似并不复杂的问题如果不注意几何直观,或许会迷失在导数的机械化操作中,而如果搞清楚其几何直观,答案便一目了然,剩下的便是对答案进行并不复杂的验证。

例 设 $a>0$,$f(x)=\sin ax-a\sin x$ 在 $(0,2\pi)$ 内没有零点,试求 a 的取值范围。

如果抓住 $\sin ax$ 与 $a\sin x$ 最本质的东西,便不难找到上述问题的答案。随着 a 的变化,函数 $y = a\sin x$ 的振幅会发生变化,周期始终是 2π,它的图像在 $x = \pi$ 处穿过 x 轴。但 $y = \sin ax$ 的周期会发生变化。当 $a > 1$ 时, $y = \sin ax$ 的周期为 $\dfrac{2\pi}{a}$,此时 $\dfrac{2\pi}{a} < 2\pi$。 $y = \sin ax$ 的图像在 $(0, 2\pi)$ 内穿过 x 轴至少两次,显然两个函数 $y = \sin ax$ 与 $y = a\sin x$ 的图像在 $(0, 2\pi)$ 内相交。不难在 $(0, 2\pi)$ 内找到两个点 x_1, x_2,使得 $f(x_1) < 0, f(x_2) > 0$。故 $f(x) = \sin ax - a\sin x$ 在 $(0, 2\pi)$ 内有零点(见图 3.19),这说明,必有 $a \leqslant 1$。 a 显然不等于 1,因此 $a < 1$。

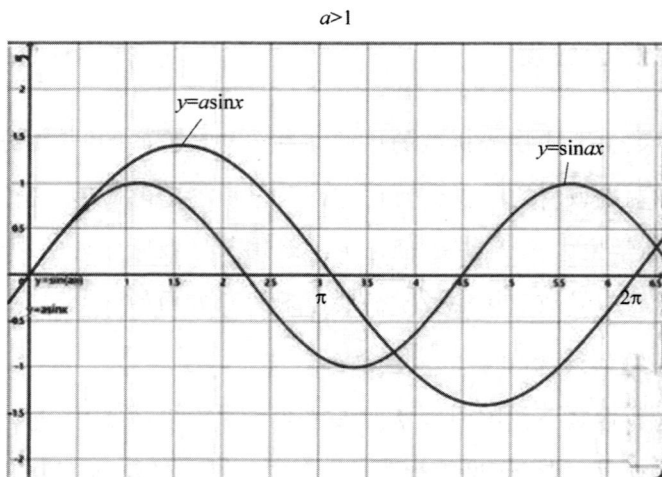

图　3.19

当 $a < 1$ 时, $y = \sin ax$ 的周期 $\dfrac{2\pi}{a} > 2\pi$,如果 $\dfrac{\pi}{a} < 2\pi$,即 $a > \dfrac{1}{2}$,则 $y = \sin ax$ 的图像在 $(0, 2\pi)$ 内穿过 x 轴(见图 3.20),可见两个函数 $y = \sin ax$ 与 $y = a\sin x$ 的图像在 $(0, 2\pi)$ 内相交,因此 $f(x) = \sin ax - a\sin x$ 在 $(0, 2\pi)$ 内有零点。事实上,此时 $f(\pi) > 0$,由 $\sin 2\pi = 0, \sin 2a\pi < 0$,知在 $x = 2\pi$ 附近 $f(x)$ 的值为负,所以该函数在 $(\pi, 2\pi)$ 内有零点。

如果 $0 < a \leqslant \dfrac{1}{2}$,直观上看, $y = \sin ax$ 的图像在 $(0, 2\pi)$ 内将 $y = a\sin x$ 的图像包了进去(见图 3.21)。显然, $y = \sin ax$ 的周期不小于 4π, $y = \sin ax > 0, \forall x \in (0, 2\pi)$。如果 $x \in [\pi, 2\pi)$,由于 $a\sin x < 0$,故 $f(x) > 0$,

$$\frac{1}{2} < a < 1$$

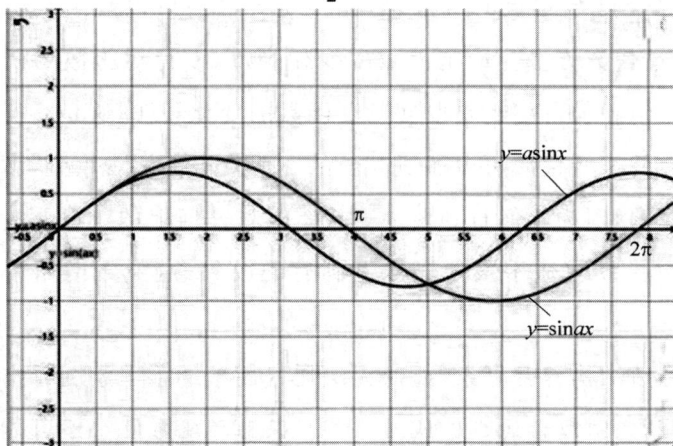

图 3.20

$$0 < a \leqslant \frac{1}{2}$$

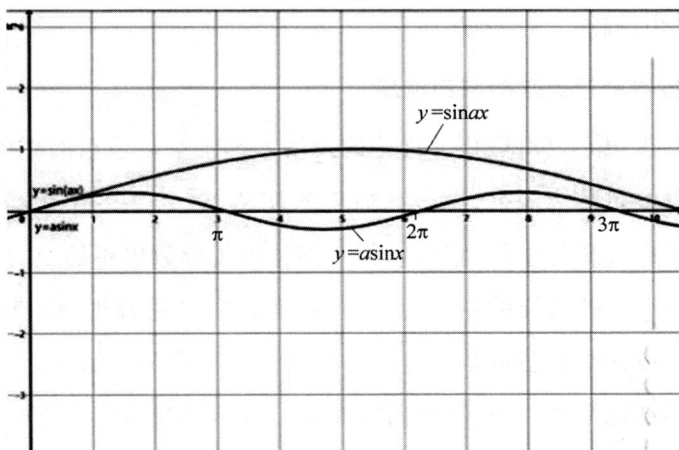

图 3.21

$\forall\, x \in [\pi, 2\pi)$。如果 $x \in (0, \pi)$，则 $ax < \dfrac{\pi}{2}$，且 $ax < x$，由此可见 $f'(x) = a(\cos ax - \cos x) > 0$，$\forall\, x \in (0, \pi)$，由 $f(0) = 0$ 可知 $f(x) > 0$，$\forall\, x \in (0, \pi)$。这说明 $y = f(x)$ 在 $(0, 2\pi)$ 内无零点。

　　导数对函数的意义在于由导数的符号(零点)判断函数的单调范围、极值点位置以及函数零点的范围,借助高阶导数还可以判断其凹凸性及拐点,从而通过代数方法弄清楚函数的变化规律,使得对函数的研究可以不再依赖于几何。但最终还是要回归到函数的变化规律,这是终极目标。如果一个函数的某些性质可以通过简单的几何直观能够观察到,就无须纠缠在代数运算中,因为几何直观更为直接。通过几何上的观察看清楚问题的本质之后再借助代数手段便可以做到有的放矢,避免无谓而繁杂的代数运算。

　　如果函数结构异常复杂,此时无法通过简单的手工绘图看出其图像的变化规律,例如由复合运算构成的一些复杂超越函数几乎不可能凭借直觉搞清楚其大概的变化规律,这种情况下只能发挥导数的力量,利用导数的符号、零点判断函数的变化规律。但即使这样,脑子里也应该有一个虚拟的图像,或画出能反映关键信息的草图,不过这已经远远超出了中学数学微积分教学的范围。

2. 掌握导数所蕴含的深刻思想

　　导数的思想不仅对微积分理论的发展发挥了举足轻重的作用,对近现代数学的影响也甚为深远,微分几何中的切丛、对分类具有重要意义的代数中的导子以及拓扑中的向量丛,都无不体现了导数思想的威力。

　　导数蕴含着什么样的深刻思想? 简而言之,即局部地"以直代曲""以不变代变""以简单代替复杂",这一思想贯穿于微积分的始终,一个复杂的曲线可以局部地用直线替代(即曲线在某一点的切线),这正是微分近似公式的本质。如果曲线在点 x_0 处的弯曲程度很高,该点处的切线与其误差就比较大了。解决这个问题的方法通常有两个,一是将问题限制在充分靠近 x_0 的地方,二是用比直线稍为复杂的曲线替代,泰勒公式的本质便是在一点附近用多项式替代原来的函数,相对于一般函数,多项式自然是比较简单的函数。中学数学课堂似乎并不强调对导数思想的理解与掌握,导数在某种程度上成了机械化的操作工具。

对于有些问题,导数作为判断函数单调性与极值点的工具可能是奏效的,例如比较常见的极值点偏移问题通常只需要根据导数的符号与零点再利用初等技巧便可以解决问题。但有些问题仅仅将导数作为机械化工具可能是不够的,至少会将问题复杂化,让解题者陷入繁难的计算之中。下面以 2021 年八省联考函数与导数压轴题为例说明此情况。

22.(12 分)已知函数 $f(x)=e^x-\sin x-\cos x$,$g(x)=e^x+\sin x+\cos x$。

(1)证明:当 $x>-\dfrac{5\pi}{4}$ 时,$f(x)\geqslant 0$;

(2)若 $g(x)\geqslant 2+ax$,求 a。

从所找到的解答可以看出来,这些解答大多纠缠在计算的细节之中,让人很难看明白其思路,这里不妨罗列几种解答:

(1)**解法一** $f'(x)=e^x-\cos x+\sin x$。

① 当 $x\in\left(\dfrac{-5\pi}{4},\dfrac{-\pi}{2}\right]$ 时,$-\sin x-\cos x\geqslant 0$,故 $f(x)\geqslant 0$;

② 当 $x\in\left(\dfrac{-\pi}{2},0\right)$ 时,$-\cos x+\sin x<-1$,$f'(x)<0$,$f(x)$ 单调递减,而 $f(0)=0$,故 $f(x)\geqslant 0$;

③ 当 $x=0$ 时,$f(x)=0$;

④ 当 $x\in(0,+\infty)$ 时,$1+x>\cos x+\sin x$。

设 $h(x)=e^x-x-1$,则当 $x\in(0,+\infty)$ 时,$h'(x)=e^x-1>0$,故 $h(x)$ 单调递增,$h(0)=0$,所以 $f(x)>h(x)>0$。

解法二 当 $x\in(\ln\sqrt{2},+\infty)$ 时,$f(x)=e^x-\sin x-\cos x=e^x-\sqrt{2}\sin\left(x+\dfrac{\pi}{4}\right)>0$;

当 $x\in\left(-\dfrac{5\pi}{4},-\dfrac{\pi}{4}\right)$ 时,$f(x)=e^x-\sin x-\cos x=e^x-\sqrt{2}\sin\left(x+\dfrac{\pi}{4}\right)>0$;

当 $x\in\left[-\dfrac{\pi}{4},\ln\sqrt{2}\right]$ 时,$\left(x+\dfrac{\pi}{4}\right)\in[0,\pi]$,而 $f(0)=0$。

因为 $f'(x) = e^x - \cos x + \sin x$，令 $h(x) = e^x - \cos x + \sin x$，则 $h'(x) = e^x + \sin x + \cos x = e^x + \sqrt{2}\sin\left(x + \dfrac{\pi}{4}\right) > 0$，所以 $h(x)$ 在 $\left[-\dfrac{\pi}{4}, \ln\sqrt{2}\right]$ 为增函数。又 $h(0) = 0$，所以 $f(x)$ 在 $\left[-\dfrac{\pi}{4}, 0\right)$ 上为减函数，在 $(0, \ln\sqrt{2}]$ 为增函数，所以当 $x \in \left[-\dfrac{\pi}{4}, \ln\sqrt{2}\right]$ 时，$f(x) \geqslant f(0) = 0$。

解法三　当 $x \in (\ln\sqrt{2}, +\infty)$ 时，$f(x) = e^x - \sin x - \cos x = e^x - \sqrt{2}\sin\left(x + \dfrac{\pi}{4}\right) > 0$；

当 $x \in \left(-\dfrac{5\pi}{4}, -\dfrac{\pi}{4}\right)$ 时，$f(x) = e^x - \sin x - \cos x = e^x - \sqrt{2}\sin\left(x + \dfrac{\pi}{4}\right) > 0$；

当 $x \in \left[-\dfrac{\pi}{4}, \ln\sqrt{2}\right]$ 时，令 $h(x) = \dfrac{\sin x + \cos x}{e^x}$，则 $h'(x) = -\dfrac{2\sin x}{e^x}$，所以 $h(x)$ 在 $\left[-\dfrac{\pi}{4}, 0\right)$ 上单调递增，在 $(0, \ln\sqrt{2}]$ 上单调递减，所以 $h(x) \leqslant h(0) = 1$，即 $f(x) = e^x - \sin x - \cos x \geqslant 0$。

（2）**解法一**　设 $k(x) = (g(x) - 2 - ax)' = g'(x) - a = e^x + \cos x - \sin x - a$，则 $k'(x) = f(x)$。

由（1）的结论知，当 $x \in \left(-\dfrac{5\pi}{4}, +\infty\right)$ 时，$k'(x) \geqslant 0$，$k(x)$ 在 $\left(-\dfrac{5\pi}{4}, +\infty\right)$ 单调递增，$k(0) = 2 - a$。

① 若 $a > 2$，则 $k(0) < 0$，$k(\ln a + 1) > 0$，故存在唯一 $x_0 \in (0, \ln a + 1)$，使得 $k(x_0) = 0$。

当 $x \in (0, x_0)$ 时，则 $k(x) < 0$，$g(x) - 2 - ax$ 单调递减，而 $g(0) - 2 - a \cdot 0 = 0$，故 $g(x_0) - 2 - ax_0 < 0$；

② 若 $0 < a < 2$，则 $k(0) > 0$，$k(-\pi) < 0$，故存在唯一 $x_1 \in (-\pi, 0)$，使得 $k(x_1) = 0$。当 $x \in (x_1, 0)$ 时，则 $k(x) < 0$，$g(x) - 2 - ax$ 单调递增，而 $g(0) - 2 - a \cdot 0 = 0$，故 $g(x_1) - 2 - ax_1 < 0$；

③ 若 $a \leqslant 0$，则 $g\left(-\dfrac{\pi}{2}\right) - 2 - a \cdot \left(-\dfrac{\pi}{2}\right) < 0$；

④ 若 $a = 2$，则 $k(x)$ 单调递增，$k(0) = 0$。

当 $x \in \left(-\dfrac{5\pi}{4}, 0\right)$ 时，$k(x) < 0$，$g(x) - 2 - ax > 0$；

当 $x \in (-\infty, -2)$ 时，$g(x) - 2 - ax > 0$；

当 $x \in [0, +\infty)$ 时，$k(x) > 0$，$g(0) - 2 - a \cdot 0 = 0$，故 $g(x) - 2 - ax > 0$。

综上 $a = 2$。

解法二　令 $h(x) = e^x + \sin x + \cos x - 2 - ax$。

若 $h(x) \geqslant 0$ 对任意 $x \in \mathbf{R}$ 成立，则 $h(1) \geqslant 0$，$h(-1) \geqslant 0$，得

$$e + \sqrt{2}\sin\left(1 + \dfrac{\pi}{4}\right) - 2 - a \geqslant 0, \qquad \dfrac{1}{e} + \sqrt{2}\sin\left(-1 + \dfrac{\pi}{4}\right) - 2 + a \geqslant 0,$$

所以 $a \leqslant e + \sqrt{2} - 2 < 4$，$a \geqslant -\dfrac{1}{e} + \sqrt{2}\sin\left(1 - \dfrac{\pi}{4}\right) + 2 > 0$，所以 $1 < a < 4$。

若 $2 < a < 4$，则同解法一，有 $k(0) < 0$，$k(\ln a + 1) > 0$，故存在唯一 $x_0 \in (0, \ln a + 1)$，使得 $k(x_0) = 0$。

当 $x \in (0, x_0)$ 时，则 $k(x) < 0$，$g(x) - 2 - ax$ 单调递减，而 $g(0) - 2 - a \cdot 0 = 0$，故 $g(x_0) - 2 - ax_0 < 0$；

若 $1 < a < 2$，则 $k(0) > 0$，$k(-\pi) < 0$，故存在唯一 $x_1 \in (-\pi, 0)$，使得 $k(x_1) = 0$。

当 $x \in (x_1, 0)$ 时，则 $k(x) < 0$，$g(x) - 2 - ax$ 单调递增，而 $g(0) - 2 - a \cdot 0 = 0$，故 $g(x_1) - 2 - ax_1 < 0$；

若 $a = 2$，$k(x)$ 单调递增，$k(0) = 0$。

当 $x \in \left(-\dfrac{5\pi}{4}, 0\right)$ 时，则 $k(x) < 0$，$g(x) - 2 - ax > 0$；

当 $x \in (-\infty, -2)$ 时，则 $g(x) - 2 - ax > 0$；

当 $x \in [0, +\infty)$ 时，则 $k(x) > 0$，$g(0) - 2 - a \cdot 0 = 0$，故 $g(x) - 2 - ax > 0$。

解法三　令 $h(x)=e^x+\sin x+\cos x-2-ax$。

当 $a\leqslant 0$ 时，$h\left(-\dfrac{\pi}{2}\right)<0$，不合条件，舍去。

当 $a>0$ 时，若 $g(x)\geqslant 2+ax$，令 $\varphi(x)=\dfrac{2+ax-\sin x-\cos x}{e^x}$，则

$$\varphi'(x)=\dfrac{-2+a-ax+2\sin x}{e^x}。$$

令 $t(x)=-2+a-ax+2\sin x$，则 $t'(x)=-a+2\cos x$。

当 $a>2$ 时，$t'(x)<0$，$t(x)$ 在 **R** 上是减函数。又因为 $t(0)=-2+a>0$，$t\left(\dfrac{\pi}{2}\right)=-2+a-a\cdot\dfrac{\pi}{2}+2<0$，所以存在唯一有 $x_0\in\left(0,\dfrac{\pi}{2}\right)$，使得 $t(x_0)=0$，且 $t(x)>0$ 在 $(0,x_0)$ 内成立，所以 $\varphi(x)$ 在 $(0,x_0)$ 内为增函数，所以当 $x\in(0,x_0)$ 时，$\varphi(x)>\varphi(0)=1$，不合条件，舍去。

当 $0<a<2$ 时，又因为 $t(0)=a-2<0$，$t\left(-\dfrac{3\pi}{2}\right)>0$，所以存在唯一的 $x_0\in\left(-\dfrac{3\pi}{2},0\right)$，使得 $t(x_0)=0$，且 $t(x)<0$ 在 $(x_0,0)$ 内成立，所以 $\varphi(x)$ 在 $(x_0,0)$ 内为减函数，所以当 $x\in(x_0,0)$ 时，$\varphi(x)>\varphi(0)=1$，不合条件舍去。

当 $a=2$ 时，$t'(x)\leqslant 0$，$t(x)$ 在 **R** 上是减函数。又因为 $t(0)=2-a=0$，当 $x<0$ 时，$t(x)>0$，$\varphi(x)$ 是增函数，所以 $\varphi(x)\leqslant\varphi(0)=1$；当 $x>0$ 时，$t(x)<0$，$\varphi(x)$ 是减函数，所以 $\varphi(x)\leqslant\varphi(0)=1$。所以 $a=2$ 时符合条件。综上 $a=2$。

不同的解答对参数 a 采用了不同的分类方法，很多人表示不清楚(2)问的解答中参数的分类标准是什么，如何想到如此分类？如果我们熟悉微积分的基本思想，便会本能地对题目的(2)问产生一种直觉："直线与函数位置关系的判定。"不妨通过如下一系列思考题寻找(2)问的思路((1)问是常规的，这里不作讨论)。

第一步：审题

思考 1：这是个什么样的问题？

分析：一条函数的曲线，被一些直线从下方"支撑"住了！

思考 2：这些直线是些什么直线？

分析：$y=2+ax$ 过一个公共点 $(0,2)$，换言之，这是过 $(0,2)$ 的一个直线束。

思考 3：需要解决什么问题？

分析：求出所有能支撑住函数 $y=e^x-\sin x-\cos x$ 图像的那些直线斜率 a 的范围。

第二步：辨析

思考 4：所有的直线都过 $(0,2)$，函数图像与纵轴有没有交点？交点是什么？

分析：由 $g(0)=e^0+\sin0+\cos0=2$ 知 $y=g(x)$ 与纵轴交于 $(0,2)$，因此直线束与函数图像有一个交点 $(0,2)$。

思考 5：直线 $y=2+ax$ 如何才能支撑住 $y=g(x)$ 的图像？

分析：(1)直线如果穿过曲线，则不可能成为曲线的支撑；(2)直线如果与曲线交与另外一点，除非在那一点与曲线相切，否则也不可能成为支撑。

分析清楚上述几个思考题之后基本能猜出参数应该是什么了，可以做一个**大胆猜测**：只在一种情况下直线才有可能支撑住函数的图像，这就是直线在 $(0,2)$ 处与函数的图像相切，即

$$a=g'(0)=2。$$

当然，上述分析还算不上严格的证明，事实上，这里仅仅分析了在 $x=0$ 点附近直线与函数图像的位置关系，距离(2)问的证明尚有一段路要走，但这个分析无疑给了我们明晰的思路，知道该如何继续往前走。

第三步：证明

(1) 求切线方程　由

$$g'(0)=e^0+\cos0-\sin0=2，$$

知函数曲线过$(0,2)$的切线方程为

$$y = 2 + 2x。$$

（2）目标变形 由$g(x) \geqslant 2 + ax$ 知

$$2 + 2x + [g(x) - (2 + 2x)] \geqslant 2 + ax，$$

于是

$$(2 - a)x + [g(x) - (2 + 2x)] \geqslant 0。$$

当$x > 0$ 时

$$(2 - a) + \frac{g(x) - (2 + 2x)}{x} \geqslant 0， \qquad (1)；$$

当$x < 0$ 时，

$$(2 - a) + \frac{g(x) - (2 + 2x)}{x} \leqslant 0。 \qquad (2)。$$

（3）极限过程 注意

$$(2 - a) + \frac{g(x) - (2 + 2x)}{x} = (2 - a) + \frac{g(x) - 2}{x} - 2，$$

及

$$\lim_{x \to 0} \frac{g(x) - 2}{x} = 2，$$

由(1)可得$a \leqslant 2$，由(2)可得$a \geqslant 2$，由此可见必有 $a = 2$。

（4）**完成证明** 由前面所证，如果 a 满足 $g(x) \geqslant 2 + ax$，则必有 $a = 2$。往证对任意 $x \in \mathbf{R}$，有 $g(x) \geqslant 2 + 2x$。由于 $g''(x) = f(x)$，利用(1)问便不难证明当 $x > -\frac{5\pi}{4}$ 时不等式成立。而当 $x \leqslant -\frac{5\pi}{4}$ 时，不等式是显然的。因此确有 $g(x) \geqslant 2 + 2x，\forall x \in \mathbf{R}$。

上述解答具有一般性，不纠缠于细节，完全从问题的本质出发，通过对问题的细致剖析，直觉感知可能的结果，再利用局部线性化思想寻求证明，充分体现了微积分的思想方法。

3.3　导数及其应用教学案例设计

案例 1　**导数概念**

教学目的：理解并掌握导数概念，了解导数的几何意义。

教学重点：理解并掌握导数概念。

教学难点：导数的几何意义。

教学过程：

一、问题引入

问题 1　汽车在行驶过程中速度是在不断变化的，但我们可以测量汽车在任意时间段内行驶了多少路程，如何计算在任意时间段内汽车的平均速度？ 如果在不同的时间段内，时间间隔相同，平均速度一定一样吗？

所谓可以在任意时间段内测量汽车行驶的路程相当于说可以了解路程与时间的关系，只要给定一个时刻，便可以知道汽车行驶了多少距离，可见路程是时间的函数。不妨用 t 表示时间变量，$S = S(t)$ 表示到 t 时刻汽车行驶的路程。在 t_0 到 t 时刻的时间间隔内，汽车的平均速度为

$$\bar{v} = \frac{S(t) - S(t_0)}{t - t_0},$$

这个问题显然是为后面计算瞬时速度做准备的。

二、新课教学

问题 2　在问题 1 中，能不能求出任意时刻的速度？

从问题 1 到问题 2 的跳跃性比较大，学生很难独立回答这个问题，不妨将问题的难度作适当分解：

（1）在一个间隔很短的时间段内，速度的变化会不会很大？

学生也许会回答可能，例如汽车从静止到开动时如果加速度很大，短时间内速度的变化可能会很大。这就需要进一步启发，所谓的时间间隔很短可能不是一秒，而是 0.1 秒，0.01 秒，甚至更短。相信学生凭借生活经

验会认识到,只要时间间隔很短,在这个时间间隔内,速度的变化不会很大。

(2) 如果时间间隔非常的短,甚至是毫秒的时间间隔,在这个时间段内,速度的变化会大吗?

这个问题依然可以凭经验与直觉比较轻松地回答,在 1 毫秒内,汽车的速度几乎不会发生变化。

(3) 随着时间间隔越来越短,平均速度与该时间段内任意时刻的速度有多大的误差?

记 $v(t)$ 为 t 时刻的速度,根据(1)与(2)的分析,如果时间间隔 $t-t_0$ 足够短,平均速度 $\bar{v}=\dfrac{S(t)-S(t_0)}{t-t_0}$ 与 $v(t)$ 的差别也会越来越小,即

$$\left| \frac{S(t)-S(t_0)}{t-t_0} - v(t) \right|$$

会越来越小。当然,我们不可能向中学生介绍极限的 $\varepsilon-\delta$ 语言,但对于这个直观分析,学生应该是能理解的。

定义 1 设函数 $y=f(x)$ 的定义域为 D,函数在 x_0 附近有定义,即存在区间 (a,b),使得 $x_0 \in (a,b) \subset D$,对任意 $x \in (a,b)$,记 $\Delta x=x-x_0$,当 x 从 x_0 变到 $x_0+\Delta x$ 时,函数值从 $f(x_0)$ 变到 $f(x_0+\Delta x)$。此时 x 的变化量为 Δx,函数的变化量为 $\Delta y=f(x_0+\Delta x)-f(x_0)$,将

$$\frac{\Delta y}{\Delta x} = \frac{f(x_0+\Delta x)-f(x_0)}{\Delta x}$$

称为函数 $y=f(x)$ 从 x_0 到 $x_0+\Delta x$ 的平均变化率。如果当 $\Delta x \to 0$ 时,$\dfrac{\Delta y}{\Delta x}$ 越来越接近于一个确定的值 A,即当 $\Delta x \to 0$ 时,$\dfrac{\Delta y}{\Delta x}$ 有极限,则称 $y=f(x)$ 在 $x=x_0$ 处可导,将 A 称为 $y=f(x)$ 在 $x=x_0$ 处的导数,记作 $f'(x_0)$ 或 $y'\big|_{x=x_0}$,即

$$f'(x_0) = \lim_{\Delta x \to 0} \frac{\Delta y}{\Delta x} = \lim_{\Delta x \to 0} \frac{f(x_0+\Delta x)-f(x_0)}{\Delta x}。$$

如果 $y=f(x)$ 在 D 内的每一点可导,则称它是 D 上的可导函数,显然对 D 内任意点 x,$y=f(x)$ 在 x 点的导数是唯一确定的,所以 $y=f'(x)$ 仍然是 x 的函数,称之为 $y=f(x)$ 的导函数。

需要注意的是,这里所说 D 内的点 x 指的是存在区间 (a,b),使得 $x\in(a,b)\subset D$,由于中学不介绍内点的概念,所以只能用此具体的描述,目的是排除 D 的边界点。

问题 3 产品生产的数量不同,产品的成本会随之变化,在一定规模内(生产能力能承受的范围内),生产批量比较大时的单位产品成本比批量较小时的单位产品成本更小,但总成本会增加。经济学上把增加一单位产品带来的总成本变化称为"边际成本",如何用数学模型描述边际成本?它与前面所说的导数有什么共同点?如何计算边际成本?

产品的成本分固定成本与可变成本,通常只按可变成本计算边际成本。通过边际成本可以判断该增产还是该减产,从而使得利润最大化。例如,生产某种产品 100 个单位时,总成本为 10 000 元,单位产品成本为 100 元,若生产 101 个单位时,总成本为 10 090 元,则增加一个单位产品的成本为 90 元,即边际成本为 90 元,这说明可以适当增产。假设生产 1000 个单位时,总成本为 95 000 元,若生产 1001 个单位时,总成本为 95 110 元,则增加一个单位产品的成本为 110 元,即边际成本为 110 元,这说明该限制生产规模。

上述分析说明,如果产量未达到一定规模,边际成本将随产量的扩大而递减,此时扩大生产从而使得设备得到充分利用是必要的。但当产量超过一定规模后,总固定成本就会增加,从而导致边际成本的增加,这说明产量已经超过了生产能力,适当限产是必要的。

虽然边际成本是指增加一个单位产品所带来总成本的变化,但离散问题通常可以用连续的函数模型来描述,正如有些数列可以看成某些函数在自变量取正整数时的值。从边际成本的定义可以看出,它是总成本的变化与产品数量变化的比值,所以可以近似看成总成本关于产品数量的导数。用数学模型来表示即

$$c_{\text{边际成本}} = C'(Q),$$

其中 Q 为产品数量，$C(Q)$ 为生产 Q 单位产品的总成本。

成本函数通常表示为一个三次多项式：

$$f(x) = a + bx + cx^2 + \mathrm{d}x^3,$$

其中 a 表示非生产费用（如租金，维护费等），其余各项代表原材料成本、劳动力成本等，原材料成本一般是 x 的一次函数，但劳动力成本可能依赖于 x 的更高次幂，这是由于大规模生产中可能产生低效率等因素。

如果不准备介绍严格的极限语言，从平均变化率到瞬时变化率则无须烦琐的数值计算，凭直觉与思辨完全可以理解这个过程。

问题 4　假设函数 $y = f(x)$ 在每一点有导数，能否结合函数的图像从几何上解释一下，平均变化率 $\dfrac{f(x_0 + \Delta x) - f(x_0)}{\Delta x}$ 是什么？导数又是什么？

在不引起误会的情况下，为叙述方便，有时把函数 $y = f(x)$ 的图像简称为"曲线 $y = f(x)$"。

正如教材所说，平均变化率 $\dfrac{f(x_0 + \Delta x) - f(x_0)}{\Delta x}$ 是过曲线 $y = f(x)$ 上两点 $(x_0, f(x_0))$ 及 $(x_0 + \Delta x, f(x_0 + \Delta x))$ 的割线的斜率。当 $\Delta x \to 0$ 时，点 $(x_0 + \Delta x, f(x_0 + \Delta x))$ 与 $(x_0, f(x_0))$ 越来越接近，其极限是过点 $(x_0, f(x_0))$ 的直线的斜率，这条直线在点 $(x_0, f(x_0))$ 附近与曲线只有一个公共点。称这条直线为曲线 $y = f(x)$ 在点 $(x_0, f(x_0))$ 处的切线，$f'(x_0)$ 为切线的斜率（见图 3.22）。换言之，函数图像上过点 $(x_0, f(x_0))$ 的切线方程为

$$y = f(x_0) + f'(x_0)(x - x_0).$$

解释导数的几何意义时需要注意几个问题：

（1）导数与函数曲线在某点的切线斜率并不总是一致的，例如 $y = x^{\frac{1}{3}}$ 在 $x_0 = 0$ 点不可导，但函数曲线 $y = x^{\frac{1}{3}}$ 在 $(0,0)$ 点显然有切线 $x = 0$。换言之，导数不存在并不意味着函数曲线没有切线。只有当函数在某一点可导

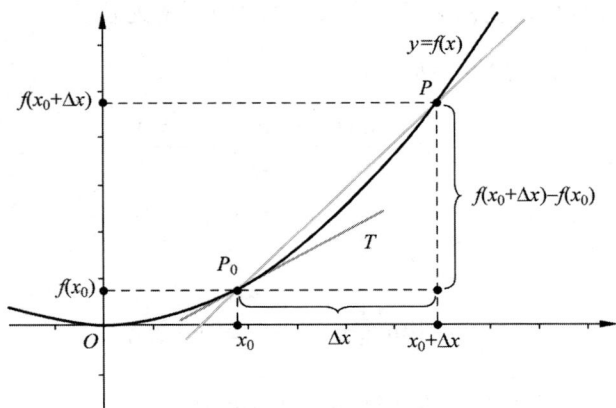

图　3.22

时,函数曲线上对应点处切线的斜率才为函数在该点的导数。

(2) 切线在切点附近与曲线只有一个公共点,但一条直线在曲线上某一点处仅与曲线有一个公共点并不意味着该直线一定是曲线的切线,因为直线可能穿过了曲线。例如直线 $x=0$ 与曲线 $y=x^3$ 显然只有一个公共点,但它们并不相切,直线 $x=0$ 在坐标原点穿过了曲线 $y=x^3$。

(3) 函数曲线在切点附近不一定位于与之相切的直线同一侧,切线也有可能从切点处穿过曲线。例如 x 轴($y=0$)在坐标原点处与曲线 $y=x^3$ 相切,但 x 轴显然在坐标原点穿过了该曲线。

这些细节如果不解释清楚,学生有可能会产生直觉错误。

>>> **例 1**　设 $f(x)=\dfrac{1}{x}$,求 $f'(1)$。

解　$f'(1)=\lim\limits_{\Delta x \to 0}\dfrac{f(1+\Delta x)-f(1)}{\Delta x}=\lim\limits_{\Delta x \to 0}\dfrac{\dfrac{1}{1+\Delta x}-1}{\Delta x}=\lim\limits_{\Delta x \to 0}-\dfrac{1}{1+\Delta x}=-1$。

>>> **例 2**　物体从高空垂直下落时遵循自由落体公式:

$$h(t)=\frac{1}{2}gt^2,$$

其中 g 是重力加速度,t 是时间变量,$h(t)$ 是 t 时刻物体下落的距离,试求 t_0 时刻物体下落的速度。

解 由路程与速度的关系可知 t_0 时刻的下落速度为

$$v(t_0)=h'(t_0)$$

$$=\lim_{\Delta t \to 0}\frac{h(t_0+\Delta t)-h(t_0)}{\Delta t}$$

$$=\lim_{\Delta t \to 0}\frac{1}{2}g\frac{(t_0+\Delta t)^2-t_0^2}{\Delta t}$$

$$=\lim_{\Delta t \to 0}\frac{1}{2}g(2t_0+\Delta t)=gt_0。$$

答 物体 t_0 时刻的下落速度为 $v(t_0)=gt_0$。

虽然没有介绍极限的运算法则,但上述等式中最后一个极限应该不难理解。

三、课外思考

思考题(需求价格弹性) 商品需求量与商品价格是什么关系?当某种商品价格发生变化时,需求量会发生什么变化? 大米与水的需求量与价格之间的关系有什么不同? 能不能通过数学方法进行分析?

如果没有一定的经济常识,对这个问题的分析可能会有一定难度,教师可以建议学生查阅资料,了解商品的需求弹性概念,从而根据需求价格弹性的不同分析两种不同商品与价格的关系有什么不同。并分析大米与水的价格弹性之所以不同的深层次原因:大米有替代品,所以价格虚高的话,消费者可以寻求替代品,水是没有替代品的生活必需品,所以水的价格弹性比大米的价格弹性低。

四、课外作业

略

案例2 **幂函数的导数**

教学目的:熟练掌握幂函数的求导公式。

教学重点:会计算幂函数的导数。

教学难点:幂函数求导公式的推导。

教学过程：

一、问题引入

问题 1　基本初等函数指的是哪些函数？

必修 1 介绍了几类基本初等函数，但基本初等函数远不止教材中介绍的那些，既然这里讲的是基本初等函数的求导，似乎应该搞清楚基本初等函数有哪些，否则学生可能会混淆基本初等函数与初等函数。例如余切函数可以写成正切函数的倒数，那么余切函数是基本初等函数还是初等函数呢？反三角函数是不是初等函数呢？教材不应该留给学生认知上的缺陷，这会给未来的学习埋下隐患。教材将下表（表 5.2-1）中几个函数的导数公式称为基本初等函数的导数公式似乎有所欠妥。

表 5.2-1

基本初等函数的导数公式
1. 若 $f(x)=c$（c 为常数），则 $f'(x)=0$；
2. 若 $f(x)=x^{\alpha}$（$\alpha \in \mathbf{Q}$，且 $\alpha \neq 0$），则 $f'(x)=\alpha x^{\alpha-1}$；
3. 若 $f(x)=\sin x$，则 $f'(x)=\cos x$；
4. 若 $f(x)=\cos x$，则 $f'(x)=-\sin x$；
5. 若 $f(x)=a^{x}$（$a>0$，且 $a \neq 1$），则 $f'(x)=a^{x}\ln a$；
特别地，若 $f(x)=\mathrm{e}^{x}$，则 $f'(x)=\mathrm{e}^{x}$；
6. 若 $f(x)=\log_a x$（$a>0$，且 $a \neq 1$），则 $f'(x)=\dfrac{1}{x\ln a}$；
特别地，若 $f(x)=\ln x$，则 $f'(x)=\dfrac{1}{x}$。

如果改成"部分基本初等函数的导数公式"或许更恰当。

我们可以不对所有基本初等函数做详细介绍，但至少应该让学生清楚基本初等函数都是指哪些函数。此外，初等函数不仅仅是基本初等函数经过四则运算得到的，还可能是经过开方运算、复合运算得到的。

（1）常数函数：$y=c$，$c \in \mathbf{R}$ 是常数；

（2）幂 函 数：$y=x^{\alpha}$（$\alpha \in \mathbf{R}$）；

（3）指数函数：$y=a^{x}$（$a>0$，$a \neq 1$）；

（4）对数函数：$y=\log_a x$（$a>0$，$a \neq 1$）；

（5）正弦函数：$y=\sin x$；

（6）余弦函数：$y=\cos x$；

（7）正切函数：$y=\tan x$；

（8）余切函数：$y=\cot x$；

（9）正割函数：$y=\sec x$；

（10）余割函数：$y=\csc x$；

（11）反正弦函数：$y=\arcsin x$；

（12）反余弦函数：$y=\arccos x$；

（13）反正切函数：$y=\arctan x$；

（14）反余切函数：$y=\operatorname{arccot} x$；

（15）反正割函数：$y=\operatorname{arcsec} x$；

（16）反余割函数：$y=\operatorname{arccsc} x$。

教材中没有提及的函数可以简单说明一下，它们都属于基本初等函数，到了大学将会系统地学习。

二、新课教学

问题 2　常数函数的导数是多少？

根据导数的定义很容易证明常数函数（也叫常值函数）在任意点的导数都是 0。

问题 3　假设 $n\in\mathbf{N}^{*}$，如何计算函数 $y=x^{n}$ 在任意点的导数？

在一点处的导数与导函数是不同的概念，教师在课堂上最好跟学生解释清楚，概念不能模棱两可。

一般正整数幂函数的求导问题可以通过代数式的恒等变形解决，中学阶段对于正指数幂函数的求导最多也只能介绍到此。负整数指数幂函数的求导与正整数指数幂没有本质上的区别。

任取 $x_{0}\in\mathbf{R}$，则

$$\frac{\Delta y}{\Delta x}=\frac{(x_{0}+\Delta x)^{n}-x_{0}^{n}}{\Delta x}$$

$$=\frac{C_{n}^{1}x_{0}^{n-1}\Delta x+C_{n}^{2}x_{0}^{n-2}\Delta x^{2}+\cdots+\Delta x^{n}}{\Delta x}$$

$$= C_n^1 x_0^{n-1} + C_n^2 x_0^{n-2} \Delta x + \cdots + \Delta x^{n-1}。$$

由此可见，$y = x^n$ 在 x_0 点的导数为 y

$$y'\big|_{x=x_0} = \lim_{\Delta x \to 0} \frac{\Delta y}{\Delta x} = n x_0^{n-1}。$$

$y = x^n$ 的导函数为 $y' = n x^{n-1}$。

问题 4 如果 α 是某个正整数的倒数，如何计算 $y = x^\alpha$ 的导数？

不妨设 $\alpha = \dfrac{1}{n}, n \in \mathbf{N}^*$，由

$$b^n - a^n = C_n^1 a^{n-1}(b-a) + C_n^2 a^{n-2}(b-a)^2 + \cdots + (b-a)^n$$

可知

$$b - a = \frac{b^n - a^n}{C_n^1 a^{n-1} + C_n^2 a^{n-2}(b-a) + \cdots + (b-a)^{n-1}},$$

于是对任意 $x_0 \in D$ 且 $x_0 \neq 0$，其中 D 是 $y = x^\alpha$ 的定义域，有

$$(x_0 + \Delta x)^\alpha - x_0^\alpha$$

$$= \frac{(x_0 + \Delta x)^{\alpha n} - x_0^{\alpha n}}{C_n^1 x_0^{\alpha(n-1)} + C_n^2 x_0^{\alpha(n-2)}\big[(x_0 + \Delta x)^\alpha - x_0^\alpha\big] + \cdots + \big[(x_0 + \Delta x)^\alpha - x_0^\alpha\big]^{n-1}}$$

$$= \frac{\Delta x}{C_n^1 x_0^{\alpha(n-1)} + C_n^2 x_0^{\alpha(n-2)}\big[(x_0 + \Delta x)^\alpha - x_0^\alpha\big] + \cdots + \big[(x_0 + \Delta x)^\alpha - x_0^\alpha\big]^{n-1}},$$

从而

$$\frac{\Delta y}{\Delta x} = \frac{(x_0 + \Delta x)^\alpha - x_0^\alpha}{\Delta x}$$

$$= \frac{1}{C_n^1 x_0^{\alpha(n-1)} + C_n^2 x_0^{\alpha(n-2)}\big[(x_0 + \Delta x)^\alpha - x_0^\alpha\big] + \cdots + \big[(x_0 + \Delta x)^\alpha - x_0^\alpha\big]^{n-1}},$$

所以 $y = x^\alpha$ 在 x_0 点的导数为

$$y'\big|_{x=x_0} = \lim_{\Delta x \to 0} \frac{\Delta y}{\Delta x}$$

$$= \lim_{\Delta x \to 0} \frac{1}{C_n^1 x_0^{\alpha(n-1)} + C_n^2 x_0^{\alpha(n-2)}\big[(x_0 + \Delta x)^\alpha - x_0^\alpha\big] + \cdots + \big[(x_0 + \Delta x)^\alpha - x_0^\alpha\big]^{n-1}}$$

$$= \frac{1}{n} \frac{1}{x_0^{\frac{n-1}{n}}} = \frac{1}{n} x_0^{\frac{1}{n} - 1}。$$

对一般的非零实数 α，下面的求导公式都是对的，不必仅限于 α 为有理数情形，除非对有理指数幂函数的求导公式进行证明，否则完全没必要作这种限制。

定理 1　设 $\alpha \in \mathbf{R}, \alpha \neq 0$，如果 $\alpha \geqslant 1$，则对任意 $x \in D$，函数 $y = x^{\alpha}$ 在 x 点的导数为

$$y' = \alpha x^{\alpha-1};$$

如果 $\alpha < 1$，则对任意 $x \in D, x \neq 0$，函数 $y = x^{\alpha}$ 在 x 点的导数为

$$y' = \alpha x^{\alpha-1}。$$

>>> **例 1**　分别求函数 $f(x) = x^3$ 与 $g(x) = x^{\frac{1}{3}}$ 的导函数，导函数的定义域与原来函数的定义域一定一样吗？

解　$f'(x) = 3x^2, g'(x) = \dfrac{1}{3} x^{\frac{1}{3}-1} = \dfrac{1}{3} x^{-\frac{2}{3}}$，$g(x)$ 在零点不可导，故其导函数的定义域发生了变化。

>>> **例 2**　求 $y = x^{\frac{3}{4}}$ 在 $x = 16$ 处的导数，该函数在 $x = 0$ 点有没有导数？

解　$y' \Big|_{x=16} = \dfrac{3}{4} x^{-\frac{1}{4}} \Big|_{x=16} = \dfrac{3}{8}。$

函数在 $x = 0$ 点显然没有导数。

教师应该清楚一个事实，有时候不一定能通过导函数在一点处的极限来确定函数在一点处的导数。可以考察如下函数

$$f(x) = x^2 \sin \frac{1}{x},$$

如果补充定义 $f(0) = 0$，则 $f(x)$ 在 **R** 上处处有定义，且

$$\lim_{\Delta x \to 0} \frac{f(\Delta x) - f(0)}{\Delta x} = \lim_{\Delta x \to 0} \Delta x \sin \frac{1}{\Delta x} = 0,$$

于是 $f'(0) = 0$。然而，如果直接求函数的导函数，则有

$$f'(x) = 2x \sin \frac{1}{x} + x^2 \left(\cos \frac{1}{x} \right) \left(-\frac{1}{x^2} \right)$$

$$= 2x \sin \frac{1}{x} - \cos \frac{1}{x}。$$

不难看出当 $x\to 0$ 时，极限 $\lim\limits_{x\to 0}f'(x)$ 不存在。

一个自然的问题是，如果 $\lim\limits_{x\to x_0}f'(x)$ 存在，函数 $y=f(x)$ 在 x_0 点的导数是否一定存在？有兴趣的读者不妨利用中值定理考察一番。

三、课外作业

略

案例3　**指数函数与对数函数的导数**

教学目的：熟练掌握指数函数与对数函数的求导公式。

教学重点：指数函数与对数函数的导数。

教学难点：指数函数与对数函数求导公式的推导。

教学过程：

一、问题引入

问题1　设 $f(x)=\ln x$，这个函数在其定义域内每一点都可导吗？导数是什么？

如果试图推导指数函数与对数函数的求导公式，从对数函数开始会方便一些，如果不需要推导这些公式，则孰先孰后均无可无不可。

对数函数的定义域为 $(0,+\infty)$，对任意 $x_0\in(0,+\infty)$，

$$\frac{f(x_0+\Delta x)-f(x_0)}{\Delta x}=\frac{\ln(x_0+\Delta x)-\ln x_0}{\Delta x}$$

$$=\frac{\ln\left(1+\dfrac{\Delta x}{x_0}\right)}{\Delta x}$$

$$=\ln\left(1+\frac{\Delta x}{x_0}\right)^{\frac{1}{\Delta x}}$$

$$=\ln\left(1+\frac{\Delta x}{x_0}\right)^{\frac{x_0}{\Delta x}\cdot\frac{1}{x_0}}$$

$$=\frac{1}{x_0}\ln\left(1+\frac{\Delta x}{x_0}\right)^{\frac{x_0}{\Delta x}}$$

$$=\frac{1}{x_0}\ln\left(1+\frac{\Delta x}{x_0}\right)^{\frac{1}{\frac{\Delta x}{x_0}}},$$

显然,如果 $\Delta x \to 0$,则 $\dfrac{\Delta x}{x_0} \to 0$,这里涉及前面提到的一个重要极限:

$$\lim_{x \to 0}(1+x)^{\frac{1}{x}} = \mathrm{e},$$

中学课堂介绍这个极限的详细证明是不现实的,不妨如同教材中的很多结论一样,暂时承认它们,留待大学阶段再作详细证明。只要把 $\dfrac{\Delta x}{x_0}$ 看成 x 便不难看到

$$\lim_{\Delta x \to 0}\ln\left(1+\frac{\Delta x}{x_0}\right)^{\frac{1}{\frac{\Delta x}{x_0}}} = 1,$$

于是

$$\lim_{\Delta x \to 0}\frac{f(x_0+\Delta x)-f(x_0)}{\Delta x} = \frac{1}{x_0}。$$

进而得导数公式 $(\ln x)' = \dfrac{1}{x}, x \in (0, +\infty)$。

如果教师觉得学生无法接受上述证明,可以像教材那样直接给结果便可。

二、新课教学

问题 2 如果 $a > 0, a \neq 1$,能否利用 $y = \ln x$ 的导数公式求 $y = \log_a x$ 的导数?

利用换底公式可得 $\log_a x = \dfrac{\ln x}{\ln a} = \dfrac{1}{\ln a} \cdot \ln x$,尽管尚未介绍求导法则,但直接用导数定义很容易证明

$$(\log_a x)' = \frac{1}{\ln a} \cdot \frac{1}{x}。$$

问题 3 能不能利用 $y = \ln x$ 的导数求 $y = \mathrm{e}^x$ 的导数?

对数函数与指数函数互为反函数,如果知道如何求反函数的导数,自然很容易求出指数函数的导数。形式演算并不复杂:

设 $y = f^{-1}(x)$ 是 $y = f(x)$ 的反函数,则

$$\frac{\Delta f^{-1}}{\Delta x} = \frac{1}{\dfrac{\Delta x}{\Delta f^{-1}}} = \frac{1}{\dfrac{\Delta f}{\Delta y}},$$

只要注意到函数与其反函数的自变量符号与因变量符号对调了（即 x 与 y 对调）便不难理解上面的转换。取极限便得

$$(f^{-1})'(x) = \frac{1}{f'(y)} = \frac{1}{f'(f^{-1}(x))}\,。$$

如果 $y = e^x$，则其反函数为 $y = \ln x$，于是

$$(e^x)' = \frac{1}{(\ln y)'} = y = e^x\,。$$

问题 4　如果 $a > 0, a \neq 1$，能否利用 $y = e^x$ 的导数公式求 $y = a^x$ 的导数？

由 $y = a^x = e^{\ln a^x} = e^{x \ln a}$，可知这是个简单的复合函数，不过没有复合函数求导法则也可以直接计算：

$$\frac{e^{(x+\Delta x)\ln a} - e^{x \ln a}}{\Delta x} = \ln a\, \frac{e^{(x+\Delta x)\ln a} - e^{x \ln a}}{\Delta x \ln a}\,,$$

如果令 $w = x \ln a$，则

$$\frac{e^{(x+\Delta x)\ln a} - e^{x \ln a}}{\Delta x \ln a} = \frac{e^{(w+\Delta w)} - e^{w}}{\Delta w}\,,$$

当 $\Delta x \to 0$ 时，也有 $\Delta w \to 0$，可见

$$\lim_{\Delta x \to 0} \frac{e^{(x+\Delta x)\ln a} - e^{x \ln a}}{\Delta x} = \lim_{\Delta w \to 0} \ln a\, \frac{e^{(w+\Delta w)} - e^{w}}{\Delta w}$$

$$= \ln a\, e^{w} = \ln a\, e^{x \ln a} = \ln a \cdot a^x\,,$$

即 $(a^x)' = \ln a \cdot a^x$。

>>> **例 1**　求函数 $y = \log_2 x$ 与 $y = 2^x$ 的导数。

　解　$(\log_2 x) = \dfrac{1}{x \ln 2}$，$(2^x)' = \ln 2 \cdot 2^x$。

>>> **例 2**　某种商品刚上市时的价格为 p_0，在上市后的 20 年中，商品的平均通胀率为 $r\%$，该商品在这 20 年中的价格上涨速度大概是多少？

学生独立建立价格与时间的函数关系并不困难，可能会感到疑惑的是

这里的时间是离散的（通常按年、月、天计算），为什么可以用导数计算价格上涨的速度。前面已经解释过这个问题，教师可以在课堂上再次强调一下离散变量与连续变量的关系。记第 t 年的价格为 $p(t)$，则

$$p(t) = p_0(1 + r\%)^t。$$

所谓价格上涨速度可以近似看成价格关于时间的导数：

$$p'(t) = p_0 \ln(1 + r\%) \cdot (1 + r\%)^t。$$

三、课外作业

略

案例 4　**导数的四则运算法则**

教学目的：熟练掌握导数的四则运算法则。

教学重点：导数的四则运算法则。

教学难点：导数的四则运算法则的推导。

教学过程：

一、问题引入

问题 1　设 $p(x) = a_n x^n + a_{n-1} x^{n-1} + \cdots + a_1 x + a_0$，其中 $a_i(i = 0, 1, \cdots, n)$ 是常数，称 $p(x)$ 为多项式函数，如何求 $p(x)$ 的导数？

多项式函数的求导涉及两个问题：(1) 如何求常数与幂函数乘积的导数？(2) 如何求两个函数和或差的导数？这两个问题都可以根据导数的定义直接给出证明。事实上，由

$$\frac{\Delta(a_i x^i)}{\Delta x} = \frac{a_i \Delta(x^i)}{\Delta x} = a_i \frac{\Delta(x^i)}{\Delta x}$$

可得 $(a_i x^i)' = a_i(x^i)'$。由

$$\frac{\Delta(a_i x^i + a_j x^j)}{\Delta x} = \frac{\Delta(a_i x^i) + \Delta(a_j x^j)}{\Delta x} = \frac{\Delta(a_i x^i)}{\Delta x} + \frac{\Delta(a_j x^j)}{\Delta x}$$

可得 $(a_i x^i + a_j x^j)' = (a_i x^i)' + (a_j x^j)'$。由此不难求多项式函数的导数。

二、新课教学

问题 2　设 $y = f(x)$，$y = g(x)$ 均在 $x = x_0$ 点可导，$f(x) \pm g(x)$ 在 $x = x_0$ 点是否可导？如果可导，导数等于多少？

由于导数是逐点定义的,所以两个函数和或差的导数也需要先从一点处的可导性过渡到导函数的存在性,这里自然涉及一个问题,两个函数的定义域是什么关系? 因为两个函数的定义域有可能是不同的,它们一旦做四则运算,其定义域将发生变化,所以说,在讨论这个运算法则前,首先应该说明它们具有相同的定义域或者将两个函数限制在定义域的公共部分,否则四则运算便没有意义。例如指数函数与对数函数的定义域是不同的,如果对它们做四则运算,当然是限制在使得两个函数都有定义的范围内,即两个函数定义域的公共部分。弄清楚这个关系,实际的计算并无本质困难,并不需要限制在特殊函数情形:

$$\frac{(f \pm g)(x_0 + \Delta x) - (f \pm g)(x_0)}{\Delta x}$$

$$= \frac{[f(x_0 + \Delta x) \pm g(x_0 + \Delta x)] - [f(x_0) \pm g(x_0)]}{\Delta x}$$

$$= \frac{f(x_0 + \Delta x) - f(x_0)}{\Delta x} \pm \frac{g(x_0 + \Delta x) - g(x_0)}{\Delta x},$$

由此可知$(f \pm g)'(x_0) = f'(x_0) \pm g'(x_0)$。

问题 3 设 $y = f(x)$ 的定义域为 D_1,$y = g(x)$ 的定义域为 D_2,那么 $y = f(x) \pm g(x)$ 的定义域是什么? 如果 $f(x)$ 与 $g(x)$ 在各自的定义域内都可导,$y = f(x) \pm g(x)$ 在其定义域内是否可导? 其导数是什么?

这个问题的难点在于定义域的辨析,搞清楚两个函数的和或差与这两个函数定义域的关系,求导法则由上述关于一点处的求导法则立刻可得。

>>> **例 1** 求下列函数的导函数:

(1) $y = x^3 - x + 3$; (2) $y = 2^x + \cos x$; (3) $y = \ln x + 2x^4$。

解 (1) $y' = (x^3 - x + 3)' = (x^3)' - x' + 3' = 3x^2 - 1$;

(2) $y' = (2^x + \cos x)' = (2^x)' + (\cos x)' = 2^x \ln 2 - \sin x$;

(3) 注意 $y = \ln x$ 的定义域为 $(0, +\infty)$,所以 $y = \ln x + 2x^4$ 的定义域为 $(0, +\infty)$。如果不注意函数定义域的变化,可能会得出荒谬的结果。对函数 $y = \ln x + 2x^4$ 运用求导法则可得

$$y' = (\ln x + 2x^4)' = (\ln x)' + (2x^4)' = \frac{1}{x} + 8x^3 。$$

从形式上看,$y' = \frac{1}{x} + 8x^3$ 的定义域为 $\{x \mid x \neq 0\}$,这个集合比对数函数的定义域范围更宽,也就是说,导函数的定义域看上去比原来函数的定义域范围更大,这是荒谬的。所以即使对初等函数运用求导法则,也需要注意其定义域的变化。当然,正如初等函数的定义域通常蕴含在函数的表达式中,一般说来,计算导函数时,不需要特别强调函数的取值范围,除非实际使用时涉及函数的取值范围。

问题 4 设 $y = f(x)$ 的定义域为 D_1,$y = g(x)$ 的定义域为 D_2,那么 $y = f(x) \cdot g(x)$ 的定义域是什么? 如果 $f(x)$ 与 $g(x)$ 在各自的定义域内都可导,$y = f(x) \cdot g(x)$ 在其定义域内是否可导? 其导数是什么?

显然 $y = f(x) \cdot g(x)$ 的定义域为 $y = f(x)$ 与 $y = g(x)$ 的定义域的公共部分,即 $D_1 \cap D_2$。两个可导函数乘积的可导性同样根据逐点可导性来验证:

任取 $x_0 \in D_1 \cap D_2$,则 $y = f(x)$ 与 $y = g(x)$ 在 $x = x_0$ 处均可导,于是

$$\frac{f(x_0 + \Delta x)g(x_0 + \Delta x) - f(x_0)g(x_0)}{\Delta x}$$

$$= \frac{[f(x_0 + \Delta x)g(x_0 + \Delta x) - f(x_0 + \Delta x)g(x_0)] + [f(x_0 + \Delta x)g(x_0) - f(x_0)g(x_0)]}{\Delta x}$$

$$= \frac{f(x_0 + \Delta x)[g(x_0 + \Delta x) - g(x_0)]}{\Delta x} + \frac{[f(x_0 + \Delta x) - f(x_0)]g(x_0)}{\Delta x}$$

$$= f(x_0 + \Delta x) \cdot \frac{g(x_0 + \Delta x) - g(x_0)}{\Delta x} + g(x_0) \cdot \frac{f(x_0 + \Delta x) - f(x_0)}{\Delta x} ,$$

当 $\Delta x \to 0$ 时,$\dfrac{g(x_0 + \Delta x) - g(x_0)}{\Delta x} \to g'(x_0)$,$\dfrac{f(x_0 + \Delta x) - f(x_0)}{\Delta x} \to f'(x_0)$。

这里涉及中学不介绍的连续性问题,当 $\Delta x \to 0$ 时,$f(x_0 + \Delta x)$ 的极限是什么? 对这个问题的直观理解并不困难,事实上,由于 $\Delta x \to 0$ 时,$\dfrac{f(x_0 + \Delta x) - f(x_0)}{\Delta x} \to f'(x_0)$,显然有 $f(x_0 + \Delta x) - f(x_0) \to 0$,即 $f(x_0 + \Delta x) \to f(x_0)$,故

$$(fg)'(x_0) = f'(x_0)g(x_0) + f(x_0)g'(x_0)。$$

教材不介绍函数的连续性,也不证明求导法则,通过几个例子的求导便引出求导法则,对于函数求导的加法或减法法则采取拿来式的做法没有太大问题,但函数乘法与除法的求导法则有一定的复杂性,如果不清楚来龙去脉,学生很容易弄错。建议教师在课堂上补充求导法则的证明,不仅可以让学生加深对求导法则的印象,也让学生了解函数乘除法的求导为什么不能分别求导后相乘除。

问题 5 设 $y = f(x)$ 的定义域为 D_1,$y = g(x)$ 的定义域为 D_2,那么 $y = \dfrac{f(x)}{g(x)}$ 的定义域是什么? 如果 $f(x)$ 与 $g(x)$ 在各自的定义域内都可导,$y = \dfrac{f(x)}{g(x)}$ 在其定义域内是否可导? 其导数是什么?

与问题 4 不同的是,这里还需要排除 $g(x) = 0$ 的情形,假设 $x_0 \in D_1 \bigcap D_2$,且 $g(x_0) \neq 0$,则 $y = f(x)$ 与 $y = g(x)$ 在 $x = x_0$ 处均可导。当 Δx 充分小时,也有 $g(x_0 + \Delta x) \neq 0$,于是

$$\frac{\dfrac{f(x_0 + \Delta x)}{g(x_0 + \Delta x)} - \dfrac{f(x_0)}{g(x_0)}}{\Delta x}$$

$$= \frac{\dfrac{f(x_0 + \Delta x) \cdot g(x_0) - f(x_0)g(x_0 + \Delta x)}{g(x_0 + \Delta x) \cdot g(x_0)}}{\Delta x}$$

$$= \frac{\dfrac{f(x_0 + \Delta x) \cdot g(x_0) - f(x_0) \cdot g(x_0) + f(x_0) \cdot g(x_0) - f(x_0)g(x_0 + \Delta x)}{g(x_0 + \Delta x) \cdot g(x_0)}}{\Delta x}$$

$$= \frac{\dfrac{[f(x_0 + \Delta x) - f(x_0)]g(x_0) - f(x_0)[g(x_0 + \Delta x) - g(x_0)]}{g(x_0 + \Delta x) \cdot g(x_0)}}{\Delta x}$$

$$= \frac{\dfrac{[f(x_0 + \Delta x) - f(x_0)]g(x_0)}{\Delta x} - \dfrac{f(x_0)[g(x_0 + \Delta x) - g(x_0)]}{\Delta x}}{g(x_0 + \Delta x) \cdot g(x_0)},$$

令 $\Delta x \to 0$ 便可得

$$\left(\frac{f}{g}\right)'(x_0) = \frac{f'(x_0)g(x_0) - f(x_0)g'(x_0)}{g^2(x_0)}。$$

将 x_0 换成 x 便可得导函数的求导法则。通过上述演算，会让学生对两个函数商的求导法则留下深刻印象，自然不会想当然地直接在分子与分母上分别求导。

>>> 例 2　求下列函数的导数：

(1) $y = x^3 \mathrm{e}^x$；(2) $y = \dfrac{2\sin x}{x}$。

这里没有给出 x 的具体取值，自然是求函数的导函数。

解　(1) $y' = (x^3)'\mathrm{e}^x + x^3(\mathrm{e}^x)' = 3x^2\mathrm{e}^x + x^3\mathrm{e}^x$；

(2) $y' = \dfrac{(2\sin x)'x - x'(2\sin x)}{x^2} = \dfrac{2x\cos x - 2\sin x}{x^2}$。

三、课外作业

略

◀ 案例 5　**复合函数求导法则**

教学目的：熟练掌握复合函数求导法则。

教学重点：复合函数求导法则。

教学难点：复合函数求导法则的推导。

教学过程：

一、问题引入

问题 1　设 $y = \sin cx$，其中 c 是常数，如何计算 $f'(x)$？

这是函数 $y = \sin u$ 与 $u = cx$ 复合而成的函数，直接计算差商（函数增量与自变量增量的商）得

$$\frac{\Delta y}{\Delta x} = \frac{\sin c(x + \Delta x) - \sin cx}{\Delta x}$$

$$= \frac{\sin(cx + c\Delta x) - \sin cx}{\Delta x}$$

$$= \frac{\sin(cx + c\Delta x) - \sin cx}{c\Delta x} \cdot \frac{c\Delta x}{\Delta x}$$

$$= \frac{\sin(cx + \Delta(cx)) - \sin cx}{\Delta(cx)} \cdot \frac{\Delta(cx)}{\Delta x},$$

令 $\Delta x \to 0$，则 $\Delta u = \Delta(cx) = c\Delta x \to 0$，则

$$\lim_{\Delta x \to 0} \frac{\sin(cx + \Delta(cx)) - \sin cx}{\Delta(cx)} = \lim_{\Delta u \to 0} \frac{\sin(u + \Delta u) - \sin u}{\Delta u} = \cos u,$$

$$\lim_{\Delta x \to 0} \frac{\Delta(cx)}{\Delta x} = c, \text{故}$$

$$y'(x) = (\sin u)' \cdot (cx)' = c\cos u = c\cos cx。$$

显然上述方法与具体的函数无关，它具有普适性，适用于一般的复合函数。

二、新课教学

问题 2 设 $y = f(u), u = g(x)$ 是两个函数，如果要求 $y = f(g(x))$ 在 x_0 点可导，对函数 $y = f(u)$ 与 $u = g(x)$ 有什么要求？复合函数 $y = f(g(x))$ 在 x_0 点的导数与 $y = f(u)$ 及 $u = g(x)$ 在何处的导数有关？

令 $u_0 = g(x_0)$，若 $y = f(g(x))$ 在 x_0 点可导，则 u_0 应该在 $y = f(u)$ 的定义域中，而且 $y = f(u)$ 在 u_0 点可导。这说明 $y = f(u)$ 不仅在 u_0 点有定义，在 u_0 的附近也应该有定义。记 $\Delta u = g(x_0 + \Delta x) - g(x_0)$，则

$$\frac{f(g(x_0 + \Delta x)) - f(g(x_0))}{\Delta x} = \frac{f(u) - f(u_0)}{\Delta u} \cdot \frac{\Delta u}{\Delta x}。$$

由于 $u = g(x)$ 在 u_0 点可导，故 $\Delta x \to 0$ 时必有 $\Delta u \to 0$，于是

$$\lim_{\Delta x \to 0} \frac{f(g(x_0 + \Delta x)) - f(g(x_0))}{\Delta x} = \lim_{\Delta x \to 0} \left[\frac{f(u) - f(u_0)}{\Delta u} \cdot \frac{\Delta u}{\Delta x} \right]$$

$$= \lim_{\Delta x \to 0} \frac{f(u) - f(u_0)}{\Delta u} \cdot \lim_{\Delta x \to 0} \frac{\Delta u}{\Delta x}$$

$$= \lim_{\Delta u \to 0} \frac{f(u) - f(u_0)}{\Delta u} \cdot \lim_{\Delta x \to 0} \frac{\Delta u}{\Delta x}$$

$$= f'(u_0) \cdot g'(x_0)。$$

即

$$\left[f(g(x)) \right]' \Big|_{x=x_0} = f'(u_0) \cdot g'(x_0) = f'(g(x_0)) \cdot g'(x_0)。$$

复合函数的导函数有类似的公式：

$$\left[f(g) \right]'(x) = f'(g(x)) \cdot g'(x)。$$

初学者容易将符号 $[f(g)]'(x)$ 与 $f'(g(x))$ 混淆,前者指的是复合函数关于自变量 x 的导数,后者指的是函数 $y=f(u)$ 关于 u 的导数,只不过将 $u=g(x)$ 代入了导函数 $y'=f'(u)$。

通常也把复合函数 $y=f(g(x))$ 记成 $y=(f\circ g)(x)$,上述公式可以写成

$$(f\circ g)'(x)=f'(g(x))\cdot g'(x)。$$

>>> **例 1** 求下列函数的导数:

(1) $y=(3x+5)^3$;(2) $y=\mathrm{e}^{-0.5x+1}$;(3) $y=\ln(2x-1)$。

计算复合函数导数的关键是弄清楚复合过程,清楚了复合过程便不难求导。初学时最好写出复合过程,求出导数后需要将中间变量 u 替换成自变量 x,熟练之后就可以省去这个过程了。

解 (1) $y=(3x+5)^3$ 由 $y=u^3$ 与 $u=3x+5$ 复合而成,于是

$$y'=(u^3)'\cdot(3x+5)'$$
$$=3u^2\cdot 3$$
$$=9(3x+5)^2;$$

(2) $y=\mathrm{e}^{-0.5x+1}$ 由 $y=\mathrm{e}^u$ 与 $u=-0.5x+1$ 复合而成,于是

$$y'=(\mathrm{e}^u)'\cdot(-0.5x+1)'$$
$$=\mathrm{e}^u\cdot(-0.5)$$
$$=-0.5\mathrm{e}^{-0.5x+1};$$

(3) $y=\ln(2x-1)$ 由 $y=\ln u$ 与 $u=2x-1$ 复合而成,于是

$$y'=(\ln u)'\cdot(2x-1)'$$
$$=\frac{1}{u}\cdot 2$$
$$=\frac{2}{2x-1}。$$

>>> **例 2** 求 $y=\sqrt[3]{3x-1}$ 的图像在点 $\left(\dfrac{2}{3},1\right)$ 处的切线方程。

解 $y=\sqrt[3]{3x-1}$ 是 $y=\sqrt[3]{u}$ 与 $u=3x-1$ 的复合函数,于是

$$y' = (\sqrt[3]{u})' \cdot (3x-1)'$$

$$= \frac{1}{3}u^{-\frac{2}{3}} \cdot 3$$

$$= \frac{1}{\sqrt[3]{(3x-1)^2}},$$

从而

$$y'\Big|_{x=\frac{2}{3}} = \frac{1}{\sqrt[3]{(3x-1)^2}}\Big|_{x=\frac{2}{3}} = 1。$$

于是曲线 $y = \sqrt[3]{3x-1}$ 在点 $\left(\frac{2}{3}, 1\right)$ 处的切线方程为

$$y - 1 = y'\Big|_{x=\frac{2}{3}}\left(x - \frac{2}{3}\right) = x - \frac{2}{3},$$

即

$$y = x + \frac{1}{3}。$$

三、课外作业

略

案例 6 导数在研究函数中的应用

教学目的：熟练运用导数研究函数的单调性。

教学重点：运用导数研究函数的单调性，求函数的单调区间。

教学难点：求函数的单调区间。

教学过程：

一、问题引入

问题 1 如果函数 $y = f(x)$ 是区间 (a,b) 内单调递增（单调递减）的可导函数，其导数具有什么特征？

可以引导学生通过代数与几何的结合分析曲线上升或下降时切线应该呈什么变化。事实上，如果函数 $y = f(x)$ 在区间 $[a,b]$ 上单调递增，则对任意 $x_0, x \in (a,b)$，若 $x_0 < x$，必有 $f(x_0) \leqslant f(x)$，于是

$$\frac{f(x) - f(x_0)}{x - x_0} \geqslant 0,$$

由 x_0,x 的任意性不难证明 $f'(x_0) \geqslant 0$,这说明单调递增可导函数的导数一定是非负的。几何上看,单调递增的可导函数在每一点的切线斜率都是非负的(见图 3.23)。

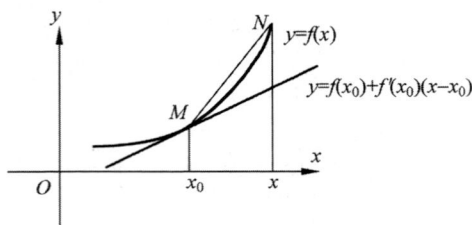

图　3.23

类似可证如果函数 $y = f(x)$ 是区间 (a,b) 内单调递减的可导函数,则对任意 $x \in (a,b)$,有 $f'(x) \leqslant 0$。

二、新课教学

问题 2　如果函数 $y = f(x)$ 是区间 (a,b) 内的可导函数,且对任意 $x \in (a,b)$,$f'(x) \geqslant 0$,能否判断 $y = f(x)$ 在 (a,b) 内的单调性?

中学不介绍中值定理,但会了解函数零点与极值点的关系(本质上是罗尔定理),学生对中值定理的几何直观并不难理解。如果 $y = f(x)$ 在区间 (a,b) 内恒有 $f'(x) \geqslant 0$,可以通过函数曲线的割线与切线的关系来观察函数的单调性。不妨设 $x_1, x_2 \in (a,b)$,$x_1 < x_2$,则过点 $(x_1, f(x_1))$ 与 $(x_2, f(x_2))$ 的割线斜率为 $\dfrac{f(x_2) - f(x_1)}{x_2 - x_1}$。将割线平行移动,则必存在一点 $\xi \in (x_1, x_2)$,使得过点 $(\xi, f(\xi))$ 且平行于割线的直线恰好与函数图像相切,即

$$f'(\xi) = \frac{f(x_2) - f(x_1)}{x_2 - x_1},$$

由于 $f'(\xi) \geqslant 0$,故

$$\frac{f(x_2) - f(x_1)}{x_2 - x_1} \geqslant 0,$$

因此 $f(x_2) \geqslant f(x_1)$,这说明 $y = f(x)$ 是 (a,b) 内的单调递增函数。

类似可得,如果函数 $y=f(x)$ 是区间 (a,b) 内的可导函数,且对任意 $x\in(a,b)$,$f'(x)\leqslant 0$,则 $y=f(x)$ 在区间 (a,b) 内单调递减。

从对问题 2 的讨论可以发现,只需将 ">"(或 "<")改成 ">"(或 "<"),其余讨论完全一样,可以得到如下结论:

如果 $y=f(x)$ 是区间 (a,b) 内的可导函数,且对任意 $x\in(a,b)$,$f'(x)>0$,则 $y=f(x)$ 在区间 (a,b) 内是严格单调递增的,即对任意 x_1,$x_2\in(a,b)$,$x_1<x_2$,有 $f(x_2)>f(x_1)$(中学教材所说的单调递增即为这里的严格单调递增)。类似地,如果 $y=f(x)$ 是区间 (a,b) 内的可导函数,且对任意 $x\in(a,b)$,$f'(x)<0$,则 $y=f(x)$ 在区间 (a,b) 内是严格单调递减的,即对任意 x_1,$x_2\in(a,b)$,$x_1<x_2$,有 $f(x_2)<f(x_1)$(即中学教材所说的单调递减)。

教师可以根据学情决定是否需要分析得更透彻一些,例如,可以进一步启发学生分析:如果函数 $y=f(x)$ 是区间 (a,b) 内严格单调递增(或严格单调递减)的可导函数,是否必有 $f'(x)>0$,$\forall x\in(a,b)$(或 $f'(x)<0$,$\forall x\in(a,b)$)? 不妨结合函数 $y=x^3$,$x\in(-1,1)$ 考察这个问题。

>>> **例 1** 判断下列函数的单调性:

(1) $f(x)=x^3+3x$;(2) $f(x)=\sin x-x$,$x\in(0,\pi)$;

(3) $f(x)=\dfrac{x-1}{x}$。

解 (1) 因为 $f'(x)=3(x^2+1)>0$,可见 $f(x)=x^3+3x$ 在 **R** 上是单调递增的;

(2) 因为 $f'(x)=\cos x-1<0$,$x\in(0,\pi)$,故 $f(x)=\sin x-x$ 在 $(0,\pi)$ 内单调递减;

可以建议学生课外思考这个函数在实数域上是否单调。

(3) $f(x)=\dfrac{x-1}{x}$ 的定义域为 $(-\infty,0)\bigcup(0,+\infty)$,需要分别在两个区间上讨论。

$$f'(x)=\left(1-\dfrac{1}{x}\right)'=\dfrac{1}{x^2}>0,\qquad \forall x\in(-\infty,0)\bigcup(0,+\infty),$$

因此 $f(x) = \dfrac{x-1}{x}$ 在 $(-\infty, 0)$ 与 $(0, +\infty)$ 上都是单调递增的。

问题 3 函数 $f(x) = x^3 - 3x$ 在其定义域内单调吗？如何描述这个函数在其定义域内单调性的变化？

求导可得

$$f'(x) = 3(x+1)(x-1),$$

导函数的符号在其定义域内发生了变化，由问题 2 的讨论可知，函数在其定义域内的单调性将发生变化。由于函数的单调性取决于其导函数的符号，所以可以根据导函数的符号确定函数单调的范围。令 $f'(x) = 0$，解得 $x_1 = -1$，$x_2 = 1$。x_1，x_2 将函数的定义域分成了三个区间，通过表格列出导数符号的变化范围，函数在这三个区间上的单调性变化便一目了然了（见下表）。

$f(x) = x^3 - 3x$ 的变化规律

x	$(-\infty, -1)$	$(-1, 1)$	$(1, +\infty)$
$f'(x)$ 的符号	$+$	$-$	$+$
$f(x)$ 的单调性	单调递增	单调递减	单调递增

教材关于函数单调区间的定义不够严谨：

如果函数 $y = f(x)$ 在区间 D 上单调递增或单调递减，那么就说函数 $y = f(x)$ 在这一区间具有(严格的)单调性，区间 D 叫做 $y = f(x)$ 的单调区间。

如果函数在 D 上单调，显然在其子区间上也是单调的，那么，它的子区间能不能称之为函数的单调区间呢？如果是这样，函数的单调区间就复杂了，如果学生只求出了单调区间的一个子区间，算不算正确？例如利用导数来考察 $y = x^3$ 的单调性(当然，这个函数的单调性可以不用导数)，按照教材的标准程序，先对函数求导得 $f'(x) = 3x^2$，令 $f'(x) = 0$，解得 $x_0 = 0$。$x_0 = 0$ 将函数的定义域分成了两个区间：$(-\infty, 0)$ 与 $(0, +\infty)$，我们是不是可以说这个函数的单调区间为 $(-\infty, 0)$ 与 $(0, +\infty)$？显然不行，因为函数在整个实数域上都是单调递增的。但按照教材的定义，函数在区间 $(-\infty, 0)$ 与 $(0, +\infty)$ 上都是单调的，它就应该是单调区间。

还有一种情况不能被忽略,那就是函数在某个点可能没有定义或者不可导,也需要将这些特殊点拿出来考察其左右两边导数符号是否发生了变化。例如 $y=\dfrac{1}{x}$ 在 $x=0$ 点没有定义,这时就需要分别考察导函数在 $(-\infty,0)$ 与 $(0,+\infty)$ 的符号,从而确定其单调性。又如 $y=|x|$ 在零点不可导,但函数在零点左右的导数符号发生了变化,所以其单调区间也有两个:$(-\infty,0)$ 与 $(0,+\infty)$。

那么单调区间指的是什么? 它是指使得函数单调的最大区间。按照这个定义,仅仅求出导函数的零点还不够,还需要进一步检验导数在零点的左右符号是否发生了变化。如果变化了,单调性自然变了,零点就构成单调区间的一个端点,否则就不是。

应该向学生强调的是,求出导数的零点是为了确定使得函数单调的最大区间(即单调区间)的端点,但是导数为零的点并不总是函数单调性发生变化的临界点。所以,在求出导数的零点后,还需要进一步检验以这些零点为端点的区间是不是单调区间。

>>> **例2** 试求函数 $f(x)=\dfrac{1}{3}x^3-\dfrac{1}{2}x^2-2x+1$ 的单调区间。

解 显然,函数的定义域为 **R**,求导得

$$f'(x)=x^2-x-2=(x-2)(x+1),$$

令 $f'(x)=0$,得 $x_1=-1,x_2=2,x_1,x_2$ 将函数的定义域分成了三个区间,列表如下:

x	$(-\infty,-1)$	$(-1,2)$	$(2,+\infty)$
$f'(x)$ 的符号	+	−	+
$f(x)$ 的单调性	单调递增	单调递减	单调递增

所以函数的单调区间为:$(-\infty,-1),(-1,2),(2,+\infty)$。

从上述例子可以看出,利用导数求函数单调区间的标准步骤为:

(1) 确定函数的定义域;

(2) 求导数 $y'=f'(x)$;

(3) 求 $f'(x)$ 的零点以及导数不存在的点;

(4) 通过导数的零点及导数不存在的点将函数的定义域分成若干个区间,列表给出各个区间内导数的符号,由此确定在这些区间内函数的单调性,确定单调区间。

函数的单调性对于比较两个函数图像的位置关系或函数的大小关系(函数不等式)是有用的。

>>> 例 3 设 $f(x) = \ln x$,$g(x) = 2\sqrt{x}$,试在 $(0, +\infty)$ 上比较 $f(x)$ 与 $g(x)$ 的大小。

解 令 $F(x) = f(x) - g(x)$,则

$$F'(x) = f'(x) - g'(x) = \frac{1}{x} - \frac{1}{\sqrt{x}}。$$

当 $x \in (0,1)$ 时,$F'(x) > 0$,故 $F(x)$ 在 $(0,1)$ 内单调递增。注意 $F(1) = -2 < 0$,所以对任意 $x \in (0,1)$,有 $F(x) < F(1) < 0$,即 $f(x) < g(x)$;当 $x \in (1, +\infty)$ 时,$F'(x) < 0$,故 $F(x)$ 在 $(1, +\infty)$ 内单调递减,所以对任意 $x \in (1, +\infty)$,有 $F(x) < F(1) < 0$,即 $f(x) < g(x)$。

综上得对任意 $x \in (0, +\infty)$,有 $f(x) < g(x)$。换言之,函数 $g(x) = 2\sqrt{x}$ 的图像位于函数 $f(x) = \ln x$ 的图像上方。

三、课外作业

略

案例 7 导数在研究函数中的应用(续)

教学目的:熟练运用导数求函数的极值与最大(小)值。

教学重点:运用导数求函数的极值,会求函数的最大(小)值。

教学难点:函数极值点的判别。

教学过程:

一、问题引入

问题 1 当函数 $y = f(x)$ 在其定义域内的单调性发生变化时,函数的曲线将呈现什么变化?例如当函数由单调递增转变为单调递减时,在使得函数的单调性发生变化的临界点附近函数图像的形状有什么特点?当函

数由单调递减转变为单调递增时,在使得函数的单调性发生变化的临界点附近函数图像的形状又有什么特点?

由几何直观可以看出,如果函数在 x_0 的左边单调递增,右边单调递减,则当 x 从 x_0 的左边接近 x_0 时,有 $f(x)<f(x_0)$;当 x 从 x_0 的右边接近 x_0 时,也有 $f(x)<f(x_0)$。这说明函数在 x_0 附近以 $f(x_0)$ 为最大值,所以函数图像在 x_0 附近向上凸起并且以 $(x_0,f(x_0))$ 为"局部最高点"(如图 3.24 中 $x_0=c$ 的情形)。

类似地,如果函数在 x_0 的左边单调递减,右边单调递增,则当 x 从 x_0 的左边接近 x_0 时,有 $f(x)>f(x_0)$;当 x 从 x_0 的右边接近 x_0 时,也有 $f(x)>f(x_0)$。这说明函数在 x_0 附近以 $f(x_0)$ 为最小值,所以函数图像在 x_0 附近向下凸起并且以 $(x_0,f(x_0))$ 为"局部最低点"(如图 3.24 中 $x_0=d$ 的情形)。

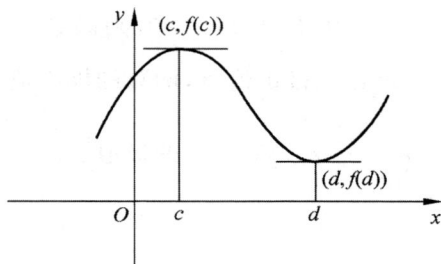

图 3.24

二、新课教学

定义 1 设函数 $y=f(x)$ 的定义域为 D,$x_0\in D$,如果在 x_0 附近总有

$$f(x)<f(x_0),$$

则称 $f(x_0)$ 为函数的极大值,$x=x_0$ 称为函数的极大值点。如果在 x_0 附近总有

$$f(x)>f(x_0),$$

则称 $f(x_0)$ 为函数的极小值,$x=x_0$ 称为函数的极小值点。

当不区分是极大值还是极小值时,则简称极大值或极小值为极值,极大值点或极小值点为极值点。

问题 2　当函数 $y=f(x)$ 在其定义域内可导时,如何求函数的极值与极值点? 问题 1 给了我们什么启示?

问题 1 的讨论告诉我们,当函数 $y=f(x)$ 在其定义域内可导时,可以按下列步骤求函数的极值与极值点:

(1) 求导数 $y=f'(x)$;

(2) 令 $f'(x)=0$,求出导数的零点;

(3) 当 $f'(x_0)=0$ 时,如果在 $x=x_0$ 附近的左侧有 $f'(x)>0$,则函数 $x=x_0$ 附近的左侧单调递增,在 $x=x_0$ 附近的右侧有 $f'(x)<0$,则函数 $x=x_0$ 附近的左侧单调递减,此时 $x=x_0$ 为函数的极大值点,函数的极大值为 $f(x_0)$。

如果在 $x=x_0$ 附近的左侧有 $f'(x)<0$,则函数 $x=x_0$ 附近的左侧单调递减,在 $x=x_0$ 附近的右侧有 $f'(x)>0$,则函数 $x=x_0$ 附近的左侧单调递增,此时 $x=x_0$ 为函数的极小值点,函数的极小值为 $f(x_0)$。

>>> 例 1　求函数 $f(x)=\dfrac{1}{3}x^3-4x+4$ 的极值。

解　求导得

$$f'(x)=x^2-4=(x+2)(x-2)。$$

令 $f'(x)=0$ 得 $x_1=-2,x_2=2$,函数的单调性及导函数符号的变化可通过列表表示如下:

x	$(-\infty,-2)$	-2	$(-2,2)$	2	$(2,+\infty)$
$f'(x)$ 的符号	$+$	0	$-$	0	$+$
$f(x)$ 的单调性	单调递增	$\dfrac{28}{3}$	单调递减	$-\dfrac{4}{3}$	单调递增

从上表可知,$x_1=-2$ 为函数的极大值点,极大值为 $f(-2)=\dfrac{28}{3}$;

$x_2=2$ 为函数的极小值点,极小值为 $f(2)=-\dfrac{4}{3}$。函数的大概形状如

图 3.25 所示。

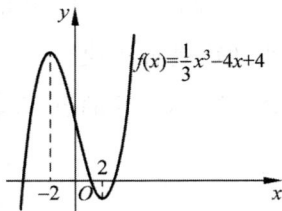

图　3.25

问题 3 函数的极值点一定是导数为零的点吗？导数为零的点一定是极值点吗？

由问题 2 的讨论可知，当函数可导时，其极值点必是导数为零的点，但函数的不可导点也可能是函数的极值点，例如 $y=|x|$ 在 $x=0$ 点不可导，然而 $x=0$ 显然是该函数的极小值点（它也是最小值点）。其次，导数为零的点未必是极值点，例如 $y=x^3$ 在 $x=0$ 点的导数值为零，但 $x=0$ 显然不是极值点。

问题 4 设函数 $y=f(x)$ 定义在闭区间 $[a,b]$ 上，如何找出函数在 $[a,b]$ 上的最大值与最小值？

如果 $y=f(x)$ 在 $x_0\in(a,b)$ 点取得最大值（或最小值），则对任意 $x\in[a,b]$，有 $f(x)\leqslant f(x_0)$（或 $f(x)\geqslant f(x_0)$），$x=x_0$ 显然是函数的极大值点（或极小值点）。但函数 $y=f(x)$ 也有可能在区间的端点取得最大值（或最小值），所以需要将函数所有的极值点找出来，然后比较在极值点处以及区间端点处的函数值，最大的那个就是最大值，最小的那个便是最小值。由此可见，寻找最大值与最小值仅比寻找极值多了一步，即计算函数在区间端点处的函数值并与极值进行比较。

如果仅需求函数的最大值与最小值，我们只需要求出导数的零点即可，不需要判断导数为零的点是不是极值点，这样更高效一些。因此，对于定义在 $[a,b]$ 上，且在 (a,b) 内可导的函数 $y=f(x)$，可以按照如下步骤求函数的最值（最大值与最小值统称为最值）：

（1）求导数 $y=f'(x)$；

（2）令 $f'(x)=0$，求出导数的零点；

（3）计算 $y=f(x)$ 在所有使得 $f'(x)=0$ 的点及区间端点处的函数值，最大的就是最大值，最小的就是最小值。

如果函数在其定义域内存在不可导的点，还需要计算不可导点处的函数值一并比较。

>>> **例 2**　求函数 $f(x)=\dfrac{1}{3}x^3-4x+4$ 在区间 $[0,3]$ 上的最大值与最小值。

解　由例 1 知函数 $[0,3]$ 上有一个极小值点 $x_0=2$，且 $f(2)=-\dfrac{4}{3}$，函数在两个端点处的值分别为 $f(0)=4,f(3)=1$。故函数在区间 $[0,3]$ 上的最大值是 4，最小值为 $-\dfrac{4}{3}$。

>>> **例 3**　设 $f(x)=1-\dfrac{1}{x}$，$g(x)=\ln x$，试判断在 $(0,+\infty)$ 上两个函数图像的位置关系。

解　令 $F(x)=1-\dfrac{1}{x}-\ln x$，求导得

$$F'(x)=\frac{1}{x^2}-\frac{1}{x}=\frac{1-x}{x^2},$$

由 $F'(x)=0$ 得导函数的零点 $x_0=1$。当 $x\in(0,1)$ 时，$F'(x)>0$；当 $x\in(1,+\infty)$ 时，$F'(x)<0$，故 $F(1)=0$ 是最大值。因此对任意 $x\in(0,+\infty)$，有 $F(x)=f(x)-g(x)\leqslant0$，即 $f(x)\leqslant g(x),\forall x\in(0,+\infty)$。这说明，$f(x)=1-\dfrac{1}{x}$ 的图像位于 $g(x)=\ln x$ 的图像的下方。

>>> **例 4**　求函数 $f(x)=\cos x+|x-\pi|$ 在 $[0,2\pi]$ 上的最大值与最小值。

解　函数在 $x=\pi$ 处不可导，当 $x<\pi$ 时，

$$f(x)=\cos x+\pi-x,\quad f'(x)=-\sin x-1,$$

显然 $f'(x)<0$，这说明 $f(x)$ 在 $[0,\pi]$ 上单调递减。当 $x>\pi$ 时，

$$f(x)=\cos x+x-\pi,\quad f'(x)=-\sin x+1,$$

显然 $f'(x)>0$，这说明 $f(x)$ 在 $[\pi,2\pi)$ 上单调递增。因此 $x=\pi$ 是 $f(x)=\cos x+|x-\pi|$ 的极小值点。

由 $f(0)=1+\pi,f(\pi)=-1,f(2\pi)=1+\pi$ 可知 $f(x)$ 的最大值为 $1+\pi$，最小值为 -1。

三、课外作业

略

附录　高考与命题

附录 A　漫谈高考

A.1　关于高考

改革开放以来,高考始终保持着一份公正与公平,曾有人说,高考是中国目前唯一的一块净土,这句话可能偏激了些,但反映了百姓对高考的高度认可。尽管其中出现了一些不该出现的现象,但总的说来,老百姓对高考的客观与公正性还是信得过的。没有过去几十年的基础教育与高等教育,中国不可能有今天的局面,许多在海内外卓有成就的学者可能还在乡下干那"低头方见水中天"的活儿呢。从这个意义上说,几十年基础教育的功劳不能抹杀!

交响乐是音乐中最富表现力的一种,而指挥则是乐队的灵魂。同一部作品,在不同指挥者的指挥下演奏,效果极不相同。情绪强弱的变化都要靠指挥去带动和引导整个乐队。音乐最重要的是情感表达,这就全看指挥了,指挥是音乐情感表达的统帅。教育是一部社会交响乐,那么谁是它的指挥? 是考试! 只要一种教育不能让所有人都有机会享受,选拔就不可避免,考试就成了必然。于是有了重点与非重点,有了普高与职高,于是学生被分成了三六九等。中国每年毕业的高中生数以千万计,进入大学继续学习的人有数百万之巨,这是个惊人的数字,与 20 世纪 70 年代末 80 年代初的每年五六十万相比,足足翻了四番有余。

从高考制度恢复的那天起,应试教育就应运而生了,只不过 20 世

70 年代的应试教育与现在有所不同,那时主要是以补习班的方式,因为"文革"十年积压了一大批学生。那时同一年级的同学年龄差距最大达二十多岁,这在今天有点不可想象。考试犹如一根指挥棒,引领着中国的基础教育! 目前的选拔式考试方式不变,应试教育模式就永远不可能改变。很多人只能一边高举素质教育的大旗,一边要为高考升学率挖空心思。

考试错了吗? 考试本身没有错。考试分两种,一种是了解学生对所学内容掌握与运用程度的学业测试,如每学期的期末考试,这样的考试是合理的也是必要的,只是考试的内容与方式也许有可斟酌之处。另一种是选拔式考试,如中考、高考、研考,等等,真正"引领"教育方向的是后者。考试到底要考查什么? 这是问题的关键所在! 回答这个问题既很容易又很难。说容易是因为几乎每个人都会说考查学生的能力与素质,说很难是因为谁都难以回答怎样才能真正考出学生的能力与素质! 改革不是一件轻而易举、一蹴而就的事情,需要认真研究。埋怨、牢骚、怨天尤人都于事无补。

A.2　关于高考命题

全世界任何学校都要考试。同样的问题,中国与西方国家的考法可能很不相同。记得我曾经提到过中外绘画的差别,同样学画鸡蛋,西方的教师可能会在黑板上给大家出个题目:"请画个鸡蛋",中国的老师则可能在黑板上画个鸡蛋,然后叫大家照着画,画完后,外国小孩可能会问:"老师,我画得对不对?"中国的小孩则会问:"老师,我画得像不像?"这就是中外教育的差别。中国式考试的侧重点是记忆能力、模仿能力,西方考试的侧重点是想象能力、归纳能力、分析能力及思维能力。从这个意义上说,我们的当务之急不仅是提高中小学教师的水平,更重要的是提高中考、高考的命题水平,因为考题直接决定了中小学教育的方向。考试不在于考什么知识点,就像中小学教材不在于是否增加新的内容,考试的根本在于命题是否真的能够测试出学生的科学思维能力、分析问题的能力及归纳推理能力,这才是我们应该花大力气改革的内容。

只有考试指挥棒有了根本的改变,中小学教育才可能跳出应试教育的怪圈。高考命题涉及千家万户、攸关每个考生的命运,废除高考是不现实的,即使有自主招生也不可能完全摆脱高考,否则将会产生什么样的后果是不言而喻的。问题的关键在于高考命题能否真正考出考生的基础知识与能力,在广东省独立命题的时候,有人曾经评价广东省高考数学试卷:"试题状况无基本继承性与连续性的现象……"我不赞成这种评价,如果命题真的出现所谓的继承性或连续性,无疑是提醒广大中学教师如何在复习备考中更准确地命中考题,那样的话,基础教育将永远无法跳出应试怪圈。命题教师或许应该认真研究一下如何才能考出考生真正的能力与水平,如何通过高考命题把中学教师的精力诱导到强化学生的基础知识与能力的培养而不是通过题海战术提高应试水平上。

现实是绝大多数学校(也许还是保守的说法)都用两年多一点(甚至只有两年)的时间教完三年的内容,第三年开始全面复习备考,每门课程不复习两三轮不会罢休。单元、阶段、摸底等各种花样的考试层出不穷,学生在整个高三阶段成了纯粹的考试机器,这算不算正常的教育?这与大学生第四年的状况有某种相似之处,大学生在第四年虽然也开设一些课程,但出勤率低得可怜,学生们都忙着找工作甚至被用人单位试用了,顾不上读书,四年大学实际享受了三年教育。怪谁呢?老师还是学校?我看学校、老师、学生都很无奈也很无辜!原因何在?似乎大家心知肚明却又找不到责任人。

既然高考命题权交给了老师,命题老师何不认真做一番研究,让这命题命出真水平?从某种意义上说,高考命题既是考学生更是对命题水平的检验。可喜的是,最近几年出现了一些颇有水平的试题。假以时日,我们的试题水平或许会有很大的提高。

附录 B　思维能力重于解题技巧

B.1　思维能力是核心

文献[14]谈到了思维能力与解题技巧之间的关系。有些一线教师喜欢寻找"套路",即"分类";很多参考资料都在进行各种各样的题型"分类"。"分类"有没有用?可以肯定地说:有用。原因是,面对高考卷那么大的题量,不具备一定的熟练度,没有一定的"套路"是很难应付的。但"套路"的作用终究是有限的,题目千变万化,永远会有你没有见过的"套路",尤其是面对素养立意的新高考。所以,"套路"之外,我们还需要些别的东西。这个东西不仅对应试大有裨益,对于一个人未来的人生也是十分重要的,它就是人们常常挂在嘴边,却看不见、摸不着的"思维能力"。这是数学素养的根本,包括数学直觉与数学思辨。

善于解题本身是一种能力,这一点毋庸置疑。不同的人掌握解题方法的途径有所不同。靠"刷题"和"套路"积累经验、归纳题型,可以有效地提高解题速度。因此,面对大题量的试卷,适当的"刷题"和"套路"是必不可少的。但是,一味地依赖"刷题"和"套路"会带来两方面的问题:其一,过量的"刷题"容易使人产生疲劳,久而久之就会把本来充满直觉和思辨的数学变成机械化的技能训练,只会几个"练熟了的动作";其二,仅寻找"套路"容易限制思路,久而久之就会削弱思维的灵活性,无法应对题目的变化。也就是说,靠经验和题型解题与靠直觉和思辨解题是两种完全不同的解题方式,各有优缺点:前者可以有效提高解题速度,后者可以应付从未见过的题型,两者缺一不可。一线教师切莫被误导,从一个极端走向另一个极端。

事实上,不管高考怎么命题,仅靠"刷题"和"套路"都是不行的。作为教师,必须"两条腿走路":一方面,指导学生适当地"刷题",总结"套路";

另一方面,认真思考如何真正培养学生的数学思维能力,这才是数学教学的正道。

B.2　思路胜于技巧

"道胜于术,无招胜有招"。解数学题也是这个道理。一个好的解题方案不应该以玩技巧为重点——虽然技巧必不可少,但更重要的在于思路。这个思路应该可以重复,具有一般性,即属于通性、通法,体现思想方法。如果把解题过程看作一部运行的机器的话,技巧就是机器的润滑剂,思路才是发动机。在科学实验中,偶然性结果不能当成真理,只有经过重复实验可以再现的结果才能称得上真理。可以重复、具有一般性的思路可以帮助解题者以不变应万变,任它题型千变万化,我自有应付之策。

要培养学生的思维能力,关键不是呈现解题步骤,而是讲清楚并让学生体会到解题思路。甚至在很多时候,题目无所谓好坏,不知所云的解答才是更糟糕的,它把一个充满直觉和思辨的问题变成纯粹玩技巧的问题,会把学生引向歧途。

从 3.2 节所分析的"八省联考"数学卷的函数与导数压轴题,相信读者都能理解那里所给出的几个思考问题所形成的逻辑链条,也比较容易从中找到解题的基本思路——它的每一步都是基于自然的思考。正所谓"道法自然"。

B.3　"应试"与"素质"的平衡

检验学生对某类知识的掌握程度,方法主要有两个:一是考试,二是实践。实践环节很难在学校学习阶段完成:虽然可以通过课外实践、创新大赛等形式在一定程度上有所体验,但那只是对部分学生的局部性检验,不具备一般性。根本的实践环节需要在学生走向社会、参与实际工作之后完成。因此,作为高校选拔学生的方式,考试无疑是目前最重要、最公平的途径。从这个意义上说,离开应试谈素质教育是没有意义的。作为数学教学"指挥棒"的数学高考,命题应该充分体现数学思想。2021 年"八省联考"数学卷的函数与导数压轴题就是一道这样的题。

那么,数学课堂教学如何适应新高考的要求?根本方法只有一个:回归数学教育的本质。数学教育的本质是传授数学思想,培养数学直觉和思辨能力。实现这一目标的有效路径是数学有限的"再创造",让枯燥的数学知识回归为解决问题过程中有趣的思考,让学生深刻领会数学知识背后的数学思想,最终达到将数学思想转换成解题方法的目的。为此,教学中需要重视以下两个环节:(1)审题。审题具有两个基本功能,一是搞清楚题目在说什么,清晰理解题目的条件与结论;二是对问题有一个初步的感知,明确是什么类型的问题。在"八省联考"数学卷函数与导数压轴题的思考过程中,思考题 1 到思考题 3 都属于审题过程中的思辨。(2)解题。在"八省联考"数学卷函数与导数压轴题的思考过程中,思考题 4 和思考题 5 则是解题过程中的思辨。正是通过这样的思辨,才有了后面的直觉猜测。这种思辨过程充分体现了微积分中的局部化思想,用微积分的常用术语来描述,即微分近似公式。然而,机械地记忆微分近似公式(切线代替曲线)是远远不够的,需要对这一公式的本质有深刻的理解,即清楚地了解函数与一阶近似式的误差是一个高阶无穷小量。换言之,这个误差与自变量的增量相比可以忽略不计。在理解问题本质的前提下,需要寻找运用初等方法解决问题的途径。

改革并非否定传统的教学,而是纠正过去的偏差。数学思想需要传授,数学技巧也必不可少,关键在于二者如何兼顾。为此,我们需要做到:(1)概念课不应该一带而过,因为没有对概念内涵的深刻理解,就无法面对相对复杂尤其是模棱两可的问题;(2)原理课一定要阐述清楚原理,让学生了解原理的来龙去脉(为了解决什么问题)以及蕴含的深刻思想,否则,学生在面对新的问题时将一筹莫展,不知道如何运用已经具备的数学工具。

教师在课堂教学中帮助学生总结解决常见问题的一般方法并进行归

纳分类,这在基本功训练过程中是行之有效的,对于应付大题量的考试也大有助益。但这不是数学教育的根本,数学教育的本质是传授数学思想,教学生学会思考。

　　思维能力的培养不是一句口号,它需要教师在课堂教学中不断摸索,真正让学生在面对各种问题的时候做到"无招胜有招"。

附录C　部分试题

C.1　数列

一、选择题

1. 0—1周期序列在通信技术中有着重要应用。若序列 $a_1a_2\cdots a_n\cdots$ 满足 $a_i\in\{0,1\}(i=1,2,\cdots)$,且存在正整数 m,使得 $a_{i+m}=a_i(i=1,2,\cdots)$ 成立,则称其为0—1周期序列,并称满足 $a_{i+m}=a_i(i=1,2,\cdots)$ 的最小正整数 m 为这个序列的周期。对于周期为 m 的0—1序列 $a_1a_2\cdots a_n\cdots$,$C(k)=\dfrac{1}{m}\sum\limits_{i=1}^{m}a_ia_{i+k}(k=1,2,\cdots,m-1)$ 是描述其性质的重要指标,下列周期为5的0—1序列中,满足 $C(k)\leqslant\dfrac{1}{5}(k=1,2,3,4)$ 的序列是(　　)。

A. $11010\cdots$　　　B. $11011\cdots$　　　C. $10001\cdots$　　　D. $11001\cdots$

2. 数列 $\{a_n\}$ 中,$a_1=2$,$a_{m+n}=a_ma_n$,若 $a_{k+1}+a_{k+2}+\cdots+a_{k+10}=2^{15}-2^5$,则 $k=(\quad)$。

A. 2　　　　　　B. 3　　　　　　C. 4　　　　　　D. 5

3. 北京天坛的圜丘坛为古代祭天的场所,分上、中、下三层,上层中心有一块圆形石板(称为天心石),环绕天心石砌9块扇面形石板构成第一环,向外每环依次增加9块,下一层的第一环比上一层的最后一环多9块,向外每环依次也增加9块,已知每层环数相同,且下层比中层多729块,则三层共有扇面形石板(不含天心石)(　　　)块。

A. 3699 　　　　B. 3474 　　　　C. 3402 　　　　D. 3339

4. 已知各项均为正数的等比数列 $\{a_n\}$ 的前 4 项和为 15，且 $a_5 = 3a_3 + 4a_1$，则 $a_3 = (\quad)$。

A. 16 　　　　B. 8 　　　　C. 4 　　　　D. 2

5. 记 S_n 为等差数列 $\{a_n\}$ 的前 n 项和，已知 $S_4 = 0$，$a_5 = 5$，则(　　　)。

A. $a_n = 2n - 5$ 　　　　　　B. $a_n = 3n - 10$

C. $S_n = 2n^2 - 8n$ 　　　　　　D. $S_n = \dfrac{1}{2}n^2 - 2n$

6. 记 S_n 为等差数列 $\{a_n\}$ 的前 n 项和，$3S_3 = S_2 + S_4$，$a_1 = 2$，则 $a_5 = (\quad)$。

A. −12 　　　　B. −10 　　　　C. 10 　　　　D. 12

7. 几位大学生响应国家的创业号召，开发了一款应用软件。为激发大家学习数学的兴趣，他们推出了"解数学题获取软件激活码"的活动。这款软件的激活码为下面数学问题的答案：已知数列 1，1，2，1，2，4，1，2，4，8，1，2，4，8，16，其中第一项是 2^0，接下来的两项是 2^0，2^1，再接下来的三项是 2^0，2^1，2^2，以此类推。求满足如下条件的最小整数 N：$N > 100$ 且该数列的前 N 项和为 2 的整数幂。那么该款软件的激活码是(　　　)。

A. 440 　　　　B. 330 　　　　C. 220 　　　　D. 110

8. 记 S_n 为等差数列 $\{a_n\}$ 的前 n 项和。若 $a_4 + a_5 = 24$，$S_6 = 48$，则 $\{a_n\}$ 的公差为(　　　)。

A. 1　　　　　B. 2　　　　　C. 4　　　　　D. 8

9. 等差数列 $\{a_n\}$ 的首项为 1，公差不为 0。若 a_2,a_3,a_6 成等比数列，则 $\{a_n\}$ 前 6 项的和为（　　）。

A. -24　　　B. -3　　　C. 3　　　　　D. 8

10. 我国古代数学名著《算法统宗》中有如下问题："远望巍巍塔七层，红光点点倍加增，共灯三百八十一，请问尖头几盏灯?"意思是：一座 7 层塔共挂了 381 盏灯，且相邻两层中的下一层灯数是上一层灯数的 2 倍，则塔的顶层共有灯（　　）盏。

A. 1　　　　　B. 3　　　　　C. 5　　　　　D. 9

11. 定义"规范 01 数列" $\{a_n\}$ 如下：$\{a_n\}$ 共有 $2m$ 项，其中 m 项为 0，m 项为 1，且对任意 $k \leqslant 2m$，$a_1,a_2,\cdots,a_k$ 中 0 的个数不少于 1 的个数。若 $m=4$，则不同的"规范 01 数列"共有（　　）个。

A. 18　　　　B. 16　　　　C. 14　　　　D. 12

12. 已知等差数列 $\{a_n\}$ 前 9 项的和为 27，$a_{10}=8$，则 $a_{100}=$（　　）。

A. 100　　　B. 99　　　　C. 98　　　　D. 97

13. 已知等比数列 $\{a_n\}$ 满足 $a_1=3$，$a_1+a_3+a_5=21$，则 $a_3+a_5+a_7=$（　　）。

A. 21　　　　B. 42　　　　C. 63　　　　D. 84

14. 设等比数列 $\{a_n\}$ 的前 n 项和为 S_n，已知 $S_3=a_2+10a_1$，$a_5=9$，则 a_1 等于（　　）。

A. $\dfrac{1}{3}$　　　B. $-\dfrac{1}{3}$　　　C. $\dfrac{1}{9}$　　　D. $-\dfrac{1}{9}$

15. 设 $\triangle A_nB_nC_n$ 的三边长分别为 a_n,b_n,c_n，$\triangle A_nB_nC_n$ 的面积为 S_n，$n=1,2,\cdots$。若 $b_1>c_1$，$b_1+c_1=2a_1$，$a_{n+1}=a_n$，$b_{n+1}=\dfrac{c_n+a_n}{2}$，$c_{n+1}=\dfrac{b_n+a_n}{2}$，则（　　）。

A. $\{S_n\}$ 为递减数列

B. $\{S_n\}$ 为递增数列

C.　$\{S_{2n-1}\}$ 为递增数列,$\{S_{2n}\}$ 为递减数列

D.　$\{S_{2n-1}\}$ 为递减数列,$\{S_{2n}\}$ 为递增数列

16. 设等差数列 $\{a_n\}$ 的前 n 项和为 S_n,$S_{m-1}=-2$,$S_m=0$,$S_{m+1}=3$,则 $m=(\quad)$。

　　A.　3　　　　　B.　4　　　　　C.　5　　　　　D.　6

17. 已知 $\{a_n\}$ 为等比数列,$a_4+a_7=2$,$a_5 a_6=-8$,则 $a_1+a_{10}=(\quad)$。

　　A.　7　　　　　B.　5　　　　　C.　-5　　　　　D.　-7

二、填空题

18. 记 S_n 为等差数列 $\{a_n\}$ 的前 n 项和,$a_1\neq 0$,$a_2=3a_1$,则 $\dfrac{S_{10}}{S_5}=$ _____。

19. 记 S_n 为等比数列 $\{a_n\}$ 的前 n 项和,若 $a_1=\dfrac{1}{3}$,$a_4^2=a_6$,则 $S_5=$ _____。

20. 记 S_n 为数列 $\{a_n\}$ 的前 n 项和,若 $S_n=2a_n+1$,则 $S_6=$ _____。

21. 设等比数列 $\{a_n\}$ 满足 $a_1+a_2=-1$,$a_1-a_3=-3$,则 $a_4=$ _____。

22. 设等差数列 $\{a_n\}$ 的前 n 项和为 S_n,$a_3=3$,$S_4=10$,则 $\displaystyle\sum_{k=1}^{n}\dfrac{1}{S_k}=$ _____。

23. 设等比数列满足 $a_1+a_3=10$,$a_2+a_4=5$,则 $a_1 a_2\cdots a_n$ 的最大值为 _____。

24. 设 S_n 是数列 $\{a_n\}$ 的前 n 项和,且 $a_1=-1$,$a_{n+1}=S_n S_{n+1}$,则 $S_n=$ _____。

25. 设等差数列 $\{a_n\}$ 的前 n 项和为 S_n,已知 $S_{10}=0$,$S_{15}=25$,则 nS_n 的最小值为 _____。

26. 若数列 $\{a_n\}$ 的前 n 项和为 $S_n = \dfrac{2}{3}a_n + \dfrac{1}{3}$，则数列 $\{a_n\}$ 的通项公式是 $a_n = $ _____。

27. 若数列 $\{a_n\}$ 满足 $a_{n+1} + (-1)^n a_n = 2n - 1$，则 $\{a_n\}$ 的前 60 项和为 _____。

三、解答题

1. 记 S_n 为数列 $\{a_n\}$ 的前 n 项和，b_n 为数列 $\{S_n\}$ 的前 n 项积，已知 $\dfrac{2}{S_n} + \dfrac{1}{b_n} = 2$。

(1) 证明：数列 $\{b_n\}$ 是等差数列；

(2) 求 $\{a_n\}$ 的通项公式。

2. 已知数列 $\{a_n\}$ 的各项均为正数，记 S_n 为 $\{a_n\}$ 的前 n 项和，从下面①②③中选取两个作为条件，证明另外一个成立。

①数列 $\{a_n\}$ 是等差数列；②数列 $\{\sqrt{S_n}\}$ 是等差数列；③ $a_2 = 3a_1$。

注：若选择不同的组合分别解答，则按第一个解答计分。

3. 设 $\{a_n\}$ 是公比不为 1 的等比数列，a_1 为 a_2，a_3 的等差中项。

(1) 求 $\{a_n\}$ 的公比；

(2) 若 $a_1 = 1$，求数列 $\{na_n\}$ 的前 n 项和。

4. 设数列 $\{a_n\}$ 满足 $a_1 = 3$，$a_{n+1} = 3a_n - 4n$。

(1) 计算 a_2，a_3，猜想 $\{a_n\}$ 的通项公式并加以证明；

(2) 求数列 $\{2^n a_n\}$ 的前 n 项和 S_n。

5. 已知数列 $\{a_n\}$ 和 $\{b_n\}$ 满足 $a_1 = 1$，$b_1 = 0$，$4a_{n+1} = 3a_n - b_n + 4$，$4b_{n+1} = 3b_n - a_n - 4$。

(1) 证明：$\{a_n + b_n\}$ 是等比数列，$\{a_n - b_n\}$ 是等差数列；

(2) 求 $\{a_n\}$ 和 $\{b_n\}$ 的通项公式。

6. 在等比数列 $\{a_n\}$ 中，$a_1 = 1$，$a_5 = 4a_3$。

(1) 求 $\{a_n\}$ 的通项公式；

(2) 记 S_n 为 $\{a_n\}$ 的前 n 项和, 若 $S_m = 63$, 求 m。

7. 记 S_n 为等差数列 $\{a_n\}$ 的前 n 项和, 已知 $a_1 = -7$, $S_3 = -15$。求:

(1) $\{a_n\}$ 的通项公式;

(2) S_n, 并求 S_n 的最小值。

8. 已知数列 $\{a_n\}$ 的前 n 项和 $S_n = 1 + \lambda a_n$, 其中 $\lambda \neq 0$。

(1) 证明 $\{a_n\}$ 是等比数列, 并求其通项公式;

(2) 若 $S_5 = \dfrac{31}{32}$, 求 λ。

9. 设 S_n 为等差数列 $\{a_n\}$ 的前 n 项和, 且 $a_1 = 1$, $S_7 = 28$。记 $b_n = [\lg a_n]$, 其中 $[x]$ 表示不超过 x 的最大整数, 如 $[0.9] = 0$, $[\lg 99] = 1$。求:

(1) b_1, b_{11}, b_{101};

(2) 数列 $\{b_n\}$ 的前 1000 项和。

10. 设 S_n 为数列 $\{a_n\}$ 的前 n 项和。已知 $a_n > 0$, $a_n^2 + 2a_n = 4S_n + 3$。

(1) 求 $\{a_n\}$ 的通项公式;

(2) 设 $b_n = \dfrac{1}{2a_n a_{n+1}}$, 求数列 $\{b_n\}$ 的前 n 项和。

11. 已知数列 $\{a_n\}$ 满足 $a_1 = 1$, $a_{n+1} = 3a_n + 1$。

(1) 证明 $\left\{a_n + \dfrac{1}{2}\right\}$ 是等比数列, 并求 $\{a_n\}$ 的通项公式;

(2) 证明: $\dfrac{1}{a_1} + \dfrac{1}{a_2} + \cdots + \dfrac{1}{a_n} < \dfrac{3}{2}$。

12. 已知数列 $\{a_n\}$ 的前 n 项和为 S_n, $a_1 = 1$, $a_n \neq 0$, $a_n a_{n+1} = \lambda S_n - 1$, 其中 λ 为常数。

(1) 证明: $a_{n+2} - a_n = 1$;

(2) 是否存在 λ, 使得 $\{a_n\}$ 为等差数列? 并说明理由。

C.2 函数

一、选择题

1. 下列函数中最小值为 4 的是(　　)。

A. $y = x^2 + 2x + 4$　　　　　　B. $y = |\sin x| + \dfrac{4}{|\sin x|}$

C. $y = 2^x + 2^{2-x}$　　　　　　D. $y = \ln x + \dfrac{4}{\ln x}$

2. 设函数 $f(x) = \dfrac{1-x}{1+x}$，则下列函数中为奇函数的是（　　）。

　　A. $f(x-1) - 1$　　　　　　B. $f(x-1) + 1$

　　C. $f(x+1) - 1$　　　　　　D. $f(x+1) + 1$

3. 已知命题 p：$\exists\, x \in \mathbf{R}$，$\sin x < 1$；命题 q：$\forall\, x \in \mathbf{R}$，$\mathrm{e}^{|x|} \geqslant 1$，则下列命题中为真命题的是（　　）。

　　A. $p \wedge q$　　　B. $\neg p \wedge q$　　　C. $p \wedge \neg q$　　　D. $\neg(p \vee q)$

4. 下列函数中是增函数的为（　　）。

　　A. $f(x) = -x$　　　　　　B. $f(x) = \left(\dfrac{2}{3}\right)^x$

　　C. $f(x) = x^2$　　　　　　D. $f(x) = \sqrt[3]{x}$

5. 设 $f(x)$ 是定义域为 $\mathbf{R}$ 的奇函数，且 $f(1+x) = f(-x)$。若 $f\left(-\dfrac{1}{3}\right) = \dfrac{1}{3}$，则 $f\left(\dfrac{5}{3}\right) = $（　　）。

　　A. $-\dfrac{5}{3}$　　　B. $-\dfrac{1}{3}$　　　C. $\dfrac{1}{3}$　　　D. $\dfrac{5}{3}$

6. 设函数 $f(x)$ 的定义域为 $\mathbf{R}$，$f(x+1)$ 为奇函数，$f(x+2)$ 为偶函数，当 $x \in [1,2]$ 时，$f(x) = ax^2 + b$。若 $f(0) + f(3) = 6$，则 $f\left(\dfrac{9}{2}\right) = $（　　）。

　　A. $-\dfrac{9}{4}$　　　B. $-\dfrac{3}{2}$　　　C. $\dfrac{7}{4}$　　　D. $\dfrac{5}{2}$

7. 设 $a \log_3 4 = 2$，则 $4^{-a} = $（　　）。

　　A. $\dfrac{1}{16}$　　　B. $\dfrac{1}{9}$　　　C. $\dfrac{1}{8}$　　　D. $\dfrac{1}{6}$

8. 若 $2^a + \log_2 a = 4^b + 2\log_4 b$，则（　　）。

　　A. $a > 2b$　　　B. $a < 2b$　　　C. $a > b^2$　　　D. $a < b^2$

9. 设函数 $f(x)=x^3-\dfrac{1}{x^3}$，则 $f(x)$（　　）。

　　A. 是奇函数，且在 $(0,+\infty)$ 单调递增

　　B. 是奇函数，且在 $(0,+\infty)$ 单调递减

　　C. 是偶函数，且在 $(0,+\infty)$ 单调递增

　　D. 是偶函数，且在 $(0,+\infty)$ 单调递减

10. 若 $2^x-2^y<3^{-x}-3^{-y}$，则（　　）。

　　A. $\ln(y-x+1)>0$　　　　　　B. $\ln(y-x+1)<0$

　　C. $\ln|x-y|>0$　　　　　　　D. $\ln|x-y|<0$

11. 设函数 $f(x)=\ln|2x+1|-\ln|2x-1|$，则 $f(x)$（　　）。

　　A. 是偶函数，且在 $\left(\dfrac{1}{2},+\infty\right)$ 单调递增

　　B. 是奇函数，且在 $\left(-\dfrac{1}{2},\dfrac{1}{2}\right)$ 单调递减

　　C. 是偶函数，且在 $\left(-\infty,-\dfrac{1}{2}\right)$ 单调递增

　　D. 是奇函数，且在 $\left(-\infty,-\dfrac{1}{2}\right)$ 单调递减

12. 设 $a=\log_3 2,b=\log_5 3,c=\dfrac{2}{3}$，则（　　）。

　　A. $a<c<b$　　B. $a<b<c$　　C. $b<c<a$　　D. $c<a<b$

13. 已知 $5^5<8^4,13^4<8^5$．设 $a=\log_5 3,b=\log_8 5,c=\log_{13} 8$，则（　　）。

　　A. $a<b<c$　　B. $b<a<c$　　C. $b<c<a$　　D. $c<a<b$

14. 已知 $a=\log_2 0.2,b=2^{0.2},c=0.2^{0.3}$，则（　　）。

　　A. $a<b<c$　　B. $a<c<b$　　　C. $c<a<b$　　D. $b<c<a$

15. 设 $f(x)$ 为奇函数，且当 $x\geqslant 0$ 时，$f(x)=\mathrm{e}^x-1$，则当 $x<0$ 时，
$f(x)=$（　　）。

　　A. $\mathrm{e}^{-x}-1$　　B. $\mathrm{e}^{-x}+1$　　C. $-\mathrm{e}^{-x}-1$　　D. $-\mathrm{e}^{-x}+1$

16. 若 $a>b$，则（　　）。

　　A. $\ln(a-b)>0$　　　　　　　B. $3^a<3^b$

C. $a^3-b^3>0$ D. $|a|>|b|$

17. 设函数 $f(x)$ 的定义域为 **R**,满足 $f(x+1)=2f(x)$,且当 $x\in(0,1]$ 时,$f(x)=x(x-1)$(参见下图)。若对任意 $x\in(-\infty,m]$,都有 $f(x)\geqslant$ $-\dfrac{8}{9}$,则 m 的取值范围是(   )。

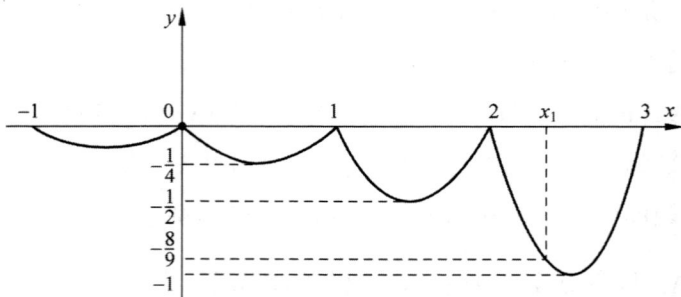

A. $\left(-\infty,\dfrac{9}{4}\right]$ B. $\left(-\infty,\dfrac{7}{3}\right]$

C. $\left(-\infty,\dfrac{5}{2}\right]$ D. $\left(-\infty,\dfrac{8}{3}\right]$

18. 设 $f(x)$ 是定义域为 **R** 的偶函数,且在 $(0,+\infty)$ 单调递减,则(   )。

A. $f\left(\log_3\dfrac{1}{4}\right)>f(2^{-\frac{3}{2}})>f(2^{-\frac{2}{3}})$

B. $f\left(\log_3\dfrac{1}{4}\right)>f(2^{-\frac{2}{3}})>f(2^{-\frac{3}{2}})$

C. $f(2^{-\frac{3}{2}})>f(2^{-\frac{2}{3}})>f\left(\log_3\dfrac{1}{4}\right)$

D. $f(2^{-\frac{2}{3}})>f(2^{-\frac{3}{2}})>f\left(\log_3\dfrac{1}{4}\right)$

19. 函数 $y=\dfrac{2x^3}{2^x+2^{-x}}$ 在 $[-6,6]$ 上的图像大致为(   )。

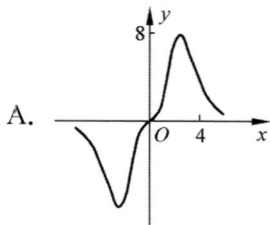

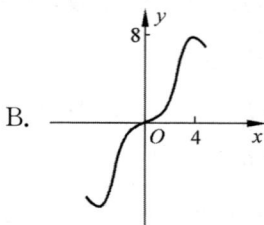

C.

D.

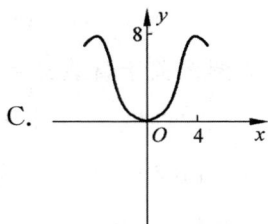

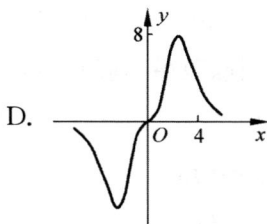

20. 设函数 $f(x)=\begin{cases}2^{-x}, & x\leqslant 0,\\ 1, & x>0,\end{cases}$ 则满足 $f(x+1)<f(2x)$ 的 x 的取值范围是(   )。

　　A. $(-\infty,-1]$ 　　　　　　B. $(0,+\infty)$

　　C. $(-1,0)$ 　　　　　　　D. $(-\infty,0)$

21. 已知函数 $f(x)=\begin{cases}e^x, x\leqslant 0,\\ \ln x, x>0,\end{cases}$ $g(x)=f(x)+x+a$。若 $g(x)$ 存在两个零点,则 a 的取值范围是(   )。

　　A. $[-1,0)$ 　　　　　　　B. $[0,+\infty)$

　　C. $[-1,+\infty)$ 　　　　　D. $[1,+\infty)$

22. 函数 $f(x)=\dfrac{e^x-e^{-x}}{x^2}$ 的图像大致为 (   )。

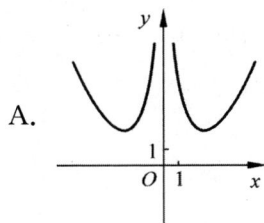

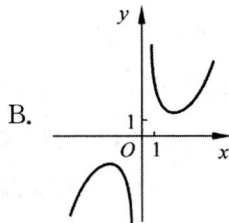

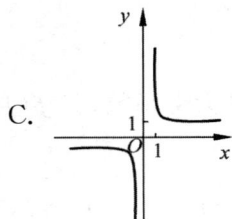

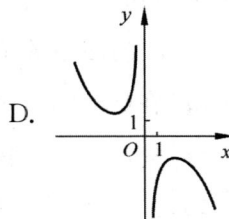

A.

B.

C.

D.

23. 已知 $f(x)$ 是定义域为 $(-\infty,+\infty)$ 的奇函数,满足 $f(1-x)=f(1+x)$。若 $f(1)=2$,则 $f(1)+f(2)+f(3)+\cdots+f(50)=($ $)$。

A. -50 B. 0   C. 2   D. 50

24. 下列函数中,其图像与函数 $y=\ln x$ 的图像关于直线 $x=1$ 对称的是( )。

     A. $y=\ln(1-x)$ B. $y=\ln(2-x)$

     C. $y=\ln(1+x)$ D. $y=\ln(2+x)$

25. 函数 $y=-x^4+x^2+2$ 的图像大致为( )。

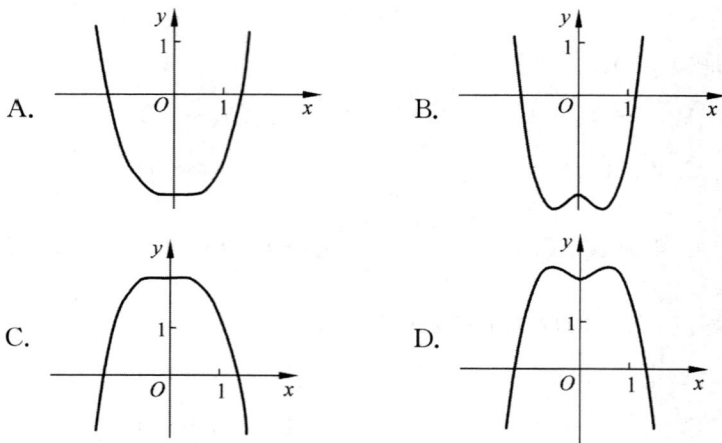

A.

B.

C.

D.

26. 设 $a=\log_{0.2}0.3, b=\log_2 0.3$,则( )。

     A. $a+b<ab<0$ B. $ab<a+b<0$

     C. $a+b<0<ab$ D. $ab<0<a+b$

27. 已知函数 $f(x)=\ln x+\ln(2-x)$,则( )。

     A. $f(x)$ 在 $(0,2)$ 内单调递增

     B. $f(x)$ 在 $(0,2)$ 内单调递减

     C. $y=f(x)$ 的图像关于直线 $x=1$ 对称

     D. $y=f(x)$ 的图像关于点 $(1,0)$ 对称

28. 函数 $f(x)$ 在 $(-\infty,+\infty)$ 单调递增,且为奇函数,若 $f(1)=1$,则满足 $-1\leqslant f(x-2)\leqslant 1$ 的 x 的取值范围是( )。

     A. $[-2,2]$ B. $[-1,1]$ C. $[0,4]$ D. $[1,3]$

29. 设 x,y,z 为正数,且 $2^x=3^y=5^z$,则( )。

     A. $2x<3y<5z$ B. $5z<2x<3y$

C. $3y<5z<2x$　　　　　　　　D. $3y<2x<5z$

30. 函数 $f(x)=\ln(x^2-2x-8)$ 的单调递增区间是(　　)。

　　A. $(-\infty,-2)$　　　　　　B. $(-\infty,1)$

　　C. $(1,+\infty)$　　　　　　　D. $(4,+\infty)$

31. 函数 $y=1+x+\dfrac{\sin x}{x^2}$ 的部分图象大致为(　　)。

A.　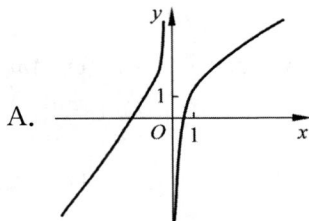　　　　B.　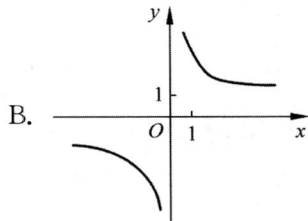

C.　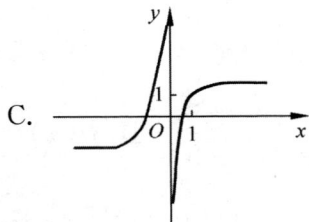　　　　D.　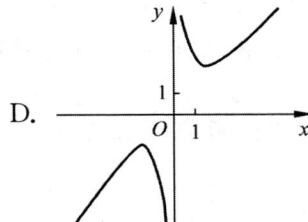

32. 若 $a>b>0,0<c<1$,则(　　)。

　　A. $\log_a c<\log_b c$　　　　　B. $\log_c a<\log_c b$

　　C. $a^c<b^c$　　　　　　　　D. $c^a>c^b$

33. 若 $a>b>1,0<c<1$,则(　　)。

　　A. $a^c<b^c$　　　　　　　　B. $ab^c<ba^c$

　　C. $a\log_b c<b\log_a c$　　　　D. $\log_a c<\log_b c$

34. 下列函数中,其定义域和值域分别与函数 $y=10^{\lg x}$ 的定义域和值域相同的是(　　)。

　　A. $y=x$　　　　B. $y=\lg x$　　　　C. $y=2^x$　　　　D. $y=\dfrac{1}{\sqrt{x}}$

35. 已知函数 $f(x)(x\in\mathbf{R})$ 满足 $f(x)=f(2-x)$,若函数 $y=|x^2-2x-3|$ 与 $y=f(x)$ 图像的交点为 $(x_1,y_1),(x_2,y_2),\cdots,(x_m,$

y_m),则 $\displaystyle\sum_{i=1}^{n} x_i = ($ ）。

    A. 0   B. m C. $2m$ D. $4m$

36. 已知函数 $f(x)(x \in \mathbf{R})$ 满足 $f(-x) = 2 - f(x)$，若函数 $y = \dfrac{x+1}{x}$ 与 $y = f(x)$ 图像的交点为 $(x_1, y_1), (x_2, y_2), \cdots, (x_m, y_m)$，则

$\displaystyle\sum_{i=1}^{m} (x_i + y_i) = ($ ）。

    A. 0   B. m C. $2m$ D. $4m$

37. 已知 $a = 2^{\frac{4}{3}}, b = 3^{\frac{2}{3}}, c = 25^{\frac{1}{3}}$，则（ ）。

    A. $b < a < c$ B. $a < b < c$ C. $b < c < a$ D. $c < a < b$

38. 已知 $a = 2^{\frac{4}{3}}, b = 4^{\frac{2}{5}}, c = 25^{\frac{1}{3}}$，则（ ）。

    A. $b < a < c$ B. $a < b < c$ C. $b < c < a$ D. $c < a < b$

39. 已知函数 $f(x) = \begin{cases} 2^{x-1} - 2, & x \leqslant 1 \\ -\log_2(x+1), & x > 1 \end{cases}$，且 $f(a) = -3$，则 $f(6-a) = ($ ）。

    A. $-\dfrac{7}{4}$ B. $-\dfrac{5}{4}$ C. $-\dfrac{3}{4}$ D. $-\dfrac{1}{4}$

40. 设函数 $y = f(x)$ 的图像与 $y = 2^{x+a}$ 的图像关于直线 $y = -x$ 对称，且 $f(-2) + f(-4) = 1$，则 $a = ($ ）。

    A. -1 B. 1   C. 2   D. 4

41. 如图所示，长方形的边 $AB = 2, BC = 1, O$ 是 AB 的中点，点 P 沿着边 BC, CD 与 DA 运动，记 $\angle BOP = x$，将动点 P 到 A, B 两点距离之和表示为 x 的函数 $f(x)$，则函数的图像大致为（ ）。

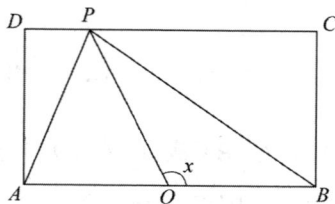

42. 设函数 $f(x)=\ln(1+|x|)-\dfrac{1}{1+x^{2}}$，则使 $f(x)>f(2x-1)$ 成立的 x 的取值范围是（　　）。

    A. $\left(\dfrac{1}{3},1\right)$ B. $\left(-\infty,\dfrac{1}{3}\right)\cup(1,+\infty)$

    C. $\left(-\dfrac{1}{3},\dfrac{1}{3}\right)$ D. $\left(-\infty,\dfrac{1}{3}\right)\cup\left(\dfrac{1}{3},+\infty\right)$

43. 设函数 $f(x)=\begin{cases}1+\log_{2}(2-x), & x<1,\\ 2^{x-1}, & x\geqslant1,\end{cases}\ f(-2)+f(\log_{2}12)=$（　　）。

    A. 3   B. 6   C. 9   D. 12

44. 设函数 $f(x),g(x)$ 的定义域为 **R**，且 $f(x)$ 是奇函数，$g(x)$ 是偶函数，则下列结论中正确的是（　　）。

    A. $f(x)g(x)$ 是偶函数   B. $|f(x)|g(x)$ 是奇函数

    C. $f(x)|g(x)|$ 是奇函数   D. $|f(x)g(x)|$ 是奇函数

45. 设 $a=\log_{3}2,b=\log_{5}2,c=\log_{2}3$，则（　　）。

    A. $a>c>b$ B. $b>c>a$ C. $c>b>a$ D. $c>a>b$

46. 若存在正数 x 使 $2^{x}(x-a)<1$ 成立，则 a 的取值范围是（　　）。

    A. $(-\infty,+\infty)$ B. $(-2,+\infty)$

    C. $(0,+\infty)$ D. $(-1,+\infty)$

47. 当 $0 < x \leqslant \dfrac{1}{2}$ 时，$4^x < \log_a x$，则 a 的取值范围是（ 　　）。

A. $\left(0, \dfrac{\sqrt{2}}{2}\right)$ 　　 B. $\left(\dfrac{\sqrt{2}}{2}, 1\right)$ 　　 C. $(1, \sqrt{2})$ 　　 D. $(\sqrt{2}, 2)$

48. 已知函数 $f(x) = \dfrac{1}{\ln(x+1) - x}$，则 $y = f(x)$ 的图像大致为（ 　　）。

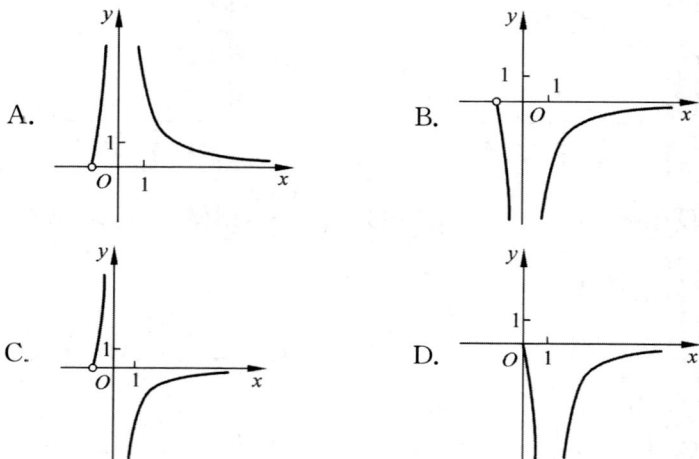

二、填空题

49. 已知 $f(x)$ 是奇函数，且当 $x < 0$ 时，$f(x) = -e^{ax}$。若 $f(\ln 2) = 8$，则 $a = \underline{\qquad\qquad}$。

50. 已知函数 $f(x) = \log_2(x^2 + a)$，若 $f(3) = 1$，则 $a = \underline{\qquad\qquad}$。

51. 已知函数 $f(x) = \ln(\sqrt{1+x^2} - x) + 1$，$f(a) = 4$，则 $f(-a) = \underline{\qquad\qquad}$。

52. 已知函数 $f(x)$ 是定义在 $\mathbf{R}$ 上的奇函数，当 $x \in (-\infty, 0)$ 时，$f(x) = 2x^3 + x^2$，则 $f(2) = \underline{\qquad\qquad}$。

53. 设函数 $f(x) = \begin{cases} x+1, & x \leqslant 0, \\ 2^x, & x > 0, \end{cases}$ 则满足 $f(x) + f\left(x - \dfrac{1}{2}\right) > 1$ 的 x 的取值范围是 $\underline{\qquad\qquad}$。

54. 若函数 $f(x) = x\ln(x + \sqrt{a + x^2})$ 为偶函数，则

$a =$ _____。

55. 已知函数 $f(x) = ax^3 - 2x$ 的图像过点 $(-1, 4)$，则 $a =$ _____。

56. 设函数 $f(x) = \begin{cases} e^{x-1}, & x < 1, \\ x^{\frac{1}{3}}, & x \geqslant 1, \end{cases}$ 则使得 $f(x) \leqslant 2$ 成立的 x 的取值范围是 _____。

57. 偶函数 $y = f(x)$ 的图像关于直线 $x = 2$ 对称，$f(3) = 3$，则 $f(-1) =$ _____。

58. 已知偶函数 $f(x)$ 在 $[0, +\infty)$ 单调递减，$f(2) = 0$。若 $f(x-1) > 0$，则 x 的取值范围是 _____。

C.3 函数导数

一、选择题

1. 设 $a \neq 0$，若 $x = a$ 为函数 $f(x) = a(x-a)^2(x-b)$ 的极大值点，则（　　）。

  A. $a < b$ B. $a > b$ C. $ab < a^2$ D. $ab > a^2$

2. 若过点 (a, b) 可以作曲线 $y = e^x$ 的两条切线，则（　　）。

  A. $e^b < a$ B. $e^a < b$ C. $0 < a < e^b$ D. $0 < b < e^a$

3. 函数 $f(x) = x^4 - 2x^3$ 的图像在点 $(1, f(1))$ 处的切线方程为（　　）。

  A. $y = -2x - 1$ B. $y = -2x + 1$

  C. $y = 2x - 3$ D. $y = 2x + 1$

4. 若直线 ℓ 与曲线 $y = \sqrt{x}$ 和 $x^2 + y^2 = \dfrac{1}{5}$ 都相切，则 ℓ 的方程为（　　）。

  A. $y = 2x + 1$ B. $y = 2x + \dfrac{1}{2}$

C. $y=\dfrac{1}{2}x+1$ D. $y=\dfrac{1}{2}x+\dfrac{1}{2}$

5. 若 $x_1=\dfrac{\pi}{4}$，$x_2=\dfrac{3\pi}{4}$ 是函数 $f(x)=\sin\omega x$（$\omega>0$）两个相邻的极值点，则 $\omega=$（   ）。

     A. 2   B. $\dfrac{3}{2}$ C. 1   D. $\dfrac{1}{2}$

6. 已知曲线 $y=a\mathrm{e}^x+x\ln x$ 在点 $(1,a\mathrm{e})$ 处的切线方程为 $y=2x+b$，则（   ）。

     A. $a=\mathrm{e},b=-1$ B. $a=\mathrm{e},b=1$

     C. $a=\mathrm{e}^{-1},b=1$ D. $a=\mathrm{e}^{-1},b=-1$

7. 设函数 $f(x)=x^3+(a-1)x^2+ax$。若 $f(x)$ 为奇函数，则曲线 $y=f(x)$ 在点 $(0,0)$ 处的切线方程为（   ）。

     A. $y=-2x$ B. $y=-x$ C. $y=2x$ D. $y=x$

8. 若 $x=-2$ 是函数 $f(x)=(x^2+ax-1)\mathrm{e}^{x-1}$ 的极值点，则 $f(x)$ 的极小值为（   ）。

     A. -1 B. $-2\mathrm{e}^{-3}$ C. $5\mathrm{e}^{-3}$ D. 1

9. 已知函数 $f(x)=x^2-2x+a(\mathrm{e}^{x-1}+\mathrm{e}^{-x+1})$ 有唯一零点，则 $a=$（   ）。

     A. $-\dfrac{1}{2}$ B. $\dfrac{1}{3}$ C. $\dfrac{1}{2}$ D. 1

10. 若函数 $f(x)=x-\dfrac{1}{3}\sin 2x+a\sin x$ 在 **R** 上单调递增，则 a 的取值范围是（   ）。

     A. $[-1,1]$ B. $\left[-1,\dfrac{1}{3}\right]$

     C. $\left[-\dfrac{1}{3},\dfrac{1}{3}\right]$ D. $\left[-1,-\dfrac{1}{3}\right]$

11. 设函数 $f(x)=\mathrm{e}^x(2x-1)-ax+a$，其中 $a<1$。若存在唯一的整数 x_0，使得 $f(x_0)<0$，则 a 的取值范围是（   ）。

     A. $\left[-\dfrac{3}{2\mathrm{e}},1\right)$ B. $\left[-\dfrac{3}{2\mathrm{e}},\dfrac{3}{4}\right)$ C. $\left[\dfrac{3}{2\mathrm{e}},\dfrac{3}{4}\right)$ D. $\left[\dfrac{3}{2\mathrm{e}},1\right)$

12. 设函数 $f'(x)$ 是奇函数 $f(x)(x \in \mathbf{R})$ 的导函数,$f(-1)=0$,当 $x>0$ 时,$xf'(x)-f(x)<0$,则使得 $f(x)>0$ 成立的 x 的取值范围是(   )。

    A. $(-\infty,-1) \bigcup (0,1)$ B. $(-1,0) \bigcup (1,+\infty)$

    C. $(-\infty,-1) \bigcup (-1,0)$ D. $(0,1) \bigcup (1,+\infty)$

13. 已知函数 $f(x)=ax^3-3x^2+1$,若 $f(x)$ 存在唯一的零点 x_0,且 $x_0>0$,则 a 的取值范围是(   )。

    A. $(2,+\infty)$ B. $(1,+\infty)$ C. $(-\infty,-2)$ D. $(-\infty,-1)$

14. 函数 $f(x)$ 在 $x=x_0$ 处导数存在,若 p:$f'(x_0)=0$,q:$x=x_0$ 是 $f(x)$ 的极值点,则(   )。

    A. p 是 q 的充分必要条件

    B. p 是 q 的充分条件,但不是 q 的必要条件

    C. p 是 q 的必要条件但不是 q 的充分条件

    D. p 既不是 q 的充分条件,也不是 q 的必要条件

15. 若函数 $f(x)=kx-\ln x$ 在区间 $(1,+\infty)$ 上单调递增,则实数 k 的取值范围是(   )。

    A. $(-\infty,-2]$ B. $(-\infty,-1]$

    C. $[2,+\infty)$ D. $[1,+\infty)$

16. 设曲线 $y=ax-\ln(x+1)$ 在点 $(0,0)$ 处的切线方程为 $y=2x$,则 $a=$(   )。

    A. 0   B. 1   C. 2   D. 3

17. 设函数 $f(x)=\sqrt{3}\sin\dfrac{\pi x}{m}$,若存在 $f(x)$ 的极值点 x_0 满足 $x_0^2+[f(x_0)]^2<m^2$,则 m 的取值范围是(   )。

    A. $(-\infty,-6) \bigcup (6,\infty)$ B. $(-\infty,-4) \bigcup (4,\infty)$

    C. $(-\infty,-2) \bigcup (2,\infty)$ D. $(-\infty,-1) \bigcup (1,\infty)$

18. 已知函数 $f(x)=\begin{cases}-x^2+2x, & x\leqslant 0, \\ \ln(x+1), & x>0,\end{cases}$ 若 $|f(x)|\geqslant ax$,则 a 的取值范围是(   )。

A. $(-\infty,0]$ B. $(-\infty,1]$ C. $[-2,1]$ D. $[-2,0]$

19. 已知函数 $f(x)=x^3+ax^2+bx+c$，下列结论中错误的是（　　）。

A. $\exists x_0\in \mathbf{R},f(x_0)=0$

B. 函数 $y=f(x)$ 的图像是中心对称图形

C. 若 x_0 是 $f(x)$ 的极小值点，则 $f(x)$ 在区间 $(-\infty,x_0)$ 单调递减

D. 若 x_0 是 $f(x)$ 的极值点，则 $f'(x_0)=0$

20. 设点 P 在曲线 $y=\dfrac{1}{2}e^x$ 上，点 Q 在曲线 $y=\ln(2x)$ 上，则 $|PQ|$ 的最小值为（　　）。

A. $1-\ln2$　　　　　　B. $\sqrt{2}(1-\ln2)$

C. $1+\ln2$　　　　　　D. $\sqrt{2}(1+\ln2)$

二、填空题

21. 曲线 $y=\ln x+x+1$ 的一条切线的斜率为 2，则该切线的方程为____。

22. 曲线 $y=3(x^2+x)e^x$ 在点 $(0,0)$ 处的切线方程为____。

23. 曲线 $y=2\ln x$ 在点 $(1,0)$ 处的切线方程为____。

24. 曲线 $y=x^2+\dfrac{1}{x}$ 在点 $(1,2)$ 处的切线方程为____。

25. 若直线 $y=kx+b$ 是曲线 $y=\ln x+2$ 的切线，也是曲线 $y=\ln(x+1)$ 的切线，则 $b=$____。

26. 已知 $f(x)$ 为偶函数，当 $x\leqslant 0$ 时，$f(x)=e^{-x-1}-x$，则曲线 $y=f(x)$ 在点 $(1,2)$ 处的切线方程是____。

27. 已知 $f(x)$ 为偶函数，当 $x<0$ 时，$f(x)=\ln(-x)+3x$，则曲线 $y=f(x)$ 在点 $(1,-3)$ 处的切线方程是____。

28. 已知函数 $f(x)=ax^3+x+1$ 的图像在点 $(1,f(1))$ 的处的切线过点 $(2,7)$，则 $a=$____。

29. 已知曲线 $y=x+\ln x$ 在点 $(1,1)$ 处的切线与曲线 $y=ax^2+$

$(a+2)x+1$ 相切,则 $a=$ _____。

30. 曲线 $y=x(3\ln x+1)$ 在点 $(1,1)$ 处的切线方程为 _____。

31. 曲线 $y=\dfrac{2x-1}{x+2}$ 在点 $(-1,-3)$ 处的切线方程为 _____。

32. 函数 $f(x)=|2x-1|-2\ln x$ 的最小值为 _____。

33. 曲线 $y=(ax+1)\mathrm{e}^x$ 在点 $(0,1)$ 处的切线的斜率为 -2,则

$a=$ _____。

34. 曲线 $y=2\ln(x+1)$ 在点 $(0,0)$ 处的切线方程为 _____。

35. 已知函数 $f(x)=2\sin x+\sin 2x$,则 $f(x)$ 的最小值

是 _____。

36. 如图所示,圆形纸片的圆心为 O,半径为 $5\mathrm{cm}$,该纸片上的等边三角形 ABC 的中心为 O,D,E,F 为圆 O 上的点,$\triangle DBC,\triangle ECA,\triangle FAB$ 分别是以 BC,CA,AB 为底边的等腰三角形.沿虚线剪开后,分别以 BC,CA,AB 为折痕折起 $\triangle DBC,\triangle ECA,\triangle FAB$,使得 D,E,F 重合,得到三棱锥。当 $\triangle ABC$ 的边长变化时,所得三棱锥体积(单位：cm^3)的最大值为 _____。

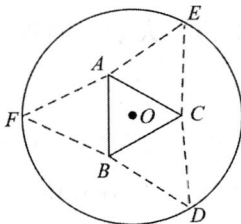

三、解答题

37. 已知函数 $f(x)=\mathrm{e}^x-a(x+2)$。

(1) 当 $a=1$ 时,讨论 $f(x)$ 的单调性;

(2) 若 $f(x)$ 有两个零点,求 a 的取值范围。

38. 已知函数 $f(x)=\mathrm{e}^x+ax^2-x$。

(1) 当 $a=1$ 时,讨论 $f(x)$ 的单调性;

(2) 当 $x\geqslant 0$ 时,$f(x)\geqslant \dfrac{1}{2}x^3+1$,求 a 的取值范围。

39. 已知函数 $f(x) = 2\ln x + 1$。

(1) 若 $f(x) \leqslant 2x + c$，求 c 的取值范围；

(2) 设 $a > 0$ 时，讨论函数 $g(x) = \dfrac{f(x) - f(a)}{x - a}$ 的单调性。

40. 已知函数 $f(x) = \sin^2 x \sin 2x$。

(1) 讨论 $f(x)$ 在区间 $(0, \pi)$ 内的单调性；

(2) 证明：$|f(x)| \leqslant \dfrac{3\sqrt{3}}{8}$；

(3) 设 $n \in \mathbf{N}^*$，证明：$\sin^2 x \sin^2 2x \sin^2 4x \cdots \sin^2 2^n x \leqslant \dfrac{3^n}{4^n}$。

41. 已知函数 $f(x) = x^3 - kx + k^2$。

(1) 讨论 $f(x)$ 的单调性；

(2) 若 $f(x)$ 有三个零点，求 k 的取值范围。

42. 设函数 $f(x) = x^3 + bx + c$，曲线 $y = f(x)$ 在点 $\left(\dfrac{1}{2}, f\left(\dfrac{1}{2}\right)\right)$ 处的切线与 y 轴垂直。

(1) 求 b；

(2) 若 $f(x)$ 有一个绝对值不大于 1 的零点，证明：$f(x)$ 所有零点的绝对值都不大于 1。

43. 已知函数 $f(x) = 2\sin x - x\cos x - x$，$f'(x)$ 为 $f(x)$ 的导数。

(1) 证明：$f'(x)$ 在区间 $(0, \pi)$ 内存在唯一零点；

(2) 若 $x \in [0, \pi]$ 时，$f(x) \geqslant ax$，求 a 的取值范围。

44. 已知函数 $f(x) = \sin x - \ln(1+x)$，$f'(x)$ 为 $f(x)$ 的导数。证明：

(1) $f'(x)$ 在区间 $\left(-1, \dfrac{\pi}{2}\right)$ 内存在唯一极大值点；

(2) $f(x)$ 有且仅有两个零点。

45. 已知函数 $f(x) = (x-1)\ln x - x - 1$，证明：

(1) $f(x)$ 存在唯一的极值点；

(2) $f(x) = 0$ 有且仅有两个实根，且两个实根互为倒数。

46. 已知函数 $f(x)=\ln x-\dfrac{x+1}{x-1}$。

(1) 讨论 $f(x)$ 的单调性,并证明 $f(x)$ 有且仅有两个零点;

(2) 设 x_0 是 $f(x)$ 的一个零点,证明曲线 $y=\ln x$ 在点 $A(x_0,\ln x_0)$ 处的切线也是曲线 $y=e^x$ 的切线。

47. 已知函数 $f(x)=2x^3-ax^2+2$。

(1) 讨论 $f(x)$ 的单调性;

(2) 当 $0<a<3$ 时,记 $f(x)$ 在区间 $[0,1]$ 上的最大值为 M,最小值为 m,求 $M-m$ 的取值范围。

48. 已知函数 $f(x)=2x^3-ax^2+b$。

(1) 讨论 $f(x)$ 的单调性;

(2) 是否存在 a,b,使得 $f(x)$ 在区间 $[0,1]$ 上的最小值为 -1 且最大值为 1? 若存在,求出 a,b 的所有值;若不存在,说明理由。

49. 已知函数 $f(x)=ae^x-\ln x-1$。

(1) 设 $x=2$ 是 $f(x)$ 的极值点,求 a,并求 $f(x)$ 的单调区间;

(2) 证明:当 $a\geqslant\dfrac{1}{e}$ 时,$f(x)\geqslant0$。

50. 已知函数 $f(x)=\dfrac{1}{x}-x+a\ln x$。

(1) 讨论 $f(x)$ 的单调性;

(2) 若 $f(x)$ 存在两个极值点 x_1,x_2,证明:$\dfrac{f(x_1)-f(x_2)}{x_1-x_2}<a-2$。

51. 已知函数 $f(x)=\dfrac{1}{3}x^3-a(x^2+x+1)$。

(1) 若 $a=3$,求 $f(x)$ 的单调区间;

(2) 证明:$f(x)$ 只有一个零点。

52. 已知函数 $f(x)=e^x-ax^2$。

(1) 若 $a=1$,证明:当 $x\geqslant0$ 时,$f(x)\geqslant1$;

(2) 若 $f(x)$ 在 $(0,+\infty)$ 只有一个零点,求 a 的值。

53. 已知函数 $f(x)=\dfrac{ax^2+x-1}{e^x}$。

（1）求曲线 $y=f(x)$ 在点 $(0,-1)$ 处的切线方程；

（2）证明：当 $a\geqslant1$ 时，$f(x)+e\geqslant0$。

54. 已知函数 $f(x)=(2+x+ax^2)\ln(1+x)-2x$。

（1）若 $a=0$，证明：当 $-1<x<0$ 时，$f(x)<0$；当 $x>0$ 时，$f(x)>0$；

（2）若 $x=0$ 是 $f(x)$ 的极大值点，求 a。

55. 已知函数 $f(x)=e^x(e^x-a)-a^2x$，其中参数 $a\leqslant0$。

（1）讨论 $f(x)$ 的单调性；

（2）若 $f(x)\geqslant0$，求 a 的取值范围。

56. 已知函数 $f(x)=ae^{2x}+(a-2)e^x-x$。

（1）讨论 $f(x)$ 的单调性；

（2）若 $f(x)$ 有两个零点，求 a 的取值范围。

57. 设函数 $f(x)=(1-x^2)e^x$。

（1）讨论函数 $f(x)$ 的单调性；

（2）当 $x\geqslant0$ 时，$f(x)\leqslant ax+1$，求实数 a 的取值范围。

58. 已知函数 $f(x)=ax^2-ax-x\ln x$，且 $f(x)\geqslant0$。

（1）求 a；

（2）证明：$f(x)$ 存在唯一的极大值点 x_0，且 $e^{-2}<f(x_0)<2^{-2}$。

59. 已知函数 $f(x)=\ln x+ax^2+(2a+1)x$。

（1）讨论 $f(x)$ 的单调性；

（2）当 $a<0$ 时，证明 $f(x)\leqslant-\dfrac{3}{4a}-2$。

60. 已知函数 $f(x)=x-1-a\ln x$。

（1）若 $f(x)\geqslant0$，求 a 的值；

（2）设 m 为整数，且对于任意正整数 n，$\left(1+\dfrac{1}{2}\right)\left(1+\dfrac{1}{2^2}\right)\cdots\left(1+\dfrac{1}{2^n}\right)<m$，求 m 的最小值。

61. 已知函数 $f(x)=(x-2)e^x+a(x-1)^2$。

(1) 讨论 $f(x)$ 的单调性；

(2) 若 $f(x)$ 有两个零点，求 a 的取值范围。

62. 已知函数 $f(x)=(x+1)\ln x - a(x-1)$。

(1) 当 $a=4$ 时，求曲线 $y=f(x)$ 在 $(1,f(1))$ 处的切线方程；

(2) 若当 $x\in(1,+\infty)$ 时，$f(x)>0$，求 a 的取值范围。

63. (1) 讨论函数 $f(x)=\dfrac{x-2}{x+2}\mathrm{e}^x$ 的单调性，并证明当 $x>0$ 时，

$(x-2)\mathrm{e}^x+x+2>0$；

(2) 证明：当 $a\in[0,1)$ 时，函数 $g(x)=\dfrac{\mathrm{e}^x-ax-a}{x^2}(x>0)$ 有最小

值。设 $g(x)$ 的最小值为 $h(a)$，求函数 $h(a)$ 的值域。

64. 设函数 $f(x)=\ln x-x+1$。

(1) 讨论 $f(x)$ 的单调性；

(2) 证明当 $x\in(1,+\infty)$ 时，$1<\dfrac{x-1}{\ln x}<x$；

(3) 设 $c>1$，证明当 $x\in(0,1)$ 时，$1+(c-1)x>c^x$。

65. 设函数 $f(x)=a\cos 2x+(a-1)(\cos x+1)$，其中 $a>0$，记

$|f(x)|$ 的最大值为 A。

(1) 求 $f'(x)$；

(2) 求 A；

(3) 证明 $|f'(x)|\leqslant 2A$。

66. 设函数 $f(x)=\mathrm{e}^{2x}-a\ln x$。

(1) 讨论 $f(x)$ 的导函数 $f'(x)$ 的零点的个数；

(2) 证明：当 $a>0$ 时 $f(x)\geqslant 2a+a\ln\dfrac{2}{a}$。

67. 已知函数 $f(x)=x^3+ax+\dfrac{1}{4}$，$g(x)=-\ln x$。

(1) 当 a 为何值时，x 轴为曲线 $y=f(x)$ 的切线；

(2) 用 $\min\{m,n\}$ 表示 m,n 中的最小值，设函数 $h(x)=\min\{f(x),$

$g(x)\}(x>0)$,讨论 $h(x)$ 零点的个数。

68. 已知 $f(x)=\ln x+a(1-x)$。

(1) 讨论 $f(x)$ 的单调性；

(2) 当 $f(x)$ 有最大值,且最大值大于 $2a-2$ 时,求 a 的取值范围。

69. 设函数 $f(x)=\mathrm{e}^{mx}+x^2-mx$。

(1) 证明:$f(x)$ 在 $(-\infty,0)$ 单调递减,在 $(0,+\infty)$ 单调递增；

(2) 若对于任意 $x_1,x_2\in[-1,1]$,都有 $|f(x_1)-f(x_2)|\leqslant\mathrm{e}-1$,求 m 的取值范围。

70. 设函数 $f(x)=a\ln x+\dfrac{1-a}{2}x^2-bx(a\neq1)$,曲线 $y=f(x)$ 在点 $(1,f(1))$ 处的切线斜率为 0,求 b；若存在 $x_0\geqslant1$,使得 $f(x_0)<\dfrac{a}{a-1}$,求 a 的取值范围。

71. 设函数 $f(x)=a\mathrm{e}^x\ln x+\dfrac{b\mathrm{e}^{x-1}}{x}$,曲线 $y=f(x)$ 在点 $(1,f(1))$ 处的切线方程为 $y=\mathrm{e}(x-1)+2$。

(1) 求 a,b；

(2) 证明:$f(x)>1$。

72. 已知函数 $f(x)=x^3-3x^2+ax+2$,曲线 $y=f(x)$ 在点 $(0,2)$ 处的切线与 x 轴交点的横坐标为 -2。

(1) 求 a；

(2) 证明:当 $k<1$ 时,曲线 $y=f(x)$ 与直线 $y=kx-2$ 只有一个交点。

73. 已知函数 $f(x)=\mathrm{e}^x-\mathrm{e}^{-x}-2x$。

(1) 讨论 $f(x)$ 的单调性；

(2) 设 $g(x)=f(2x)-4bf(x)$,当 $x>0$ 时,$g(x)>0$,求 b 的最大值；

(3) 已知 $1.4142<\sqrt{2}<1.4143$,估计 $\ln2$ 的近似值(精确到 0.001)。

74. 已知函数 $f(x) = e^x(ax+b) - x^2 - 4x$，曲线 $y = f(x)$ 在点 $(0, f(0))$ 处切线方程为 $y = 4x + 4$。

(1) 求 a, b 的值；

(2) 讨论 $f(x)$ 的单调性，并求 $f(x)$ 的极大值。

75. 已知函数 $f(x) = x^2 + ax + b$，$g(x) = e^x(cx + d)$。若曲线 $y = f(x)$ 和曲线 $y = g(x)$ 都过点 $P(0,2)$，且在点 P 处有相同的切线 $y = 4x + 2$。

(1) 求 a, b, c, d 的值；

(2) 若 $x \geqslant -2$ 时，$f(x) \leqslant kg(x)$，求 k 的取值范围。

76. 已知函数 $f(x) = x^2 e^{-x}$。

(1) 求 $f(x)$ 的极小值和极大值；

(2) 当曲线 $y = f(x)$ 的切线 l 的斜率为负数时，求 l 在 x 轴上截距的取值范围。

77. 已知函数 $f(x) = e^x - \ln(x + m)$。

(1) 设 $x = 0$ 是 $f(x)$ 的极值点，求 m，并讨论 $f(x)$ 的单调性；

(2) 当 $m \leqslant 2$ 时，证明 $f(x) > 0$。

78. 已知函数 $f(x)$ 满足 $f(x) = f'(1)e^{x-1} - f(0)x + \dfrac{1}{2}x^2$。

(1) 求 $f(x)$ 的解析式及单调区间；

(2) 若 $f(x) \geqslant \dfrac{1}{2}x^2 + ax + b$，求 $(a+1)b$ 的最大值。

79. 已知实数 $a \neq 0$，设函数 $f(x) = a\ln x + \sqrt{1+x}$，$x > 0$。

(1) 当 $a = -\dfrac{3}{4}$ 时，求函数 $f(x)$ 的单调区间；

(2) 对任意 $x \in \left[\dfrac{1}{e^2}, +\infty\right)$ 均有 $f(x) \leqslant \dfrac{\sqrt{x}}{2a}$，求 a 的取值范围。

80. 已知函数 $f(x) = \dfrac{a(e^x - x - 1)}{x^2}$，且曲线 $y = f(x)$ 在 $(2, f(2))$ 处的切线斜率为 1。

(1) 求实数 a 的值；

(2) 证明：当 $x>0$ 时，$f(x)>1$；

（3）若数列 $\{x_n\}$ 满足 $e^{x_n+1}=f(x_n)$，且 $x_1=\dfrac{1}{3}$，证明：$2^n|e^{x_n}-1|<1$。

81. 已知函数 $f(x)=\dfrac{\ln x}{e^{ax}}$ 存在唯一的极值点 x_0。

(1) 求实数 a 的取值范围；

(2) 若 $x_1,x_2\in(x_0,+\infty)$，证明：$\log_{x_1+x_2}(x_1 x_2)>e^{-ax_1}+e^{-ax_2}$。

82. 已知函数 $f(x)=x\ln x-ax^2+x\,(a\in\mathbf{R})$。

(1) 证明：曲线 $y=f(x)$ 在点 $(1,f(1))$ 处的切线恒过定点；

(2) 若 $f(x)$ 有两个零点 x_1,x_2，且 $x_2>2x_1$，证明：$\sqrt{x_1^2+x_2^2}>\dfrac{4}{e}$。

83. 已知 $f(x)=\ln(x+1)+2\cos x-(1+x)^{-\frac{1}{2}}$，$g(x)=\cos x-1+ax^2$。

(1) 若 $g(x)\geqslant 0$ 恒成立，求 a 的取值范围；

(2) 确定 $f(x)$ 在区间 $(-1,\pi)$ 内的零点个数。

84. 已知函数 $f(x)=e^{ax}(\ln x+1)\,(a\in\mathbf{R})$，$f'(x)$ 为 $f(x)$ 的导数。

(1) 设函数 $g(x)=\dfrac{f'(x)}{e^{ax}}$，求 $g(x)$ 的单调区间；

(2) 若 $f(x)$ 有两个极值点 $x_1,x_2\,(x_1<x_2)$，

① 求实数 a 的取值范围；

② 证明：当 $a<2e^{\frac{3}{2}}$ 时，$\dfrac{f(x_1)}{x_1}<\dfrac{f(x_2)}{x_2}$。

85. 设函数 $f(x)=a^x+e^{-x}\,(a>1)$

(1) 求证：$f(x)$ 有极值点；

(2) 设 $f(x)$ 的极值点为 x_0，若对任意正整数 a 都有 $x_0\in(m,n)$，其中 $m,n\in\mathbf{Z}$，求 $n-m$ 的最小值。

86. 已知函数 $f(x)=e^x-\dfrac{1}{2}x\sin x-x-1,x\in[0,\pi],a\in\mathbf{R}$。

(1) 当 $a=\dfrac{1}{2}$ 时,求证: $f(x)\geqslant 0$;

(2) 若函数 $f(x)$ 有两个零点,求 a 的取值范围。

87. 已知函数 $f(x)=a\ln^2x+2x(1-\ln x),a\in\mathbf{R}$

(1) 讨论函数 $f(x)$ 的单调性;

(2) 若函数 $g(x)=e^2f(x)-2a^2$ 有且仅有 3 个零点,求 a 的取值范围(其中常数 $e=2.71828\cdots$ 是自然对数的底数)。

88. 已知 $f(x)=1+m\ln x(m\in\mathbf{R})$。

(1) 当 $m=2$ 时,一次函数 $g(x)$ 对任意 $x\in(0,+\infty),f(x)\leqslant g(x)\leqslant x^2$ 恒成立,求 $g(x)$ 的表达式;

(2) 讨论关于 x 的方程 $\dfrac{f(x)}{f\left(\dfrac{1}{x}\right)}=x^2$ 的解的个数。

89. 已知函数 $f(x)=(x-1)e^{x-a}-\ln x$。

(1) 当 $a=1$ 时,求 $f(x)$ 的最小值;

(2) 证明:当 $0<a\leqslant 1$ 时, $f(x)\geqslant\ln a$ 恒成立。

参 / 考 / 文 / 献

[1] 莫里斯·克莱因.古今数学思想(第一册)[M].上海：上海科学技术出版社,2014：4-5.

[2] 莫里斯·克莱因.古今数学思想(第二册)[M].上海：上海科学技术出版社,2014.

[3] 莫里斯·克莱因.古今数学思想(第三册)[M].上海：上海科学技术出版社,2014.

[4] 曹广福,张蜀青.问题驱动的中学数学课堂教学：理论与实践卷[M].北京：清华大学出版社,2018.

[5] 李文林.数学史概论[M].3版.北京：高等教育出版社,2012.

[6] 何百通,汪晓勤.高中生对切线的错误理解[J].数学教育学报,22(6)：45-48,2013.

[7] C.H.爱德华.微积分发展史[M].北京：北京出版社,1987.

[8] 卡尔·B.波耶.微积分概念发展史[M].上海：复旦大学出版社,2007.

[9] 曹广福.实变函数论与泛函分析(上册)[M].3版.北京：高等教育出版社,2008.

[10] 华东师范大学数学系.数学分析(上册)[M].3版.北京：高等教育出版社,2001.

[11] James Stewart.Calculus[M].10版.叶其孝,王耀东,唐兢,译.北京：高等教育出版社,2004.

[12] 芬尼,韦尔,焦尔当诺.托马斯微积分[M].北京：高等教育出版社,2003.

[13] 曹广福,叶瑞芬.赵红星.高等数学(上下册)[M].北京：高等教育出版社,2008.

[14] 曹广福.新高考背景下的数学教学散思[J].教育研究与评论,(6),5-8,2021.

[15] 张蜀青.数列教学中的数学思想之光[J].数学通报,60(2)：45-48,2021.

[16] 曹广福,张蜀青,罗荔龄.问题驱动的中学数学课堂教学：概率与统计卷[M].北京：清华大学出版社,2018.

名 / 词 / 索 / 引